W I Z A R D

とびきり良い会社をほどよい価格で買う方法

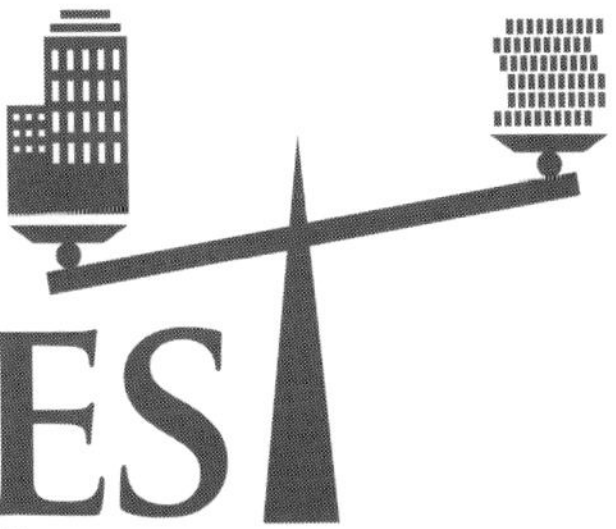

INVEST LIKE A GURU

HOW TO GENERATE HIGHER RETURNS
AT REDUCED RISK WITH VALUE INVESTING

BY CHARLIE TIAN

チャーリー・ティエン［著］
長尾慎太郎［監修］　山口雅裕［訳］

Pan Rolling

Invest Like a Guru :
How to Generate Higher Returns at Reduced Risk with Value Investing
by Charlie Tian

監修者まえがき

本書は中国人物理学者で、バリュー投資家向けのサイト（グルフォーカス・ドットコム）の主宰者でもあるチャーリー・ティエンの著した〝Invest Like a Guru : How to Generate Higher Returns at Reduced Risk with Value Investing〟の邦訳である。ティエンはピーター・リンチやウォーレン・バフェットといった株式投資のグルたちの手法について調査を行い、彼らの銘柄選定プロセスを定量的な銘柄スクリーニングのみで再現しようとしたのである。その試みはかなりの精度で成功しており、研究結果はグルフォーカス・ドットコムのスクリーニングツールにも反映され、多くの投資家に利用されている。

ここで、一般に商業サイトの運営者が書いた相場書というと、単に商材の宣伝がしつこく繰り返されているだけで中身はカラッポかデタラメであるというのがお決まりのパターンだ。読者はその点を懸念されるかもしれないが、本書に関してはそういった心配はまったくいらない。これは著者が学者として真摯に課題に挑み、可能なかぎり知的に誠実に研究を行った結果の報告書なのである。読者としての私たちに残された宿題としては、グルの投資手法のうち、明示的なルールとして表現できない部分について、どのように自分の投資プロセスに取り込んでいくかということだけである。

ところで、ファイナンスとは縁のない世界で生きてきた著者が、にもかかわらず質の高い知識を獲得することができたのは、成功者であるグルに学んだことのほかに、もうひとつ明確な理由がある。私の個人的な研究によれば、優れた投資家たちにはその環境において共通点が存在する。彼らは投資手法はバラバラだが、全員が等しく持つ唯一の因子は、各々が投資に関する社会的なコミュニティに属しているということである（逆に、いくら努力しても投資で成功しない人は社会的に孤立しているケースが多い）。別の表現をすると、金融市場はどんなに優秀な人であっても個人が単独で攻略しようとするにはあまりにも手強く、それを克服できるのはネットワークの力を賢明に利用して社会的学習を行った人間だけなのである。本書にも書かれているとおり、グルフォーカス・ドットコムに備わった参加者同士の情報交換を可能にするソーシャルネットワーク機能がティエンの効率的で正しい学習を大いに助けたのだ。

翻訳にあたっては以下の方々に心から感謝の意を表したい。まず山口雅裕氏には正確で読みやすい翻訳を、そして阿部達郎氏は丁寧な編集・校正を行っていただいた。また本書が発行される機会を得たのはパンローリング社社長の後藤康徳氏のおかげである。

長尾慎太郎

二〇一八年一月

両親と妻と子供たちにささげる

目次

謝辞

気力とひらめきを毎日、与えてくれる妻のレイに感謝する。また、ずっと私を励まし、信頼し続けてくれた両親に感謝する。息子のチャールズは一二歳のときに、グルフォーカスDCF計算ツールの第一版をプログラムしてくれた。ありがとう。娘のアリスが作ったサッカーゲームが私には最も面白い。一番下の息子のマシューは私に楽しみと幸せを大いにもたらしてくれる。

ドン・リー、ホリー・ラフォン、デビッド・グッドロー、ヴェラ・ユアンやほかの多くのグルフォーカスの仲間にも感謝する。彼らはグルフォーカスを良い会社から優れた会社に変えてくれた。

グルフォーカスの三〇万人のユーザーと一万八〇〇〇人以上の購読者にも感謝する。彼らは過去一二年にわたって絶えずフィードバックや提案をしてくれた。彼らのおかげで、グルフォーカス・ドット・コムはより良いウェブサイトになった。

ウォーレン・バフェットとピーター・リンチにはいくら感謝しても、し足りない。彼らが知ることはおそらくけっしてないだろうが、彼らの教えのおかげで私の潜在能力は開花し、さらに高い水準まで成長できた。アメリカには感謝している。この偉大な国は私に夢を実現する機会を与えてくれた。さらに、私の出身校である北京大学にも感謝する。そこでの一一年間に受けた厳しい訓練は、異なる分野について素早く学ぶのに役立った。

また、長年にわたって、私と話やインタビューをする機会を与えてくれた投資界のカリスマたちにも感謝したい。彼らのなかにはフェアファクス・ファイナンシャルのプレム・ワッツァやチョー・アソーシエーツのフランシス・チョー、ゴッサム・ファンドのジョエル・グリーンブラット、ガードナー・アンド・ルッソのトム・ルッソ、ヤックマン・アセット・マネジメントのドン・ヤックマンとジェイソン・サバッキー、オークシャー・キャピタルのジェフ・オークシャー、マーケル社のトム・ガイアー、その他の多くの人々が含まれる。

私の文章を編集してくれたエリン・マクナイトとジェニファー・アフラーバック、それに意見や提案をしてくれた友人のリアン・チェンとウェンファ・ダイにも感謝する。

はじめに

アメリカにやって来る前は、自分が株式市場の熱狂に巻き込まれて、そのせいで経歴をすっかり変えてしまい、まったく異なる人生を歩むことになるとは思いもよらなかった。私は物理学が大好きで、それを何年も研究していたので、いつか物理学の教授になろうと考えていた。それまで、株式市場にかかわったことは一度もなかった。

一九九八年の夏は、テキサス州ということを割り引いても暑かった。私は物理学部のなかでも「ホットな」光ファイバー分野で働くために、テキサスA&M大学に来ていた。当時はインターネットと電器通信産業の画期的な成長期であり、テクノロジーの急拡大に関連するすべてが人気になり、光ファイバーにかかわるものなら何でももてはやされた！

私はすでに北京大学で、レーザーと光学分野の物理学博士号を取っていた。私は無限の可能性を秘めていそうな分野で働くことに心が躍っていた。また、私のような人材に対する需要は大きかった。二年とたたないうちに、私は上場間近の光通信会社に雇われた。事業は絶好調だった。会社は事務所を一気に拡張して、何百人ものエンジニアを追加で雇った。人々がこの会社で働こうと考えた最大の理由はストックオプションがあるからだった。私はストックオプションが何なのかはまったく知らなかった。ただ、大金の値打ちがあるということだけは知っていた！

だれもが株とストックオプションについて話していた。自分に言い聞かせた。**面白そうだ！ これでお金が儲かるのだ！ 私も株を買わないと。買うべき株は光ファイバー関連だ！**

私は自分にはエッジ（優位性）があると思っていた。何と言っても、私は光ファイバー分野で長年働いてきた。私は多くの研究論文を発表して、最終的にはこの分野で三二の特許を取ることになっていた。私は光ファイバーがどういう働きをするかを正確に知っていた。

光ファイバー企業についても知っていた。仕事でそれらの製品を使っていたが、それらに対する需要は極めて旺盛だった。インターネットの通信量は急増していて、回線容量と光ファイバー網は年率一〇〇〇％で成長すると見込まれていた。グローバル・クロッシングなどの通信会社は海底に光ケーブルを敷いていた。ワールドコムは刺激的なテラバイト・チャレンジなるものを主催していた。これは一本の光ファイバーに毎秒一テラバイトの帯域幅を押し込もうという試みだった。光ファイバー網に対する需要はいつまでも急拡大を続けるように見えた。

一兆ドルの市場では、だれも負けようがない、とアナリストは書いていた。光ファイバー企業の株は三カ月で二倍になると言われていて、株式公開をした光ファイバー企業はすべて実際にそうなった。

私は株を買いまくり始めた。二〇〇〇年に光ファイバー企業のニュー・フォーカス、オプリンク、コーニングを買った。コーニングは老舗企業だが、光ファイバーの新技術を取り込んで、光ファイバー網で使われる光ケーブルを製造していた。この株は私の期待を裏切らなかった。すぐに株価は二倍になり、さらにもう少し上昇した。コーニングでは非常にうまくいった。実際、この株は三対一の分割をした。それはうれしかった！

しかし、あとになって気づいたのだが、当時の私が株を買うお金をあまり持っていなかったのは幸いだった。

大暴落

お祭り騒ぎはそれほど長く続かなかった。しかも、私はそこに加わるのが遅かった。いつの間にか、私が勤める会社は業績が悪化していた。二〇〇〇年末には、会社は下請けや派遣社員をひそかに切っていた。会社の最大の得意先であるワールドコムとグローバル・クロッシングがそれぞれ抱えている問題のせいで、器材の購入を打ち切ったからだ。

そして、九月一一日に同時多発テロが起きると、すべてが行き詰まった。私が勤めている会社の売上高は前年よりも八〇％落ち込み、ワールドコムは破綻寸前に陥った。新製品の開発はすべて止まり、会社では従業員が容赦なくクビにされていた。二年としないうちに、会社は従業員の七五％以上を切って、どうにか生き延びていた。私も含めて、そこでまだ雇われていた人々は、仕事があるだけでも運が良いと思っていた。ストックオプションについて話をしている人はもうだれもいなかった。会社のＩＰＯ（新規株式公開）計画はずっと前に棚上げにされていた。

それで、私が買った光ファイバー関連株はどうなっただろうか。**図１－１**のチャートは二〇〇〇年一月から二〇〇二年末までのコーニングの株価を示している。私が二〇〇〇年一月にこの株を買ったとき、株価は約四〇ドル（分割調整済み）だった。それから九カ月ほどで、三倍近くになり、一一〇ドルまで上昇した。そこから、下げ始めた。含み益はまだ相当にあったので、私はしばらく何もしなかった。もちろん、株価は一気に下げたわけではない。上げ下げを繰り返したのだ。そうした変動のせいで、私はまだ希望を捨てていなかった。きっと元の株価に戻る、と自分に言い聞かせ続けた。しかし、二〇〇一年には通信サービス業界に関する悪いニュースが相次ぎ、下げ足を速めた。二〇〇一年の半ばには、株価は投資したときの半値になっていた。それでも、私は急落して底を打つまでしがみついていた。

オプリンクはもっとひどかった。私はその株をＩＰＯのときに買った。ウォール街では三カ月で二倍になると予想されていて、それを鵜呑みにしたからだ。そんなことは一度も起きなか

図I-1　コーニングの株価チャート

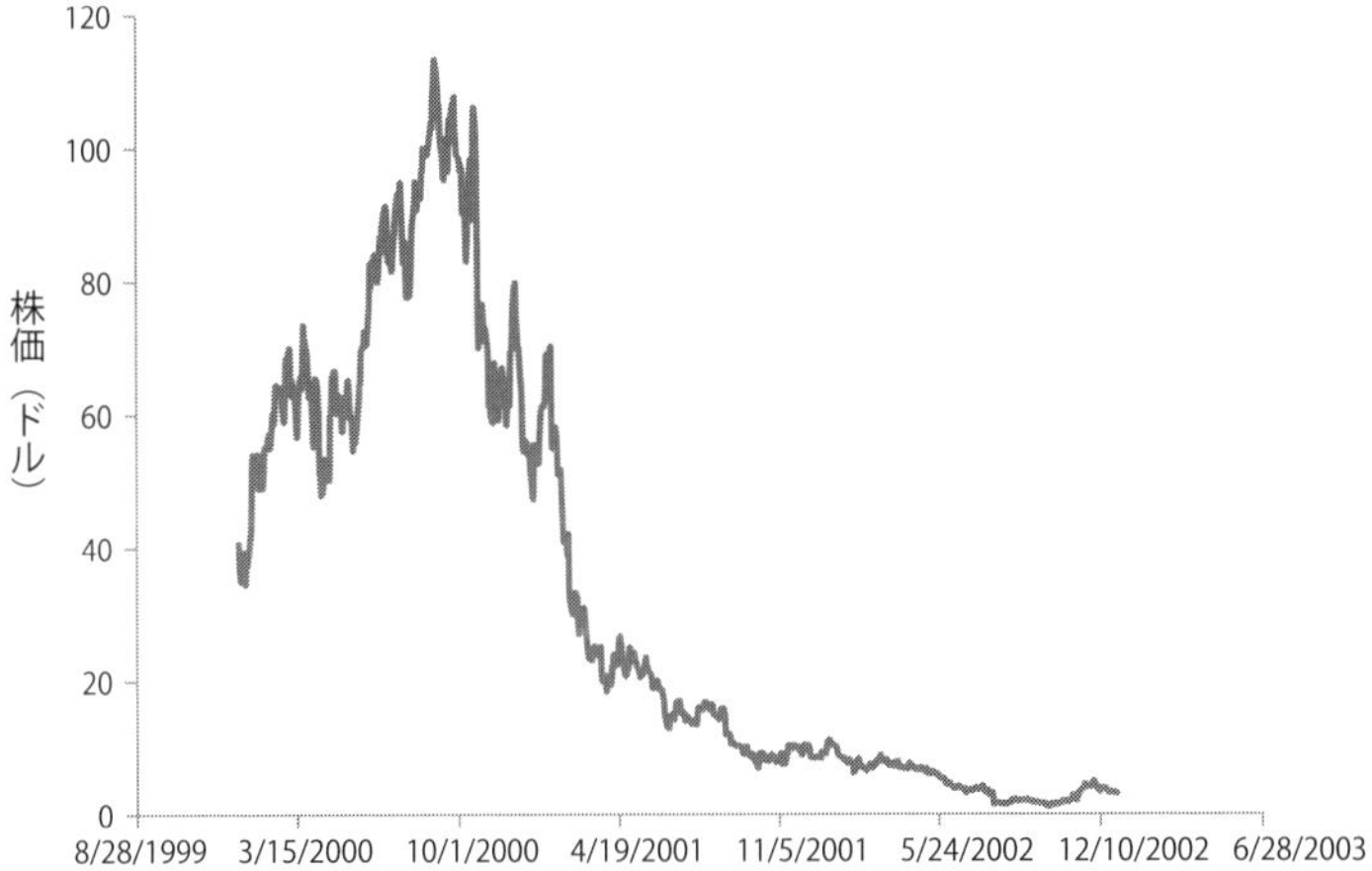

った。オプリンクの株価が公開価格を上回ることはほとんどなかった。もちろん、その株価もまた上げ下げを繰り返したので、私は望みを抱き続けた。

　証券口座の残高を見るのはつらかったので、確認するのをやめた。代わりに、『ピーター・リンチの株式投資の法則』（ダイヤモンド社）を読み始めた[1]。すると、それらの光ファイバー関連株がいかにひどい投資対象かが次第に分かってきた。そこで、二〇〇二年第４四半期に負けを認めて、九〇％以上の損を出して売ってしまった。ところが、そこがまさに大底で、第２章で説明するように、それらは実際には非常に良い投資対象になっていた。

　ナスダックは二〇〇〇年に付けた高値まで戻るのに約一五年かかった。そして、二〇一六年六月現在、長い年月がたっているのに、ダウ通信株指数は二〇〇〇年に付けた高値の五〇％をわずかに超えている程度だ。

一つの業界が急拡大したあと、不況に陥った。バブルがはじけたのだ。私が後に学ぶように、この種の好況と不況の循環は歴史を通してたびたび繰り返されてきた。

バブル

『バブルの物語』（ダイヤモンド社）で、ジョン・K・ガルブレイス教授は、一六〇〇年以降に起きた投機的バブルをすべて検討している。[2] 彼は金融市場に関する世間の記憶は「恐ろしく短い」と言い、バブルを、新しいものが登場して、いくらでも借り入れができるときに、人々の投機によって生じる状況、と定義した。

マーク・トウェインは、「歴史は繰り返すのではなく、韻を踏むのだ」と言った。結局、光ファイバーのバブルはそれまでにも生じたバブルのもう一つの「韻」にすぎなかった。

記録に残る最初のバブルは、一六三〇年代後半にオランダで起きたチューリップバブルだった。絶頂期には、どんなチューリップの球根でも熟練工の数十年分の収入に匹敵する価格で売れた。人々は土地や家を売って、チューリップ相場に賭けるありさまだった。歴史上の大バブルのもう一例は、南海会社の株にまつわるものだ。この会社は一八世紀初期に設立されて、イギリスの戦時公債を引き受けることを条件に、南海での貿易独占権を得た。投資家は独占という言葉の響きがとても気に入り、株価は上げ始めた。どんなバブルでも同じだが、上げは上げを呼び、アイザック・ニュートン卿でさえこの投機に興味をそそられた。一七二〇年に、ニュートンはわずかな金額を南海会社に投資した。数カ月すると、株価が三倍になったので売った。だが、株価はさらに上げ足を速めた。友人たちがあっという間にお金持ちになるのを見て、売ったことを後悔するようになった。それで、株価が売ったときの三倍になっているのに有り金をつぎ込んだ。株価はしばらく上げ続けたが、やがて暴落した。彼は一七二〇年末に大損をしてすべてを売った。この劇的な投機熱は一年と続かなかった。そして、彼は二万ポンドを失った。それは老後のための蓄えだった。

歴史に残る賢人であるニュートンでさえ、バブルが生んだ暴落から逃れられなかった。彼はリンゴが頭に落ちてきたときのひらめきから、古典物理学の理論のすべてを作り上げたが、強欲と恐怖感には勝てなかった。彼は後に、「私は星の動きは計算できるが、人間の狂気は計算できない」と書いている。[3]

私の専門とする研究分野の創始者が、株式市場のバブルで私と同じように大損をしたと知ると、思わず頬が緩んだ。だからといって、私の気分が良くなったわけではない。

何か新しいことが起きるとそれで儲けられそうだと欲を出す人々が現れたことや、金余りでいくらでも借り入れができる状況だったという点で、光ファイバーのバブルも過去に起きたすべてのバブルに似ていた。それまでのバブル同様、インターネットが爆発的に広がると、投機も一気に熱を帯びた。光ファイバー網に対する需要が急増すると、人々はその敷設で多額の利益が得られると期待した。ワールドコムやグローバル・クロッシングといった企業は光ファイバー網を構築するための資金を借り入れて、至るところに光ファイバーを敷設していた。そのため、光ファイバー網に必要な装置の需要も急増した。ノーテルやアルカテル、それに私がかつて働いていた装置サプライヤーのような事業は急成長していた。そうした事業を行う企業は商品開発と製造能力の拡大に多額の資金を投入し、光学部品の需要はさらに高まった。その結果、シリコンバレーには光学部品関連の会社が何百と出現した。

資金はいくらでも集まった。パワーポイントを使って提案をすれば、数千万ドルの資金が手に入って、起業することができた。私が二〇〇一年前半に光ファイバー通信会議に出席したときには、無料のボールペンを山ほどもらえた。好きなだけ取って構わなかったのだ！　どの企業もブースを通り過ぎる人に、さまざまなグッズを配っていた。これは二〇〇一年三月の話だ。ナスダック指数はすでに前年の高値から六〇％以上下げていたが、光ファイバー関連企業の株式はいまだにお祭り騒ぎの状態だった。

収入がなかったインターネット関連企業とは異なり、光ファイバー関連企業には収入があった。オプリンクの二〇〇一年の売上高は一億三一〇〇万ドルだった。もっとも、二五〇〇万ドルの赤字だったが。回線容量に対する需要はそれほど急速には伸びなかった。過剰投資と私のような技術者たちによる通信技術の革新のおかげで、インターネット通信は必要量をはるかに上回る処理能力を持つに至った。インフラの過剰設備と大規模建設によって、データ通信のコストは劇的に下がった。私たちは一本の光ファイバーでそれまでよりもはるかに多くの処理ができるようにした。そのせいで、敷設された光ファイバーは過剰になっていた。データの転送料は暴落した。光ファイバーの九七％は使われないままだった。ワールドコムやグローバル・クロッシングは債務を返済できずに、破産に追い込まれた。この業界全体が崩壊した。二〇〇二年には、オプリンクの売上高は三七〇〇万ドルに落ちて、七五〇〇万ドルの赤字を出した。私が雇われていた会社は売り上げが八〇％以上落ちた。それ以降の年には、通信機器関連企業の多くが倒産した。それはチューリップバブルさながらで、この業界は二度と回復しなかった。

人類は過去のバブルから学ぶはずだと思うかもしれないが、バブルの発生がやむことはなかった。バブルの拡大局面では、四つのタイプの参加者が繰り返し現れる。

一．平均的な人々　彼らは新しいアイデアに心を奪われるだけでなく、相場経験も比較的浅い。彼らはすごいことに気づいたと思い、友人や隣人がお金持ちになっているので、自分も乗り遅れるべきでないと考える。私も彼らの一人だった。そして、アイザック・ニュートン卿もだった。彼は同時代の人々のなかで最も賢いと広く認められていたが、株式市場に関しては並みの人物にすぎなかった。

二．目先が利く人々　彼らは何かがおかしいことに気づいているが、自分はいつバブルがはじけるか分かると考えている。天井まで相場に乗るが、真っ先に降りる。ウォーレン・バフェットが二〇〇七年の年次報告書で冗談を言ったように、二〇〇〇年代初めにインターネットバブルがはじけたあと、シリコンバレーでは、「神様、お願いです。もう一度だけバブルを」というバンパーステッカーがはやった。まもなく、もう一度バブルが発生した。今度は住宅バブルだった。そして、その結末は私たち全員が知っている[4]。

三．空売り筋　彼らはおかしなことが起きていて、この状況は長く続かないと認識している。株価があまりにも高すぎるからだ。そこで、彼らは株を借りて空売りをし、大きく下げたところで買い戻すか、倒産するようであれば持ち続けようと考える。だが、そこから彼らの苦しみが始まる。株価の上昇は止まらず、売り方の含み損は膨れ上がっていく。経済学者のジョン・ケインズが指摘したように、「市場は私たちの支払い能力が尽きるよりもはるかに長く不合理であり続ける」。この状況に陥ったのが、最も有名な投資家の一人で、イングランド銀行を破綻に追い込んだ男、ジョージ・ソロスだ。ソロスが率いるファンドは一九九九年の初めに、インターネット関連株の暴落に大きく賭けていた。彼はバブルが形成されていくのを見て、インターネットブームはひどい結末で終わると考えた。しかし、このブームはさらに勢いを増して、一九九九年半ばにはファンドの資産は二〇％減っていた。彼はＩＴバブルがはじけるのは分かっていたものの、借り株を買い戻してポジションを手仕舞った。だが、それにとどまらなかった。パフォーマンスを上げなければならないというプレッシャーから、分かっていたこと――正しい行為――に背を向けて、次に述べるタイプのバブル参加者になった。すなわち、買わざるを得なくなった人々だ。

四．買わざるを得なくなった人々　彼らはバブルに乗ることを強いられたプロの投資家たちで、ほとんどは短期で利益を出すしかないというプレッシャーにさらされていた人々だ。有力新興企業に投資しないために時代遅れと見られて、仕事か顧客を失いかねない状況に直面していた。ジョージ・ソロスはインターネット関連株の売りポジションを手仕舞ったあと、自分ではそれらの株式は買えないと感じて、彼に代わってそれができる人を雇った。そのため、彼のポートフォリオは嫌っていたインターネット関連株だらけになった。それだけでなく、新しく雇った人は従来型産業の株式の空売りもしていた。それはうまくいった。一九九九年末には、ソロスのファンドは資産額を回復させて、この年の運用実績は三五％の上昇で終えた。問題は、ＩＴバブルははじけるというソロスの予測がそれから数カ月後に現実となり、再び負ける側に立たされたことだ。

バブルに気づき、そこには近づかずに投資機会を待とうと決めた人々が、当時も今も真に賢明な投資家だ。だが、それで彼らの生活が必ずしも楽になったわけではない。彼らが他人のお金を運用していた場合はなおさらだった。ウォーレン・バフェットは「もはやすご腕ではない」

とみなされた。[5] ヘッジファンド界の伝説的投資家であるジュリアン・ロバートソンのファンドからは資金が流出した。彼がインターネット関連株を避けたために、投資家たちが彼のファンドから資金を引き揚げていったからだ。彼はちょうどバブルがはじけ始めたころにファンドを解散した。最も合理的なバリュー投資家の一人、ドナルド・ヤックマンは運用資金の償還請求をされて、ファンドの資産の九〇％以上を失った。ファンドの役員会は彼を追い出したがったが、委任状争奪戦に勝てたおかげで彼の名を冠したファンドにどうにか残ることができた。FPAクレセント・ファンドの優れた若手マネジャーのスティーブン・ローミックはもっと幸運だった。ファンドの資金の八五％が引き揚げられたが、彼の考えでは株主の残り一五％が「ファンドに投資しているのを忘れていた」おかげで、クビにならずに済んだ。[6]

厳しい時期でも信念が揺るがなかった人々が、私の考える真の投資界のカリスマだ。インターネットと光ファイバーのバブルがはじけたあと、私はそれらの株式市場の達人たちが書いた本をすべて読んだ。彼らの教えのおかげで、事業と投資についての私の考えは根底から変わり、投資家として成長できた。

グルフォーカス・ドット・コム

ピーター・リンチのことをどうやって知ったのかは思い出せないが、私がウォーレン・バフエットと彼の師であるベンジャミン・グレアムについて知ったのはリンチの本を通してだった。[7]それから、私はバフェットが過去四〇年間に株主と共同経営者に送った年次報告書のすべてを読んだ。それらを読み終えると、ぐったりした。空腹の男が人生で初めてフルコースの食事をしたような気分だった。私は思った、**これこそまさに正しい投資法だ**、と！

投資で成功するカギは知ることと努力を惜しまないことにあると悟った。一生、学び続けることだ。ほかにどんな秘訣もない。学ぶことを通してしか、自信を持って投資できるようにはなれない。知識と自信があれば、独力で理性的に考えることができる。特にそれらが最も要求される時期――市場に動揺や浮かれ気分が広がっている時期――には、そう言える。都合の良いことに、それらは学習によって身につけることができる。

私は自分が学んだことを伝えるために、二〇〇四年のクリスマス休暇中にグルフォーカスを立ち上げた。それ以降、おそらくグルフォーカスのユーザーが学んだことよりも、私が彼らから学んだことのほうが多かっただろう。私がどれほど多くのことを享受したかはいくら説明しても、し足りない。もちろん、私は努力を惜しまなかった。三時間だけ眠って朝の四時に起きると、八時までの四時間、自分の仕事をした。そして、朝食を取ったあと、光ファイバーの会社に出勤して常勤の仕事をした。午後六時に家に戻ると、またすぐにグルフォーカスの仕事に取りかかった。週末と休日は一日中働けたので、大好きだった。

二〇〇七年に、私は常勤の仕事を辞めて、ウェブサイトにすべての時間と精力をつぎ込んだ。

そして、グルフォーカスで働くためのソフトウェア開発者、編集者、データアナリストのチームを作り上げていった。私たちは銘柄スクリーニング用のツールをたくさん作り、カリスマ投資家たちのポートフォリオや企業のインサイダー、業界情報、企業の財務諸表に関するデータをたくさん収集していった。私はまず自分自身の投資のために、これらの銘柄スクリーニングやバリュエーション計算用のツールを構築した。私たちはそれらを、知識が豊富なユーザーからのフィードバックに応えながら改良し続けている。これらは今や、私が投資決定で利用する唯一のツールになっている。

一方で、私は自分のお金を株式市場に投資し続けながら、判断を誤ってはそれらの失敗から学んできた。私は自分が投資家としてかなりうまくなったと思う。私は自分の子供たちに伝えるのに十分なほど多くの経験をし、たくさんの教訓を学んできた。彼らは私が犯したような間違いをしないで済むだろう。彼らは将来、投資分野の仕事には就かないかもしれない。だが、自分たちのお金を運用するようになったとき、正しい方向に導いてあげたい。それがこの本を書いた理由だ。投資についての知識があまりない人々でも、本書から多くを学ぶことができる。

本書は三部構成になっている。第1部は低いリスクで高い利益を生み出せそうな企業をどこで見つけるかに焦点を当てる。第2部では、それらの企業を評価し、問題を抱えていないかどうかを見つけ、間違いを避けるための方法について説明する。第3部では株式と市場全般のバリュエーション、それに利益についてさらに検討する。本書では、分かりやすい事例研究や実際に起きた例を数多く使っている。

第1章 カリスマ投資家たち

「学び続ける人は成功し続ける」——チャーリー・マンガー[1]

インターネットバブルの時期に株式相場でつらい経験をして、私は株について何も分かっていないことに気づかされた。そこで、私は学び始めた。その後、一流投資家たちが書いたもので見つけられるものは何でも読んだ。彼らが書いた著書や運用しているファンドの四半期と年次の報告書、さらに彼らについてのあらゆる記事を読んだ。また、投資のアイデアを得るために彼らのポートフォリオも見た。そして、学んだことを共有するために、二〇〇四年にグルフォーカス・ドット・コムを立ち上げた。多くの投資家がウェブサイトを訪れて、彼らの学んだことを共有してくれたので、私はさらに学んだ。

私は、投資は学べるものだということを発見した。投資がうまくなる秘訣などないということが分かった。一流の投資家から学び、判断ミス——他人のからもだが、大部分は自分で犯したミス——から学びさえすればよいのだ。そして、手間を惜しまず徹底的に調べる必要がある。

私と私の投資方針に最も大きな影響を及ぼしたカリスマ投資家は、ピーター・リンチ、ウォーレン・バフェット、ドナルド・ヤックマン、ハワード・マークスである。リンチ、バフェット、ヤックマンからは事業内容と企業とその株式についてどう考えるべきかを教えられた。マークスからは相場サイクルとリスクについての考え方について強い印象を受けた。本章ではこれらの投資家たちから私が集めた重要なポイントについて説明する。

ピーター・リンチ

ピーター・リンチは、私が銘柄選びについて最も多くを学んだカリスマ投資家だ。一九八〇年代にフィデリティで伝説的な投資信託のマネジャーとして、何千もの企業に投資して、一三年間の年平均リターンは二九％に達した。ベストセラーである『ピーター・リンチの株式投資の法則』[2]と『ピーター・リンチの株で勝つ』[3]（いずれもダイヤモンド社）は、私が読んだ最初の本だ。それらは私が投資に関する知識の基礎を築くのに役立った。私はこの二冊を繰り返し読んで、今でも何かしらこの本から学び取っている。これから彼の言葉を引用しながら、彼の投資でカギとなる要素を説明していく。

「一にも二にも利益」

その銘柄が良い投資対象かどうかを判断するうえで何よりも重要なのは、企業の利益と利益に対して株価がどの水準にあるかだ。株価はＦＲＢ（連邦準備制度理事会）、失業率、毎週の雇用統計、あるいはヨーロッパで起きていることなどに関する毎日のニュースに影響されることもある。だが、長期で見れば、ニュースで流れる無意味な情報は相殺されていく。リンチは次のように書いている。[4]

人々は日本や韓国の動向を気にするかもしれないが、株価は最終的には企業が稼ぐ利益で決まる。人々は相場の一時間ごとの変動に賭けるかもしれないが、長期で見れば、変動をもたらすのは企業の利益だ。

リンチはすべての企業を六つのカテゴリーに分類した。

1. 急成長株
2. 優良株
3. 低成長株
4. 景気循環株
5. 業績回復株

6. 資産株

最後の資産株を除いて、企業は利益に基づいて分類されている。急成長株は利益を年率で二〇％以上成長させることができる。優良株は利益を年率で一〇％以上伸ばせる。低成長株の利益成長率は年率一桁だ。景気循環株は当然ながら、景気循環に合わせて利益が変動する。業績回復株は赤字から脱却して、利益を生み出し始めた企業だ。

リンチにとっては、それが資産株だと分かっている場合を別にすれば、真っ先に見るべきものはその会社の利益、利益成長率、利益と比べた株価評価の指標である。これらの情報はその企業の損益計算書ですべて知ることができる。これを知ったあと、私は自分が買った光ファイバー企業の利益を確認してみた。次は二〇〇一年のオプリンクの年次報告書で見つけたものだ。[5]

> 当社は一九九五年に創業して以来、初めて大幅な損失を出し、今期以降も損失が発生すると予想されます。一九九九年度、二〇〇〇年度、二〇〇一年度の六月三〇日現在の純損失額はそれぞれ三五〇〇万ドル、二四九〇万ドル、八〇四〇万ドルでした。

というわけで、この企業はずっと赤字を出していて、今後もさらに赤字が増えると予想していたのだ。この企業の株価がどうして上がるだろうか。当時の私のような初心者でさえ、利益に目を通しておきさえすればオプリンクのような銘柄に手を出さずに済み、とんでもない間違いを避けることができただろう。

私はこれをすぐに投資の際に実行した。私が住んでいる地域の広場には、スターバックスとブロックバスターがあった。二つの店舗は隣接していた。私はどちらの株式を買うべきか決めるところだった。それは二〇〇一年一〇月のことだった。リンチが提案したように、私はリサーチの一部として両方の店をたびたび訪れて、運営の仕方や客の入り具合を観察した。だが、店を訪問するだけでは違いは分からなかった。どちらの店もかなりの客が入っているようだった。それは売り上げの数字がかなり良いことでも確認できた。私はブロックバスターがネットフリックスによって将来、破綻に追い込まれるとはまったく予想できなかった。大きな違いはリンチの言う「一にも二にも利益」だった。スターバックスは常に利益を出していて、利益を年率三〇％以上伸ばしていた。ところが、ブロックバスターは一九九六〜二〇〇〇年までの五年のうち四年で赤字だった。そのうえ、スターバックスには負債がほとんどなく、ブロックバスターよりも財務体質がはるかに良かった。

決めるのは簡単で、私は二〇〇一年一〇月にスターバックスを買った。そして、二〇〇三年三月に売って、六五％の利益を得た。さらに調べると、スターバックスは急成長株なのだと気づいた。私は売らなければよかったと後悔した。

企業の収益力を見るうえで最も重要な尺度は利益だから、利益率が高い企業のほうが低い企業に勝つ。利益率が伸びている企業のほうが、利益率が落ちている企業に勝つ。そのため、リンチは当然ながら、利益率が低い企業よりも高い企業を好む。[6]

「負債がない企業は倒産しようがない」

「一にも二にも利益」が企業の収益力を測る尺度ならば、このリンチの言葉は企業の財務体質に言及している。そして、それは企業の貸借対照表に現れる。

財務体質を測るときに最も重要なのは負債がどれくらいあるかだ。たとえ貴重な資産が多くても、負債の返済ができなければ、企業は倒産する。企業の負債水準は事業の性質や業務内容と密接な関係がある。資金を大量に投じなくても成長できる業種であれば、多額の負債を抱える可能性は低い。ムーディーズはそうした企業の一つであり、格付け会社はバフェットお気に入りの保有銘柄だ。企業によっては事業に多額の設備投資が必要なために、資本集約的で固定資産が多いところもある。例えば、鉱業会社や公益企業だ。

企業を債務負担の割合で分けると、四つ（A～D）に区分できる。

A．無借金

この分類に入る企業は借入金がゼロかわずかだ。一例はチポトレ・メキシカン・グリルだ。チ

チポトレ

事業年度	2011/12	2012/12	2013/12	2014/12	2015/12
現金、現金同等物、市場性ある有価証券	456	472	578	758	663
長期負債のうち一年以内の返済額	0.133	0	0	0	0
長期負債	3.5	0	0	0	0

ポトレは無借金で、利益成長率が年率三〇％だった。上は過去五年のチポトレの貸借対照表で関連する項目だ（数字はすべて一〇〇万ドル単位）。

チポトレの成長は主として新市場の開拓によるものだ。チポトレのような急成長企業にとって大きなリスクは、事業拡大を急ぎすぎて、成長に必要な資金を賄うために借り入れが必要になることだ。この点は明らかに、チポトレには当てはまらなかった。第５章で説明するが、適正株価で買えば、この株式への投資リスクは低い。

B．ある程度の負債はあるが、手元にある現金か営業活動によるキャッシュフローで楽に返済が可能

大部分の企業にはある程度の負債がある。負債が現金よりも少なくて、楽に返済できる企業もある。例えば、分析・測定装置メーカーのアジレント・テクノロジーだ。次はアジレントの貸借対照表と損益計算書から抜き出した項目だ（数字はすべて一〇〇万ドル単位）。

アジレントには確かに負債がある。実際、二〇一五年一〇月現在で一六億五〇〇〇万ドルの負債があった。しかし、二〇億ドル以上

アジレント

事業年度	2006	2007	2008	2009	2010	2011	2012	2013	2014	2015
現金	2262	1826	1429	2493	2649	3527	2351	2675	2218	2003
長期負債のうち1年以内の返済額	0	0	0	1	1501	253	250	0	0	0
長期負債	1500	2087	2125	2904	2190	1932	2112	2699	1663	1655
売上高	4973	5420	5774	4481	5444	6615	6858	6782	6981	4038
営業利益	464	584	795	47	566	1071	1119	951	831	522
純受取利息	109	81	−10	−59	−76	−72	−92	−100	−104	−59

の現金もある。理論的には、負債はすべて銀行に預けてある現金で完済できる。また、この企業の過去の営業利益を見ると、財務基盤が強固であることも確かめられる。二〇〇八年と二〇〇九年の景気低迷期でも、営業利益で楽に負債の返済ができたことが分かる。投資家はこの企業が将来も負債をうまく管理していける、と安心できるはずだ。

負債をすべて返済できるほどの現金はないものの、営業活動によるキャッシュフローで楽に負債を返済できる企業もある。オートゾーンはそうした企業の一例だ。

オートゾーンはいつでも、現金よりも負債のほうがはるかに多かったが、元利金の支払いは楽にできた。事業が好調なときも不調なときも、営業利益が支払利息の何倍もあったからだ。投資家が目をつけるべきところは貸借対照表には出ていないが、この企業の財務上の安定性については心配する必要はないようだ。

詳しく調べると、この企業は営業活動によるキャッシ

オートゾーン

事業年度	2006	2007	2008	2009	2010	2011	2012	2013	2014	2015
現金	92	87	242	93	98	98	103	142	124	175
長期負債のうち1年以内の返済額	0	16	0	0	48	34	80	206	217	41
長期負債	1857	1936	2250	2727	2882	3318	3718	4013	4142	4625
売上高	5948	6170	6523	6817	7363	8073	8604	9148	9475	10187
営業利益	1010	1055	1124	1176	1319	1495	1629	1773	1830	1953
純受取利息	−108	−119	−117	−142	−159	−171	−176	−185	−168	−150

ュフローを使って自社株買いをしていた。現金が少ないのはそのせいだったと分かる。

C．利息負担能力が低い

私はダンキン・ドーナツは好きだが、この企業の貸借対照表は気に入らない。負債が現金よりもはるかに多いからだ。この点はオートゾーンも同じだが、営業利益に対する支払利息の比率はダンキン・ドーナツのほうがはるかに高い。二〇〇九年のような不況期には、営業利益の半分以上が利払いに使われた。

次はダンキン・ドーナツの貸借対照表と損益計算書から抜粋した項目だ。

まず、インタレスト・カバレッジ・レシオを定義しておこう。これは借入金の支払利息に対して営業利益がどのくらいあるかの比率だ。ダンキン・ドーナツの場合、二〇一五年度の営業利益は三億二〇〇〇万ドル、支払利息は九六〇〇万ドルだった。したがって、インタレスト・

ダンキン・ドーナツ

事業年度	2009	2010	2011	2012	2013	2014	2015
現金	0	134	247	253	257	208	260
長期負債のうち１年以内の返済額	0	13	15	27	5	4	26
長期負債	0	1852	1458	1831	1826	1803	2428
売上高	538	577	628	658	714	749	811
営業利益	185	194	205	239	305	339	320
純受取利息	−115	−113	−104	−73	−80	−68	−96

カバレッジ・レシオは三二〇÷九六＝三・三になる。

用心深い投資家ならば、貸借対照表がこのような企業の株式を保有するのは落ち着かないはずだ。インタレスト・カバレッジ・レシオが一〇以上ならば、営業利益が支払利息の一〇倍以上であることを意味し、その企業が利息を楽に支払えることを示す。遅かれ早かれ、不況か金利上昇の少なくともどちらかは起きる。そうなれば、ダンキン・ドーナツの利益は大幅に減る。最悪の場合、負債の返済にさえ苦労するかもしれない。

ダンキン・ドーナツの貸借対照表は見劣りするもので、財務基盤はかなり弱い。

D．債務の返済ができない

貸借対照表がもっと悪い企業は不況期を乗り切れずに破綻に向かうか、すでに破綻している。そのような企業の一例はサンドリッジ・エナジーだ。貸借対照表を見ると、負債は常に山ほどあったが、現金はそれよりもはる

サンドリッジ・エナジー

事業年度	2006	2007	2008	2009	2010	2011	2012	2013	2014	2015
現金	39	63	1	8	6	208	310	815	181	436
長期負債のうち１年以内の返済額	26	15	17	12	7	1	0	0	0	0
長期負債	1041	1052	2359	2581	2902	2826	4301	3195	3195	3632
売上高	388	677	1182	591	932	1415	2731	1983	1559	769
営業利益	37	187	−1338	−1605	−7	429	325	−169	590	−4643
純受取利息	−16	−112	−143	−185	−247	−237	−303	−270	−244	−321

かに少なかった。これはオートゾーンと似た状況だ。しかし、原油価格が最高値を付けて、業績が最も好調だったときでさえ、サンドリッジ・エナジーの営業利益は支払利息をどうにか賄える程度にすぎなかった。二〇一五年に原油価格が暴落したあとは大赤字を出して、負債の返済ができなくなった。そして、二〇一六年五月に破産法の適用を申請した。

投資家は負債があまりにも多い企業を常に避けるべきだ。サンドリッジの株式の時価総額は最大一二〇億ドルに達した。しかし、株主がこの企業の貸借対照表を一にも二にも利益という観点で見ていたら、損失を避けることができただろう！　業績が好調なときでも不調なときでも、営業利益が支払利息の少なくとも一〇倍を超えていないと、私はその企業に安心して投資できない。

繰り返すが、リンチが言ったように、負債のない企業は倒産しようがない。私がＩＴバブルのときに株式を買った光ファイバー関連の小企業、オプリンクは上場後一〇年のうち九年で赤字だった（二〇〇〇～二〇〇九年）。この企業は二度の不況を乗り切ったが、それは負債を抱えていなかったからだ。オプリンクはのちに四億四五〇〇万ドルでコック・オプティクスに買収された。買収されたときには四〇〇〇万ドルの現金があり、負債はまったくなかった。年間売上高は二億七〇〇〇万ドルに増えていたが、利益はいまだにわずかだった。ノーテル、ワールドコム、グローバル・クロッシングといった通信サービス業界でもっと大きな企業はとっくに消滅していた。あまりにも多くの負債を抱えていたからだ！

企業の負債水準は事業の性質や業務内容と密接な関係がある。ある業種はほかの業種よりも優れている。これがリンチの第三のポイントになる。

「どんな愚か者でも経営できる企業に投資すること」

完全な引用は次のとおりだ。

どんな愚か者でも経営できる企業に投資することだ。なぜなら、いつかは愚か者が経営することになるからだ。[7]

愚か者でも経営できる企業は二種類ある。一種類は、その製品も業務も単純な企業だ。その成長戦略は作っているものをより多く売り、その成果をもっと多くの場所で繰り返すことだ。製品を作ることや経営判断を行うために深い洞察力や知識はいらない。『ピーター・リンチの株で勝つ』から、リンチ自身の言葉を引用しよう。[8]

> 会社で何が起きているかは、単純な事業のほうがはるかに分かりやすい。だから、私は通信衛星よりもパンティーストッキングに、光ファイバーよりもモーテルのチェーンに投資するのだ。私は事業内容が単純なほど好きだ。「こんなところなら愚か者でも経営できる」と言う人がいれば、私にとってそれは良いことだ。なぜなら、いつかはその企業を愚か者が経営することになるからだ。

リサーチ・イン・モーション、新社名はブラックベリーについて考えよう。二〇〇八年にはこの企業はアメリカのスマートフォン市場の五〇％近くを占めていた。だが、製品についてのいくつかの判断ミスと変化への対応の遅れのせいで、市場シェアのほとんどを失った。天才集団で運営されているアップルやグーグルなどの企業と張り合うには、一人の天才では足りなかったのだ。

どんな愚か者でも経営できるもう一種類は、経営陣が判断を誤っても、強い競争力があるおかげで打撃が少なく、誤りをただす時間がたっぷりある企業だ。マクドナルドは味の好みやニーズに対する顧客の変化に対応するのが遅く、メニューが複雑すぎるなど多くの失敗をしたせいで、顧客満足度を落とした。二〇一三～二〇一五年の三年間に、レストラン事業で最も重要な指標の一つである既存店売上高が下がった。マクドナルドは短期間にCEO（最高経営責任者）を何度も入れ替えたが、ことごとく失敗しているように見えた。それから、マクドナルドは二〇一五年一〇月に朝食メニューの終日販売を導入し、調理にも手を加えた。既存店売上高は二〇一六年一月には急上昇して、株価は最高値を付けた。二〇〇七年時点では、リサーチ・イン・モーションもマクドナルドも、株式の時価総額は約六〇〇億ドルだった。リサーチ・イン・モーションは経営判断の誤りで時価総額の九〇％以上を失ったが、マクドナルドの時価総額は一〇〇〇億ドル以上になった。

再び、バフェットお気に入りの保有銘柄の一つ、ムーディーズについて考えよう。この格付け会社はS&Pグローバルとの二社で、信用格付けと債券格付けの市場を独占している。二〇〇〇年代半ばの住宅バブルの時期に、この企業は格付け会社としての力を乱用して、実際には非常にリスクが高い不動産担保証券にAAAの格付けを与えた。住宅危機の責任はこの会社にもあったため、信用に傷がついた。住宅危機が起きたあと、アメリカとヨーロッパ中の政府機関はムーディーズとS&Pグローバルの力をそぐために規則を作り、債券発行者に中規模の格付け会社を使わせようとした。だが、こうした動きによっても、ムーディーズの市場シェアにたいした影響はなかった。現在、この会社の売上高は過去最高を記録し、利益も過去最高に迫っている。また、株価も史上最高値を付けた。
したがって、ほかのすべての条件が等しければ、現在行っていることをより多くの場所で繰り返すことで成長できる企業か、強い競争力があるために競争に巻き込まれない企業の株式を買うべきだ。

ウォーレン・バフェット

ピーター・リンチが私に投資法を教えてくれたとすれば、ウォーレン・バフェットは私の事業理解と投資哲学に影響を及ぼした。私は一九五〇年代から現在に至るまでの「バフェットの株主への手紙」をすべて読んだ。それによって、事業と投資哲学についての私の考え方は根底から変わった。投資家は以降に引用するバフェットの言葉をいつまでも胸に刻んでおくべきだ。

「ほど良い企業をとびきり安く買うよりも、とびきり良い企業をほど良い価格で買うほうがはるかに良い[9]」

リンチは企業を六つのカテゴリーに分けて、それぞれについて何をすべきかを示した。一方、バフェットは優良企業だけに投資することや、それらを適正価格で買うように勧める。

確かに、バフェットは若いころ、三流企業を格安で買って大成功したことがある。しかし、彼の長期での投資利益の大半は、優良企業を適正価格で買うことで得られたものだ。これらの優れた企業には、シーズ・キャンディーや自動車保険のGEICO（ガイコ）のような企業が含まれる。彼は六〇年前にGEICOを、「一番好きな銘柄」と言い、今日でもそう言っている。[10]

そこで、答えるべき問いが二つある。

1．ウォーレン・バフェットはどういう種類の企業を「優れている」と考えるのか。
2．「適正価格」の条件は何なのか。

優れた企業

バフェットによると、次が優れた企業の特徴だ。

1．幅広くて堅固な競争優位性、すなわち企業が「堀」で守られている

企業がいわば堀で囲まれていると、競争相手から守られて、他社がその市場に参入するのを防ぐことができる。堀で守られていれば、企業はかなり強い価格決定力を持てるため、長期にわたって利益を伸ばしていける。

堀が堅固であることを示す一つの兆候は、利益率が高く、長期にわたってそれを維持して伸ばすことができることだ。一例として、もう一度、ムーディーズを見よう。社債を発行する企業は、ムーディーズがそれらの企業を必要とする以上にムーディーズを必要とする。ムーディーズは自社が設定した価格で企業に請求できる。格付けがなければ、企業は社債市場ではるかに高い費用を支払うはめになるからだ。前に解説したように、アメリカやヨーロッパ諸国の政府の助けを借りても、競合他社はムーディーズの市場シェアを奪うことはできない。この堅固な堀のおかげで、ムーディーズは高い利益率を維持できた。ここで、ムーディーズと過去一〇年の経営が最も優れていて最も儲かっている企業であるアップルとグーグルの二社とで営業利益率の比較をしよう。

まず、営業利益とは利払い前・税引き前の利益である。一例として、小売業者が六〇ドルで仕入れた商品を一〇〇ドルで売れば、粗利益は一〇〇ドル－六〇ドル＝四〇ドルになる。小売業者は賃貸料・給料・インターネット関連費などの事業経費を払う必要がある。これが一五ドルかかる。そのため、営業利益は四〇ドル－一五ドル＝二五ドルである。そこで、営業利益率は、二五ドル÷一〇〇ドル＝二五％になる。営業利益率はその企業がどれほど利益を上げているかを見る良い指標だ。

次のページの表は、アップル、グーグル、ムーディーズ各社の営業利益率（％）だ。

ムーディーズの過去一〇年間の営業利益率はほかの二社よりも常にはるかに高かった。

営業利益率

事業年度	2006	2007	2008	2009	2010	2011	2012	2013	2014	2015
アップル	13%	18%	19%	27%	28%	31%	35%	29%	29%	30%
グーグル	33%	31%	30%	35%	35%	31%	25%	23%	25%	26%
ムーディーズ	62%	50%	43%	38%	38%	39%	39%	42%	43%	42%

2. 多額の設備投資が不要で、ROICが高い

必要資本が少ない企業の特徴は、資本回転率が高いために、ROIC（投下資本利益率）を高めることができる点だ。その結果、利益のごく一部しか事業に再投資する必要がない。

一九七二年には、シーズ・キャンディーの年間利益は四〇〇万ドルだった。しかし、二〇一五年の税引き前利益は一九億ドルに達していた。さらに良いことに、その成長のために要した追加投資額はわずか四〇〇〇万ドルだった。四〇年以上、バークシャー・ハサウェイの傘下にあったシーズは設備投資に四〇〇〇万ドルしか必要とせず、バークシャーに一九億ドルの利益をもたらした。この結果、税引き前利益に対する設備投資の比率は二％をわずかに上回る程度だった。

私はムーディーズ、アップル、グーグルの税引き前利益に対する設備投資の比率を計算した。結果は次のページの表のとおりだ。

明らかに、ムーディーズは成長のためにアップルとグーグルよりもはるかに少ない設備投資しか必要としていない。ムーディーズが成長のために必要なものは、オフィス家具とコンピューターの購入だけだ。

設備投資の比率

事業年度	2006	2007	2008	2009	2010	2011	2012	2013	2014	2015
アップル	23%	20%	17%	10%	11%	22%	17%	18%	18%	16%
グーグル	47%	42%	40%	10%	37%	28%	24%	51%	63%	50%
ムーディーズ	2%	16%	12%	14%	11%	8%	4%	4%	5%	6%

設備投資は二〇一五年の純利益のわずか六％にすぎなかった。残りの九四％は税引き後に配当や自社株買いという形で、株主に報いるために使うことができる。

これら三企業のＲＯＩＣは、次のページの表のとおりだ。

アップルとグーグルのＲＯＩＣは極めて高かったが、ムーディーズの場合は両社を常に上回っていた。

ところで、ＲＯＩＣとは、事業に投資した資本に比べてどれだけのキャッシュフローを生み出したかを測る指標だ。投下資本とは、自己資本（株主資本）と負債の合計から現金を引いた額だ。ＲＯＩＣが高いほど、企業が資本を効率的に使っていることを示す。

経営面の堀と必要資本に関して、ムーディーズはアップルとグーグルよりも優れている。だが、長期的に見てさえ、これで株価のパフォーマンスが確実に良くなるとは言えない。もう一つの要素が重要な役割を果たすからだ。それが優れた企業の第三の特徴になる。それは成長だ。

ROIC

事業年度	2006	2007	2008	2009	2010	2011	2012	2013	2014	2015
アップル				192%	92%	70%	59%	38%	35%	40%
グーグル	76%	53%	46%	54%	62%	57%	44%	37%	34%	33%
ムーディーズ	11,770%		639%	267%	307%	219%	253%	280%	195%	158%

3．利益成長

次のページの表は三社のＥＰＳ（一株当たり利益）の成長率（％）を示したものだ。最後の列は過去一〇年の平均成長率を示す。

アップルもグーグルも、利益成長率はムーディーズよりもはるかに高かった。これら二社の利益成長率の高さが企業の内在価値、すなわち適正価格の伸びに非常に大きく貢献した。それが過去一〇年で、アップルの株価は一〇〇〇％近く、グーグルの株価はおよそ二八〇％上昇した一方で、ムーディーズはたったの八〇％だった主な理由だ。

適正価格、あるいは内在価値

どの株式もその企業の一部を所有していることを表している。そのため、株式の適正価格とは保有株数に相当する事業の価値、すなわちその「内在価値」である。原則として、バフェットが説明したように、内在価値は企業が存続している期間に生み出されるキャッシュフローの現在割引価値に等しい。

歴史上、最も成功したバリュー投資家として知られているバフェッ

EPSの成長率

事業年度	2006	2007	2008	2009	2010	2011	2012	2013	2014	2015	平均
アップル	45%	73%	37%	69%	67%	83%	60%	−10%	14%	43%	55%
グーグル	98%	34%	0%	53%	29%	13%	9%	18%	10%	9%	27%
ムーディーズ	40%	0%	−28%	−10%	27%	16%	22%	18%	28%	0%	19%

トは、成長についてよく誤解された。彼は成長には関心がないと多くの人に思われていた。しかし、成長は彼の言う優れた企業の最も重要な要素の一つだ。彼は一九五一年の文書、「ガイコ、ザ・セキュリティ・アイ・ライク・ザ・モースト（GEICO : The Security I Like the Most)」で、ＧＥＩＣＯは成長企業だと判断している。[11] 彼は書いている。

ＧＥＩＣＯは紛れもない成長企業です……。この企業の場合、今後かなりの成長が見込まれると信じる根拠があります。

もちろん、彼は利益成長について述べていた。一九九二年の株主への手紙で、彼は書いている。[12]

成長は常に内在価値を計算するときの一要素であり、一変数です。その重要性は取るに足りないものから計り知れないものまで変動し、その影響はプラスにもマイナスにもなり得ます。

企業が利益を伸ばしていて、投じた資本から利益を生み出すとき、企業の内在価値も伸びる。優れた企業は長期にわたってその価値を拡大させて、収益力を高めることで株主に報いることができる。対照的に、三流企業はおそらく長期的に価値を生み出すことができないだろう。そうした企業はおそらく、価値を損なう可能性のほうが高いだろう。たとえ、投資家がそれらを格安で買えたとしても、バフェットが繊維会社を買ったときのように、悲惨な結果になりかねない。

投資家が優良企業を格安で買えたら、それに勝ることはないのではないか？　理想的にはそのとおりだ。しかし、市場環境と市場規模の制約のために、バフェットは株価を評価する条件を、一九七七年の「格安な価格」から、一九九二年の「割安な価格」、そして近年には「適正価格」へと変えてきた。

株価の評価については第9章で説明する。

バフェットのように、ポートフォリオの規模が大きすぎるという問題を抱えていない多くの投資家にとって、優れた企業を格安で見つけられる可能性ははるかに高い。これは小口投資家の持つ多くの利点の一つだ。

「自分にとっての第一候補だけでなく、二〇番目の候補にもお金をつぎ込むなんて、まともではない」

苦労の末、投資にふさわしい優れた企業を見つけたら、投資家がそれに大きく賭けるべきなのは明白ではないだろうか。良い投資アイデアを一つ見つけるのですら難しいのに、二〇も見つけるなんて論外だ。どうして投資家は、第一候補だけでなく、二〇番目の候補にもお金をつぎ込むのだろうか。

バフェットのこの発言は私にはもっともに思える。しかし、これを実行するのは難しい。たいていの投資家は集中投資をするだけの度胸がないのだ。投資家が自分のリサーチに自信があれば、バフェットが一九五一年にＧＥＩＣＯでしたように、その投資アイデアにできるだけ多くのお金を投資するのは難しくないだろう。ＧＥＩＣＯの本社で、将来のＣＥＯ（最高経営責任者）のロリマー・デビッドソンから四時間にわたって話を聞き、会社と保険業界について学べることはすべて学んだあと、バフェットは九八〇〇ドルの自分のポートフォリオの七五％をその会社の株式にした。「それでも、私は分散しすぎていると感じた」と彼は書いている。[13] 彼はこの投資の成功によって投資歴を華々しくスタートさせ、純資産を大きく増やした。彼は後に書いている。

> 分散投資は無知から守るためのものです。自分が何をしているか分かっているのなら、分散投資はほとんど無意味です……。幅広く分散する必要があるのは、投資家が自分のして

いることを理解していないときだけです。投資家が株式を買う前にその業種について深く考えて、経済的な特徴について安心感が高まれば、集中投資でリスクは下がると私たちは信じています。

したがって、ポートフォリオで集中投資を維持するカギは、その企業が行っている事業とその業界について可能なかぎり深く理解して、大きく賭けられる自信をつけることだ。自分のリサーチが的確で、長期的に信じるに足ると言える確信があれば、大きく賭けるのはずっと楽になり、度胸はいらなくなる。

バフェットは一九九三年の株主への手紙でさらにこう続けている。[14]

一方、何かについての知識があり、経営学を理解できる投資家ならば、長期的に有力な競争優位性を持つ五～一〇の企業が手ごろな株価だと気づいたときに、伝統的な分散投資をするのは無意味です。それを行えば、リターンを下げてリスクを上げやすくするだけです。私はこの種の投資家が第一候補――自分が最もよく理解していてリスクが最も低いうえに、最大の利益を得られる可能性がある企業――にお金を追加投資しないで、自分の二〇番目の候補にお金を投じるほうを選ぶ理由が理解できません。予言者であるメイ・ウエストの言葉を引用するならば、「良いものはいくら良くてもよい（良すぎて困ることはない）」のです。

この真意は明らかで、自分の最も良いアイデアにこだわり続けるように、ということだ。一人の人が多くの業界にわたる何十もの企業について独自の洞察と理解力を持ち、これらの企業の動向を長期間、追い続けられるなどありそうにない。

ベンジャミン・グレアム、ウォルター・シュロス、ピーター・リンチのような投資家は分散投資をしていても極めて良い成績だった、と主張する人もいるだろう。グレアムとシュロスは株価に関するカギとなるパラメーターに厳密に従って投資をし、企業が行っている事業や経営陣にはあまり注意を払わなかった。[15] そのため、分散投資が必要だった。リンチ自身は何千銘柄も保有していた。だが、彼は片手間で銘柄を選んでいる人たちに、八～一二銘柄を追いかけるようにとアドバイスしている。「株式を持つのは子供を持つことに似ている。だから、自分で対応できる以上のものにかかわるべきではない」[16]。バフェットは集中投資によって悠々自適の生活を送ってきた。八〇代の今でも投資を楽しみ続けている。また、リンチのよりもはるかに巨額のポートフォリオをいまだに運用している。

そして、もっと重要なことは、大きく賭けるほうが報われるということだ。バフェットは投資を始めて以来ずっと、ポートフォリオを集中投資で運用してきた。彼がこれほど長い間、最も優れた投資実績を誇ってきたのはこれが理由である。今日まで、バフェットは一二八〇億ドル以上の株式ポートフォリオを運用している。ポートフォリオの七〇％、あるいは約九〇〇億ドルは上位五銘柄に集中投資している。二〇一六年九月三〇日現在ではクラフト・ハインツ、ウエルズ・ファーゴ、コカ・コーラ、ＩＢＭ、アメリカン・エキスプレスで、これらのポジションはすべて適正価格を付けている優れた企業だ。

ひと握りの優れた企業が妥当な株価をつけているのを見つけて、それらに集中投資をしたあと、次にすべきことは忍耐強くあることだ。それは、私がバフェットから学んだ第三のカギとなるポイントになる。

「私たちのお気に入りの保有期間は永遠です」

投資家がよく仕出かす間違いは、含み益になった銘柄をすぐに利食いして、パフォーマンスが悪い銘柄にしがみつくことだ。リンチはそうした行動を、花を切って雑草に水をやる行為と呼んだ。優れた企業が妥当な株価を付けているのを見つけるのは簡単ではない。だから、ファンダメンタルズが維持されていてバリュエーションが妥当であるかぎり、それらを保有し続けるべきだ。次はバフェットの一九九八年の株主への手紙で保有期間について述べた部分だ[17]。

実は経営陣が非常に優れていて傑出した企業の一部を保有したとき、私たちのお気に入りの保有期間は永遠です。

長期保有をしている間に、次の二つのことが起きます。

1. 企業の内在価値と株式の買値との開きは徐々に小さくなる。
2. 企業の内在価値は次第に成長する。

長期的には、内在価値の成長によってもたらされる利益は極めて高くなる可能性があり、そうなれば買値はそれほど重要ではなくなる。一九七二年にバフェットがシーズ・キャンディーを買収したときのことを考えよう。家族経営のこの会社は三〇〇〇万ドルで売却することを望んだが、バフェットは二五〇〇万ドル以上は払いたがらなかった。幸いにも、売り手が二五〇〇万ドルの申し出を受け入れた。そうでなかったら、バークシャーは五〇〇〇万ドルをけちったせいで、一九億ドルの利益を逃すことになっていただろう[18]。

長期保有をするつもりで株式を買う場合も同様のことが言える。リサーチをするときに長期的な視点で考えていれば、氾濫する無意味な情報に振り回されなくなる。事業の質、属する業界、企業の内在価値など、長期的に重要なことに焦点を合わせることができるようになる。

ドナルド・ヤックマン

ピーター・リンチならば自分で六つに分類したカテゴリーすべてで良い投資アイデアを見つけられるだろう。ウォーレン・バフェットはそれらのなかの優良企業に投資するようにと言う。ドナルド・ヤックマンはさらに一歩進めて、景気循環株でない優良企業に投資すべきだと言う。

ヤックマンはおそらく、リンチやバフェットほど有名ではない。彼は自分の名前を冠したヤックマン・アセット・マネジメントの創業者で、この会社は二〇一六年現在、一七〇億ドル以上の資産を運用している。ヤックマンはアメリカン・シェアーズ・ファンドのファンドマネジャーとして並外れた成績を上げて、一九八〇年代に評判になった。一九九二年には自身のファンドを立ち上げた。ファンドの資産は一九九七年までに一一億ドルに増えた。当時、ハイテクバブルの勢いは非常に強かったが、ヤックマンは高収益の企業を割安で買うという旧来の手法を続けた。彼のファンドの運用成績は大きく後れを取っていたため、投資家たちはすぐに資金を引き揚げ始めた。一九九八年にはファンドの役員の一部が彼を追い出そうとした。激しい委任状争奪戦の末に、彼はどうにかヤックマン・アセット・マネジメントに残ることができた。二〇〇〇年までに、ファンドの資産はわずか七〇〇〇万ドルにまで減っていたが、直後にようやくバリュー投資戦略が息を吹き返した。二〇〇〇年にこのファンドはS&P500を二〇%上回り、二〇〇一年には三一%、二〇〇二年には三三%上回った。ファンドは二〇〇八年と二〇〇九年の金融バブルがはじけたときも極めて良い成績を収め続け、相場が暴落した二〇〇八年にもS&P500を一一%上回り、相場が回復した二〇〇九年には三三%上回った。このファンドから資金を引き揚げて、飛ぶ鳥を落とす勢いのハイテクファンドに資金をつぎ込んだ株主は残念な結果に終わった。

ヤックマンの投資哲学の根本は株式を債券とみなすところだ。つまり、債券と同様に、株式を利回りという観点でとらえるのだ。彼の戦略の主なポイントは業種・経営陣・投資判断で用いる最低利回りに関連している。

景気循環株以外の優良企業に投資しよう

バフェット同様に、ヤックマンは優良企業だけに投資するようにと投資家に言う。しかし、彼はさらに具体的な点に踏み込み、景気循環に影響されない優良企業にだけ投資することや、顧客の購入頻度が高くて商品寿命が長いものを作っている企業だけに投資するようにと言う。そうした商品の良い例はほとんどが、歯みがき、ベーキングソーダ、コンドームといった生活必需品だ。それらは顧客が毎日消費し、景気にかかわらず頻繁に買う必要がある。また、消費者は通常、それらをクレジットではなく現金で買う。これらの商品を提供する企業は絶えず新技術を開発したり、後続品と競争し続けたりする必要がない。コカ・コーラは同じ飲料を何十年も販売し続ける長寿命商品の代表だ。

そうした企業はヤックマン・ファンドのポートフォリオを見ても分かる。本書の執筆時点で彼の保有比率が最も高い銘柄はプロクター・アンド・ギャンブル、ペプシコ、コカ・コーラだ。コカ・コーラはバフェットの保有比率が最も高い銘柄の一つでもある。

また、バフェットと同様に、ヤックマンも資本をあまり必要とせずに成長できる企業を好む。この種の企業は成長しながら現金を生み出すことができる。そして、設備投資が少なくて済むために借り入れの必要がなく、事業全体のリスクはかなり低い。

したがって、投資家は自動車のように買い換えまでの期間が長い製品を扱う企業を避けるべきだ。自動車メーカーは景気循環に強く影響され、競争も極めて激しい。顧客は景気が良いときにしか車を買わない傾向がある。メーカーは競争力を維持するために新型車を開発しなければならない。また、最新技術に乗り遅れないために、製造設備に投資をする必要がある。これは成長のために巨額の設備投資が必要だということを意味する。

私がかつて働いていた電気通信機器メーカーについて考えてみよう。製品は車にとてもよく似ている。顧客は景気が良いときにしか買わない。また、多額の資本が必要であり、新製品の開発には少なくとも五年かかる。それなのに、製品が時代遅れになるまで一世代以上もつことはまずない。これは不利なビジネスだ！　辞めて良かった。

経営陣

愚か者では経営できない事業の場合は特にだが、企業が長期的に成功するうえで経営陣の能力は重要な要素だ。バフェットは彼が買う企業に「正直で有能な経営陣」がいるかどうかを探す、と繰り返し書いている。しかし、ヘッジファンドマネジャーで、『ダンドー』（パンローリング）の著者であるモニッシュ・パブライに言わせると、CEOはだれでも話術にたけている。彼らの話しぶりだけで有能かどうかを判断するのは難しい。

ヤックマンは経営陣が企業の生み出すキャッシュで何をして何をしないかを見る。二〇一六年のグルフォーカス・バリュー・カンファランスの基調演説でヤックマンが述べたように、株主を重視する経営陣は次のことを行う。経営陣は自分たちに行きすぎた報酬を支払うのではなく、次の点について以下の順序で、企業が生み出したキャシュを使う。

1. 再投資　彼らは企業の成長のためにキャッシュを事業に再投資する。

2. 買収　それでもキャッシュが必要以上に残るときは、企業買収をして事業を成長させる。投資家はこの点に注意して、その企業が過去にどういう買収を行ったかを見ておく必要がある。大型買収のほとんどは期待どおりの結果をもたらさない。

3. 自社株買い　それでもお金が残っているときは自社株買いを行う。投資家は自分の持ち株があまりにも高値で買い戻されようとしていないか確認したほうがよい。そういうことが行われると、既存株主にとって価値が損なわれるからだ。

4．負債を減らす
5．配当を増やす

バフェットも二〇一二年の株主への手紙で、経営陣が余った資金をどう使うべきかについて詳しく述べている[19]。彼の考えはヤックマンの考えと一致する。

したがって、経営陣の質を判断する際には、投資家は彼らの話しぶりではなく、どういう資金配分をするかを注意深く見守るべきだ。愚か者でも経営できる業種では、経営陣の能力が事業に及ぼす影響は小さくなる。前に挙げたマクドナルドを例に取ろう。この企業は過去一〇年間にＣＥＯがたびたび変わり、いくらか問題が生じたが、それでも業績は好調だ。しかし、製品も経営も複雑な業種では、経営陣の能力が業績に大きな影響を及ぼす可能性がある。

ハードルレートを設定する

ヤックマンの長期にわたる成功のカギは、従うべきハードルレート（投資で最低限求められる利回り）を設定したことだ。彼はハイテクバブルの最中には、予想利回りが不合理だと考えて、ハイテク株を買わなかった。また、二〇〇六年に金融バブルがはじける前までは、彼が設定したハードルレートに達する銘柄が少なかったので、通常よりも現金比率を高めていた。金融バブルがはじけた二〇〇八～二〇〇九年には、彼がずっと前から買いたかった銘柄の多くが彼の設定したハードルレートよりもはるかに高いリターンを生み出せるところまで下げた。そこで、彼は現金をすべて株式につぎ込んだ。このように、自分が設定したハードルレートに従っていたおかげで、彼は市場が暴落した二〇〇八年も、市況が回復した二〇〇九年も、市場平均を上回る成績を収めることができた。二〇〇八年にS&P500が三七％下げたとき、彼のファンドは現金比率を高めていたため、その指数を一一％上回った。二〇〇九年にS&P500が二六・五％上昇したときには、彼のファンドは六〇％上昇した。寝かせていた現金を使って、たたき売られていた銘柄を買ったからだ。

ハードルレートは株式のバリュエーションか配当利回りか期待リターンに基づいている。ヤックマンは「将来利回り」という用語を使っている。これは株式が今後七～一〇年で生み出すと見込まれる年平均リターンを意味している。ヤックマンの「将来利回り」の計算法と応用法は第9章で詳しく述べる。

ハードルレートは上げ相場でも下げ相場でも投資家の役に立つ。上昇相場では、投資家が割高株に手を出したくなったときにハードルレートが待ったをかけてくれる。下落相場では、ハードルレートに従っている人はいつが買い時かが分かる。

話が簡単すぎるだろうか。もちろん、これを実践するのは簡単ではない。上昇相場が続くとき、株式の利回りはハードルレートに達しないので、傍観し続けることになる。ところが、上昇トレンドは止まらない。自分のポートフォリオの成績が平均以下で、上昇のすべてを取り逃がすのを見ているのはとてもつらい。しかも、この状況が何年も続くこともある。パフォーマンスを毎日ではなくとも毎月チェックされるプロ投資家には、特にこれがこたえる。市場全般が割高で、さらに割高になり続けるとき、ハードルレートを堅持する人々の成績は市場平均を下回る。この点はヤックマンを見れば分かる。彼のファンドの運用成績は二〇〇七年から二〇一一年まで非常に良かったが、その後は再び市場平均を下回っている。常に全額投資されているS&P500に匹敵するパフォーマンスを挙げるには、現金比率が高すぎるのだ。この時期にはバフェットでさえパフォーマンスが落ちている。

下落相場の時期にハードルレートに従うのも簡単ではない。ようやく、相場が下げて、ずっと買いたいと思っていた銘柄の多くが自分のハードルレートに達した。しかし、暴落が続いているので、買うのは恐ろしい。株式市場はいつでも、上げ足よりも下げ足のほうが速い。バブル相場は崩壊局面よりも拡大局面のほうがはるかに長く続く。買いたい銘柄は素早く下げていく。今、買えば、ほんの数日後には一〇%、二〇%、あるいはもっと下げているだろう。だが、買わずにもっと安値になるまで待つと、再び買いの機会を逃すかもしれない。

だから、ハードルレートを設定してそれを堅持するのは非常に難しい。それでも、投資家が長期にわたって成功するためには、それを堅持することが極めて大切なのだ。短期的な成績を犠牲にする気があり、そうできる余裕がある人だけが、長期的に市場平均を上回ることができる。

どの銘柄も自分の設定したハードルレートに達しないときは何をすればよいのだろうか。そのときはリサーチにもってこいの時期だ。安値で買いたいと思えるほど優れた事業を行う企業の監視リストを作り、いつでも動ける準備をしておくのに良い時期だ。

■　■　■　■　■　■

ここまで、ピーター・リンチ、ウォーレン・バフェット、ドナルド・ヤックマンから私が学んだことを特徴のある分野に注目してまとめてきたが、彼ら三人から学んだことはすべてにわたって互いに関連している。私はほかの多くの投資家たちからも彼らの著作を通じて啓発された。オークツリー・キャピタルのハワード・マークスやGMOのジェレミー・グランサム、オークマーク・ファンズのビル・ニーグレン、FPAキャピタルのロバート・ロドリゲス、FPAクレセント・ファンドのスティーブン・ローミックの株主への手紙にも目を通した。名前を挙げると切りがない。

私は非常に多くのことを学んだ。前にも述べたように投資は学べるものだ。

希代の天才であり最も成功した投資家であるバフェットは、バークシャー・ハサウェイの株主への手紙で、投資に関するあらゆる主題について述べている。これらの主題は経済から企業統治、経営陣の質、会計、税、合併・買収などの事業運営にまで及ぶ。彼は保険、銀行、小売り、航空、新聞、公益といった事業、それにもちろん投資について彼の見識を述べている。彼の株主への手紙はビジネススクールの全学生、そして経営や投資について真剣に考えている人すべてにとっての推薦図書にされるべきだ。あなたがまだ読んでいないのなら、本書を読み終えたらすぐに読み始めるように強く勧める。

学んだことで私は変わった。今では、ビジネスや投資に無関係なことでも、人生のすべてをまったく異なる角度から見ている。もちろん、学んだことは自分の投資リサーチで応用している。以降の章では、この知識をあなたの投資に応用する方法を詳しく述べるつもりだ。あなたが確固とした基盤を持つ企業に投資して、投資家が避けられたはずの多くの判断ミスを避けて、最終的に長期の成功を収められるように、投資の適切な枠組みを作りたい。

バフェットの株主への手紙を繰り返し読みながら、私はバフェットのビジネスや投資についての知識の深さにいつも驚かされた。バフェットは繰り返し、「資金配分の自分の能力は生まれつきのものだ」と言い、「一ドル紙幣を四〇セントで買うというバリュー投資の概念は人々にすぐに広まる[20]」と述べている。しかし、たとえバリュー投資の概念をすぐに受け入れても、その一ドル紙幣が四〇セントで売られているのを見つける方法を知る必要がある。おそらく、バフェットは生まれつき偉大な投資家だっただろう。だが、もちろん生まれたときから知識があるはずはない。彼は父のハワード・バフェットやベンジャミン・グレアム、フィリップ・フィッシャー、チャーリー・マンガー、それに彼が読んだ多くの本や報告書から学んだのだ。長年にわたる彼のパートナーのチャーリー・マンガーに言わせると、彼は「学ぶことにかけてはだれにも負けない」。マンガーは続けてこう言っている。

ウォーレンは幸運なことに、定年に達したあとでさえ、まだ効果的に学んでスキルを身につけることができた。彼の投資スキルは六五歳を過ぎて著しく向上した。[21]

どうすれば、それほど多くの知識を身につけられるのかと尋ねられたとき、バフェットは山積みの本や報告書を指さして、「毎日、こういったものを五〇〇ページ読めばよい。そうすれば、知識は複利のように積み重なっていく[22]」と言った。バフェットの後継者の一人であるトッド・コームズは一日に最高一〇〇〇ページ読んでいると言われている[23]！

この章の締めくくりに、初めに引用したマンガーの言葉を繰り返しておきたい。

私はそれほど賢くもなく、時にはそれほど勤勉でさえない人が成功するのを絶えず見ている。ただし、彼らは学ぶことに関しては名人だ。彼らは朝起きたときよりも少し賢くなって眠りに就く。驚くことに、それが役に立つのだ。特に長期で勝負するときには。[24]

第2章 ディープバリュー投資とその問題点

「雑草を高く生い茂らせて、庭の美しい花に影を落としてはならない」――スティーブ・マラボリ[1]

ハイテクバブルがはじけたあと、飛ぶ鳥を落とす勢いだったハイテク株の多くも、適正な株価かどうかに関係なくたたき売られた。二〇〇二年一〇月には、私が買った光ファイバー企業のオプリンクはその二年前の二五〇ドルから四・五ドル（分割調整済み）まで下げた。だが、この企業には一株当たりネットキャッシュが八ドル以上あった。これは企業が操業を停止して、その他の資産をすべて処分したあとに現金を株主に分配すれば、株主のお金がほとんど即座に二倍になることを意味する。したがって、買値が適切であれば、当初はさえない投資対象ですら、ある時点でかなり良くなる可能性がある。

これが企業の資産価値に比べて格安の銘柄を買う戦略、すなわちディープバリュー投資の一例だ。この手法はバリュー投資の創始者であり、ウォーレン・バフェットの師であるベンジャミン・グレアムによって理論化された。[2]

ディープバリュー投資

ディープバリュー投資の狙いは明快だ。簡単に言えば、バフェットが説明したように「四〇セントで一ドル札を買うこと」だ。彼は若いころにこの手法で大成功をした。[3] この手法を用いる投資家は資産の評価額よりも安く株式を買い、株価が評価額に近づくまで待つ。投資家が株式を買うためには、評価した価値と株価の間に最低限の開きが必要になる。この最低限の開きは安全域と呼ばれていて、投資家が価値を誤って評価したときに、損失を防ぐために重要となる。

この考え方は**図2－1**に示されている。

株価と価値の開きが徐々に縮まれば、ディープバリュー投資家は株式を買値よりも高く売って、利益を得ることができる。

ベンジャミン・グレアムとウォルター・シュロスはディープバリュー投資家だった。[4] グレアムは彼の有名な著書『**賢明なる投資家**』(パンローリング)で、判断の誤りや無知から自分を守るために、ポートフォリオを一〇〇銘柄以上に分散させておくほうが安全だ、と語っている。[5] 株価を評価するときに、ディープバリュー投資家は企業の貸借対照表を見ることに集中し、その

図2-1　バリュー投資と安全域

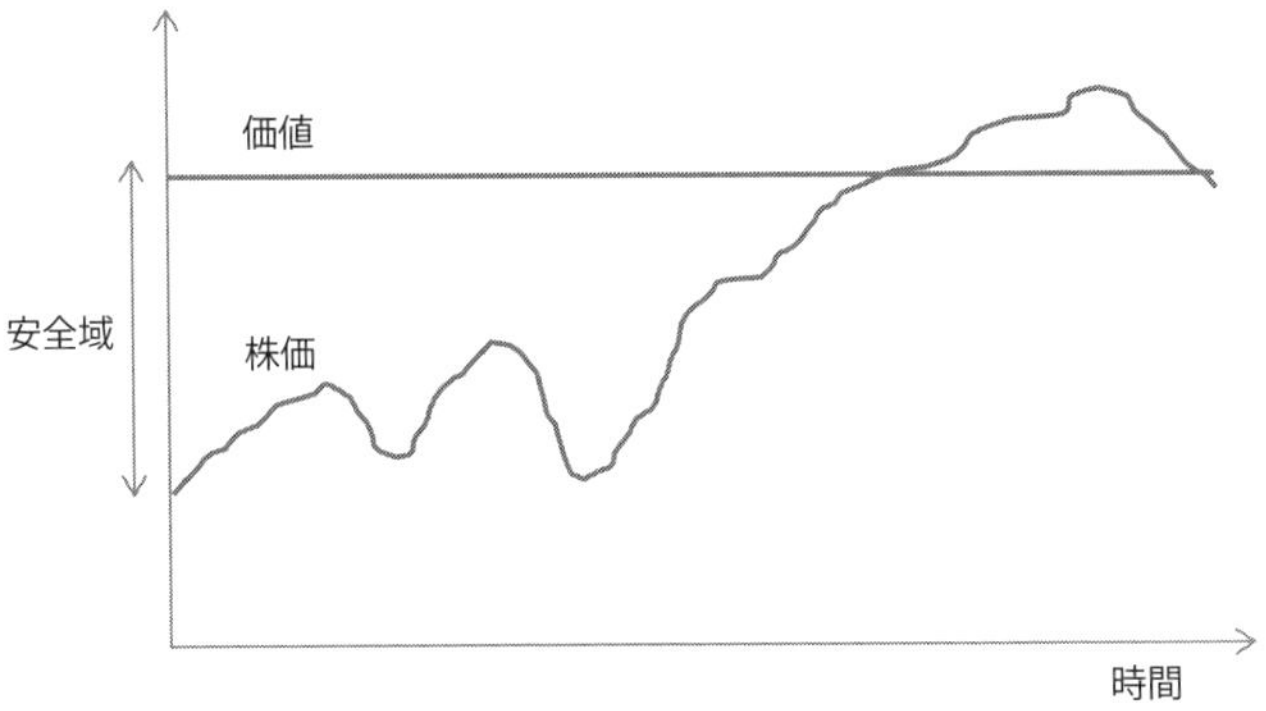

事業運営には関心を寄せない。投資家がどれほど保守的に評価したいかに合わせて、内在価値を評価する方法は四通り考えられる。

有形純資産

この手法では、企業は借入金とその他の負債をすべて支払ったあとの現金、売掛金、在庫、建物、設備などの有形資産に相当する価値しかないとみなす。のれん、特許、商標、ブランド、事業運営などの無形資産は無価値とみなす。したがって、一株当たりの価値は次の式で計算される。

一株当たり有形純資産＝（総資産－総負債－優先株－無形資産）÷発行済株式数

これは企業の価値を保守的に評価する方法のように

思われるが、投資家はもっと保守的な評価もできる。

正味流動資産

もっと保守的で慎重な評価をしたければ、建物や土地や設備などの固定資産を無価値とみなせばよい。計算で流動資産だけを考慮するのは、借入金はすべて実際に返済しなければならないからだ。

そのため、企業の正味流動資産は次のように計算される。

一株当たり正味流動資産＝（流動資産－総負債－優先株）÷発行済株式数

すべての流動資産が帳簿に記載された分の価値があるわけではないので、この手法でもまだリスクがある。もっと控え目な評価では正味運転資本を使う。

正味運転資本

この方法では、在庫と売掛金については簿価よりも割り引いて価値を計算し、前払い費用は無価値とみなすが、負債はそのまま評価する。定義は次のとおりだ。

一株当たり正味運転資本＝｛現金および短期投資＋（〇・七五×売掛金）＋（〇・五×在庫）－総負債－優先株｝÷発行済株式数

正味運転資本で評価する場合には、現金は簿価の一〇〇％、売掛金は七五％、在庫は五〇％とみなす。ほかの資産はすべて無価値とみなし、負債はすべて返済されるものとみなす。この手法では、企業の清算価値は株主に残されるものに等しいと考えられている。

ネットキャッシュ

この評価では、企業の現金と短期投資だけが計算で使われる。ほかはすべて無価値とみなす。

一株当たりネットキャッシュ＝（現金と短期投資－総負債－優先株）÷発行済株式数

清算価値を大きく下回る株価で株式を売る人がいるとは考えにくい。しかし、特に市場がパニック状態に陥ったときには、そうした売りが実際に出る。株式市場が最高値を付けた二〇一

	有形純資産	正味流動資産	正味運転資本	現金の純額	株価
エマーソン・ラジオ	$1.99	$1.93	$1.75	$1.75	$0.68
アドベラム・バイオテクノロジーズ	$8.92	$8.78	$8.73	$8.70	$3.07
カービラン・セラピューティックス	$1.64	$1.63	$1.59	$1.59	$0.59

六年七月現在でさえ、清算価値を大きく下回る株価で売られている銘柄がある。上の表はそれらの一部だ。数字はすべて、二〇一六年七月一九日の一株当たりの数字である。

数字は有形純資産、正味流動資産、正味運転資本、ネットキャッシュの順に小さくなっている。この順序で評価がより保守的になるからだ。

これらの数字はグルフォーカス・ドット・コムから引用したもので、そこでは現在の評価と過去の評価の両方を見ることができる。また、グルフォーカスのオール・イン・ワン・スクリーナー[6]とベン・グレアムズ・ネット・ネット・スクリーナー[7]を使えば、清算価値を下回って売られている銘柄を選び出すこともできる。

清算価値よりもはるかに安く株式を買えば、投資家が損をしないのは明らかだと思われる。これがグレアムの行ったことだ。彼は『賢明なる投資家』で書いている。[8]

こう言うと、とんでもなく簡単に思えたし、いまだにそう思えるが、株式を妥当な一株当たり正味流動資産額よりも安い株価で分散して買うことができれば……、それだけで極めて満足できる結果が得られる。

彼は続けて言う。

これはできるだけ多くの株式を、一株当たり正味流動資産額、つまり、工場設備やその他の資産を無価値とみなした資産の簿価よりも安く買うという考えだ。私たちは通常、余分なものを除いた資産価値の三分の二以下で買った。ほとんどの年で、少なくとも広く一〇〇銘柄に分散投資をした。

グレアムは株価が正味流動資産価値の三分の二以下の企業を探した。グルフォーカスでは、正味流動資産価値よりも割安の銘柄を選別するために、グレアム・バーゲン・スクリーナーを作った。これは「https://www.gurufocus.com/grahamncav.php」で見つけられる。

これらの企業に投資した場合のリスクは、それらのほとんどの経営状態が良くなく、赤字続きの可能性があることだ。このリスクを減らすために、グルフォーカスでは営業活動によるキャッシュフローがプラスの企業を選別できるオプションを付け加えている。これで、資金を使い果たさずに経営を維持できる企業が選別される可能性が高くなる。

グレアムによると、経済情勢が悪化すれば、これらの企業の一部は破綻するので、分散して保有することが大切だ。

この戦略はグレアムにとってはうまくいったが、現代のバリュー投資家が分散したポートフォリオを作ろうとしても、こうした格安銘柄はもはや見つけられない。二〇〇八年に株式市場が急落した時期には、この銘柄スクリーニングツールで多くの銘柄が見つかったが、徐々に減少していった。

このツールで格安銘柄を探した私の経験では、結果にばらつきがあった。グレアムが解説したように、これらの銘柄がたくさん見つかる時期には、この戦略はうまくいく。しかし、そうでない時期には、おそらく見つけた銘柄では成功しないだろう。

例えば、次は二〇〇八年一二月二六日にこのツールで選び出された上位二〇銘柄だ。S&P500は八七二で、二〇〇七年の最高値から四〇%以上、下げていた。これを書いている現時点で、この指数は二一六三だ。上位二〇銘柄の二〇一一年までのパフォーマンスは次のとおりだ。

これらの株式で完全に無価値になったのはソープストーン・ネットワークスの一社だけだった。三社は高値で買収されて、いずれも一〇〇%以上、上昇した。全体で見ると、これら二〇銘柄は平均で二五七%の上昇をした。比較のために、同じ期間のS&P500とナスダックを見ると、それぞれ四八・五%と八二%の上昇だった。二〇銘柄のうちの一七銘柄は利益が出た。そのうちで最大だったのはバリュービジョン・メディアで、二年半で二七〇〇%以上の上昇を

2008年12月の正味運転資本に基づくポートフォリオ（S&P500=872）

	2008/12/26の株価	2011/7/13現在の株価	変化率（%）	注
ヒーリーズ	2.52	2.24	−11%	
バルペイ・フィッシャー	1.45	2.7	86%	
ソルタ・メディカル	1.35	2.6	93%	
エマーソン・ラジオ	0.51	1.97	286%	
オルボテック	4.06	12.35	204%	
シリコン・グラフィックス・インターナショナル	3.76	15.87	322%	
NUCRYSTフアーマシューティカルズ	0.85	1.77	108%	買収される
PECO II	2.1	5.86	179%	買収される
データラム	1.15	1.59	38%	
マトソン・テクノロジー	1.2	1.94	62%	
ACSモーション・コントロール	0.91	1.4	54%	
アバネクス	1.04	3.256	213%	買収される
リンクトーン	1.13	0.9701	−14%	
PDI	3.39	7.72	128%	
アクションズ・セミコンダクター	1.6	2.15	34%	
ソープストーン・ネットワークス	2.46	0.01	−100%	
トランセプト・フアーマシューティカルズ	5.45	8.59	58%	
バリュービジョン・メディア	0.29	8.29	2759%	
アリアンツSE	10.14	12.82	26%	
GSIグループ	1.65	11.99	627%	
		平均	257.6%	

2009年10月の正味運転資金に基づくポートフォリオ（S&P500＝1020）

企業名	株価（ドル）
ザ・ナイン	7.57
オーサス・エクセレント・テクノロジーズ	9.36
ヒーリーズ	2.15
イーロング	9.74
TSR	4.1
ネットリスト	0.69
フォワード・インダストリーズ	1.72
ユナイテッド・アメリカン・ヘルスケア	0.99
オプティベース	6.35
マジックジャック・ボーカルテック	4.88
アメリカン・ラーニング	0.52
MGTキャピタル・インベストメンツ	15

年	バーゲン・ポートフォリオ	S&P500	ナスダック
2009/10～2010/9	50.00%	9.75%	13.38%
2010/10～2011/9	−17.00%	−1.29%	1.88%
2011/10～2012/9	−2.00%	24.68%	25.69%
2012/10～2013/9	−28.00%	17.43%	24.23%

した。ＧＳＩグループは六〇〇％以上、シリコングラフィックス・インターナショナルは三〇〇％以上、エマーソン・ラジオは二八〇％以上、上昇した（すべての数字は配当を除く）。このポートフォリオは好成績を残した。特に一五〇％以上のリターンが得られた一二カ月は良かった。

市場の上昇が続くにつれて、こうした銘柄の数は減少していった。二〇〇九年一〇月には、Ｓ＆Ｐ５００は二〇〇八年の金融危機による下落分をある程度取り戻し、一〇〇〇を上回った。このときに見つかったのは一二銘柄だった。それらは右の上の表のとおりだ。

右の下の表はこのポートフォリオの、その後四年のパフォーマンスである。

このポートフォリオの一年目のパフォーマンスは非常に良かった。一二カ月後に売っていたら大きな利益を得ていただろう。ただし、長く保有するほど利益は徐々に減少した。

しかし、これらのグレアム流格安銘柄をさらに追い続けると、二〇一一年以後に作ったポートフォリオのパフォーマンスは良くなかった。全体として見ると、それらはＳ＆Ｐ５００を大きく下回った。

次のページの上の表はＳ＆Ｐ５００が一三〇〇を超えた二〇一一年四月に組んだポートフォリオだ。

次のページの下の表は二〇一一年四月に組んだポートフォリオのパフォーマンスを、その後の一二カ月ごとに見たものだ。

2011年4月の正味運転資金に基づくポートフォリオ（S&P500＝1332）

会社	株価（ドル）
チャイナ・テックフェイス・ワイアレス・コム・テック	21.6
ブルーコーラ	8.79
チャイナ・バイオティック	8.38
ジャンゴ・ファーマシューティカルズ	4.43
ノア・エデュケーション・ホールディング	2.16
イーロング	14.25
ジェンコー・インダストリーズ	7.85
バイコン・インダストリーズ	4.75
TSR	4.99
マクスジェン	5.21
コマルコ	0.31
アクションズ・セミコンダクター	2.44
ミード・インストルメンツ	3.66
ブロードビジョン	14.45
クオルスター	10.74
メラス・ラブズ・インターナショナル	1.62
ピアレス・システムズ	3.16
サイトキネティクス	9.06

年	バーゲン・ポートフォリオ	S&P500	ナスダック
2011/4～2012/3	−10%	7.21%	12.70%
2012/4～2013/3	−20%	11.41%	5.69%
2013/4～2014/3	11%	18.38%	27.18
2014/4～2015/3	−30%	10.51%	18.5

このポートフォリオは最初から株価指数に負けていて、その後の全期間で大きく下げ続けた。市場全般が上げ続けたときでさえだ。

その後も格安銘柄のポートフォリオを観察し続けたが、安全域が十分に広くてポートフォリオに含められるような銘柄はそれほど多くなかった。そういう銘柄が現れたときに投資しても、パフォーマンスはたいてい悪く、市場平均を大きく下回った。

グレアムの時代とは異なり、テクノロジーが進歩した現在では、清算価値よりも大幅に安値を付けている銘柄があれば、簡単に見つけられてしまう。その結果、先を争って買われるため、格安銘柄はあまり存在しない。特に低金利が続く近年では、あらゆる資産が極めて割高に評価されているため、貸借対照表上の純資産と比べて格安な銘柄を見つけるのは難しくなっている。

これらの格安銘柄への投資に最もふさわしい時期は、それらが数多く見つかるときだ。特に、相場が暴落して、狼狽売りや投げ売りが広がるときが良い。そういう時期には、もっと高く評価されてしかるべき銘柄まで連れ安する。事業基盤が比較的弱い銘柄は特にだ。一方、市場全般が割高に評価されていて、ほかの銘柄はなんでも上げているときでさえ下げていて、格安銘柄のスクリーニングに引っかかる銘柄は、おそらく安値に放置されて当然の銘柄だ。安いのにはそれなりの理由がある可能性が高い。私が二〇一一年以後に観察したように、それらを買ったら大損をしていただろう。したがって、ディープバリュー投資を考えている投資家は慎重になって、この手法に固有の問題点を意識しておく必要がある。

ディープバリュー投資の問題点

バフェットは平凡な企業の株式を純資産価値よりも格安で買う戦略を、「シケモク投資法」と呼んだ。彼はこの手法を、「道端に捨てられていて、一服しかできないタバコの吸い殻に似ていて、たいして煙は出ない。だが、『割安で買えば』、その一服がすべて利益になる」と言った。[9]

この手法には問題点がいくつかある。

徐々に価値が低下する

平凡な企業は株主のために価値を生み出すのではなく、事業価値をじわじわと損なっていく。そのため、価値と株価の関係は**図2－1**のようなものではなく、**図2－2**に代表されるものに近い。

したがって、事業価値は落ちていき、たとえ株価が上げなくても、買ったときにあった大きな安全域が次第に狭くなっていく可能性がある。投資家は企業の内在価値の低下に合わせて株価が再び下げる前に上げたときに運よく売り逃げできる必要がある。

バフェットが一九八九年の株主への手紙で書いたように、「時間は優れた企業の味方をするが、

図2-2　平凡な企業の株価と価値

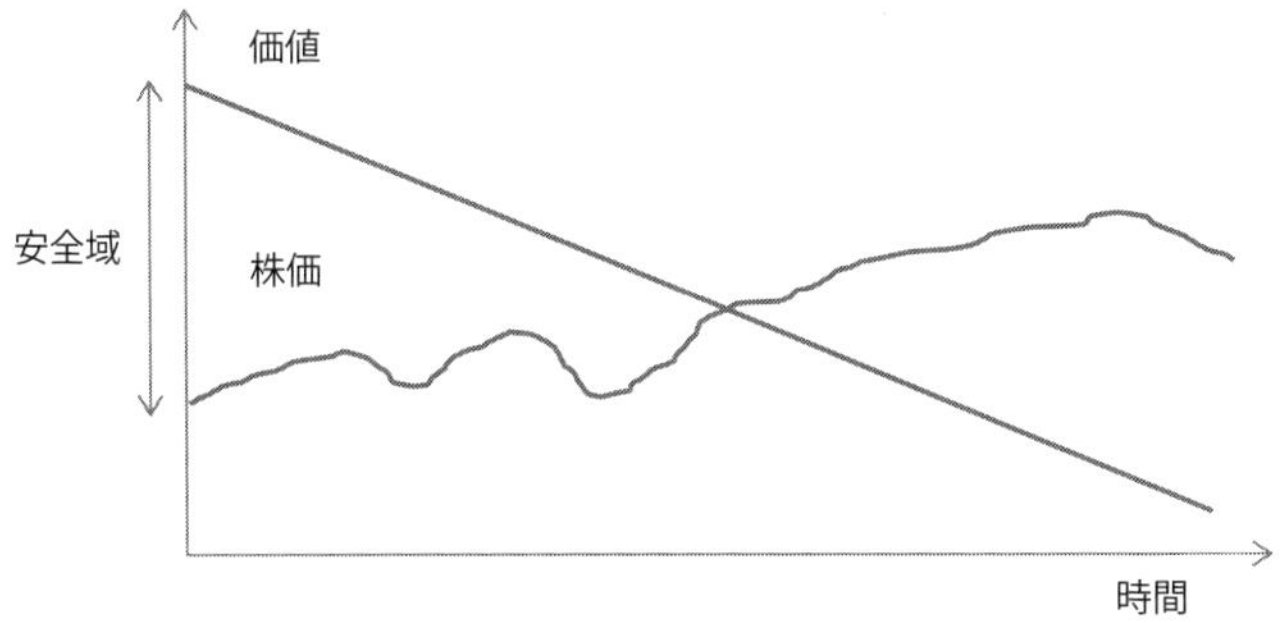

平凡な企業には敵となる」[10]。

　バフェットは見込みのない企業の株式を買って痛い目に遭い、教訓を学んだ。彼はバークシャー・ハサウェイの支配権を握るまで株式を買い進んだことを最大の失敗と考えた。この企業のせいで、バフェットと彼の共同経営者は最終的に一〇〇〇億ドルの損失を被った[11]。この株式は一株当たり正味運転資本ほどの格安で売られていて、BPS（一株当たり純資産）の〇・五倍を割っていた。しかし、この企業の営業損失と自社株買いのせいで、純資産は一九六四年の五五〇〇万ドルから一九六七年の二二〇〇万ドルにまで減ってしまった。その当時、バフェットは経営状態が良いある小売企業にも手を出し、その株式を純資産額よりも大幅に安く買った。だが、「幸運にも」三年後に買値と同じ株価で売った[12]。

　これと同じことは、前に取り上げた二〇〇九年一〇月の正味運転資金に基づくポートフォリオでも見られる。ポートフォリオの一年目のリターンは市場平均を大きく上回っていた。しかし、その後の三年は株式市場が堅調だったのとは対照的で、当初にあった含み益をすべて吐き出した。

タイミングと苦痛

格安銘柄がいくらでも見つかるときにそれらを買ってポートフォリオを組んでも、二〇〇八年のように市場全般が急落すると、市場平均よりもはるかに大きな損失を被る可能性が非常に高い。下落が長く続くと、ポートフォリオに含まれる企業の多くは他企業に比べて営業損失が大きくなり、倒産することすらあるかもしれない。不況のときにそうしたポートフォリオを維持するのは非常につらい。下落相場や不況の時期にこれらの銘柄を保有する人はだれであれ、それを証明することになるだろうし、心配で眠れなくなるだろう！

そのうえ、事業価値が急速に失われていくので、格安銘柄はたとえ株価が上昇しなくても素早く売り抜けることが重要になる。最大の利益はたいてい、最初の一二カ月以内に得られる。だから、チャーリー・マンガーは言ったのだ。「割安という理由で何かを買うのなら、株価が自分で計算した内在価値に近づいたときに売ることを考えなければならない。だが、それは簡単なことではない」[13]と。

バフェットは手っ取り早く利益を得るために平凡な企業の株式を格安で買うことを、結婚する意志がないデートに例える。その状況では、関係が悪化する前の適切な時期に、付き合いをやめることが重要だ。

条件を満たす銘柄が十分にない

格安銘柄に基づくポートフォリオの一銘柄のせいで失敗したり災難に遭ったりしないためには、分散投資をすることが大切だ。しかし、市場全般が割高に評価されている時期には、分散投資の条件を満たす銘柄を十分な数、見つけるのは不可能だ。二〇一二年の状況も同じだった。グルフォーカスの格安銘柄を探すツールでは、アメリカ市場で数銘柄しか見つからなかった。市場の上昇トレンドが続いたので、そうした銘柄は消えてしまったのだ。金利がゼロに近いためにすべての資産が割高になっていることを考えると、この状況は長く続く可能性がある。

節税ができない

保有期間が短いので、退職積立勘定でないかぎり、このポートフォリオで得た利益はすべて、アメリカの投資家に対する所得税と同じ税率で課税される。最も高い課税区分が適用される人たちは利益の四〇%近くを毎年、支払うことになる。そのため、長期での総リターンは大幅に落ちる。

■　■　■　■　■　■

資産価値よりも格安の銘柄を買えば多大な利益が得られることもあるが、この戦略は投資家にとって精神的な負担が非常に大きい。もっと重要なことは、事業が悪化して価値が下がると、投資家のリスクが高まることだ。そのため、彼らはポートフォリオを分散投資するというルールに厳密に従うことと、投資が成功したかどうかに関係なく一二カ月以内に売る必要がある。

この手法では、流動資産が多い小規模企業に対象を絞ることが望ましい。設備や建物のような固定資産の比率が高いと、清算に時間と費用がかかる。そうなると資産価値はすべて失われるかもしれない。バフェットはこれを身をもって経験した。バークシャー・ハサウェイがとう繊維事業を廃止して清算していたとき、元々は一三〇〇万ドルだった設備はまだ使える状態で、そのときの簿価は八六万六〇〇〇ドルだった。だが、設備の売却額は一六万三一二二ドルにしかならなかった。売却前後にかかった経費を引くと赤字だった[14]。

事業内容が複雑で固定資産が多い企業の株式を持ち続けるのは非常に危険で、高い代償を伴う。バフェットがバークシャー・ハサウェイの本業である繊維事業で経験したように、事業が好転することを望みながら売るに売れなくなるだろう。手っ取り早い利益を狙って平凡な企業の株式を格安で買うことが結婚する意志のないデートに例えられるとすれば、それらを買って塩漬け株にするのは愛のない結婚に例えられる。問題を解決するには、多くのことを改める必要がある。これはけっして幸せな結婚にはならないだろう。

その一例として、この数年間に続いている事例を見よう。これには今世紀最初の一〇年で最もパフォーマンスが良かった投資信託の一つであるフェアフォルム・ファンドのマネジャーであるブルース・バーコウィッツがかかわっている。彼とファンドの株主は高い代償を支払わされている。

バーコウィッツは不振にあえぐ小売企業のシアーズ・ホールディングスの株式を一〇年以上も保有している。この株式は一部事業のスピンオフ（分離・独立）が実施される前には一六〇ドルを超えていた。彼はこの会社の小売事業が悪化していることは十分に承知していたものの、所有不動産とその事業には相当な価値があり、これらの価値はその事業部門と不動産を売却することで現金化できると長らく信じてきた。二〇一四年二月までに、この会社の株価は七〇%以上も下げて、三八ドルになったが、彼はシアーズの純資産には一五〇ドル以上の価値があると信じていた。彼は二〇一四年二月に、「私たちのリサーチが正確であれば、シアーズの三八ドルの株価はこの価値まで徐々に上昇すると予想されます」と書いた。[15]それから二年半後の株価は一〇ドルを割っている。たとえ、ランズエンドをスピンオフしたことで得られた価値と、株主に分配されたセリテージ株の購入権を加えたとしても、シアーズ株はさらに七〇%以上も下げている。バーコウィッツはシアーズ株を依然として買い増し続けている。

一方、シアーズはもう一人の有能とされるバリュー投資家であり出資者であるエディー・ランパートを中心に、あらゆる手を打って価値から利益を得ようとしている。シアーズはオーチャード・サプライ・ハードウェアを二〇一二年一月に一株当たり二〇ドル以上でスピンオフした。その株式は現在二〇セントで取引されている。この会社は単体でもシアーズの下にあってもホーム・デポやロウズとの競争には勝てず、破綻した。もうひとつ、スピンオフの対象となったシアーズ・カナダは、二〇一二年一〇月に一株当たり一八・五ドルでスピンオフ後、一度も黒字にならなかった。その後、この会社の株価は八〇％以上も下げて、破産への道を突き進んでいる。セリテージのスピンオフはこれまでのところ、比較的うまくいっている。だが、元の株主が受け取ったのは通常のスピンオフでなら手にする新株ではなく、二九・五ドルで新株を買う権利にすぎなかった。シアーズ本体は過去五年にわたって毎年、赤字が続いている。セリテージに主要資産を売却して得た二七億ドルの大部分は、二〇一五年の営業損失に伴う現金不足を補っただけで消えてしまった。シアーズは価値からいったいどんな利益を引き出したのだろうか。

また、シアーズは株主に資本を「返す」ために、長年にわたって多額の自社株買いを行ってきた。しかし、赤字企業の既存株主にとっては、損失の比率が大きくなり、事業価値の減少スピードが速くなっただけだった。

シアーズの株主はオーチャード・サプライとシアーズ・カナダがスピンオフされた直後にそれらの株式を売って利益を得ることができたはずだ、と主張する人もいるだろう。私なら、シアーズの株主はずっと前に持ち株をすべて売り払っておくべきだったと主張する。同じことはバーコウィッツについても当てはまる。フェアフォルム・ファンドの株主にとっては、彼がシアーズを一〇年前に一六〇ドル以上で売っていたほうがずっと良かっただろう。あるいは、六年前に七〇ドル以上で売るか、四年前に四〇ドル以上で売るか、二年前に三〇ドル以上で売るかしていたほうが良かっただろう。この株式は現在、一〇ドル以下で取引されているが、彼はまだあきらめていない。それどころか、もっと「割安」になっているという理由で買い増しを続けている。フェアフォルム・ファンドの株主にとって、代償は極めて大きかった。ファンドのパフォーマンスはこの三年で合計三五％以上、この五年では五〇％以上もＳ＆Ｐ５００を下回った。失われた機会についても話しておくほうがよいだろう。

ドラマはなおも続く。シアーズは赤字続きで苦境に陥っている小売事業を立て直そうと資金を大量につぎ込み、アマゾンやウォルマートなどと張り合おうとしている。バーコウィッツは今やシアーズの経営陣に加わっている。そうした行為によって、彼の精神的・心理的負担はさらに増すだろう。思いがけないことがさらに起き続けた。シアーズの年金基金はこの数年で二〇億ドルも消失した。これは現時点で、この会社の株式時価総額の二倍を超える額だ。企業の価値から利益を得るのに予想以上の時間を要した。それは価値がさらに減少することを意味する。二〇一六年五月時点では、FRB（連邦準備制度理事会）による金利引き上げが間近に迫っているように思えたので、バーコウィッツは年金債務に関する問題は改善すると思っていた[16]。だが、金利は下がり続けた。彼は今、小売事業の赤字は二〇一六年で止まると予想している。だが、この会社の赤字額が四半期ごとに膨らみ続けていることを考えると、それはありそうにない。一方、シアーズは二〇一六年の第1四半期にさらに七億ドルを使い果たして、現金残高を維持するためにほぼ同額の社債を発行した。

これでは泥沼に陥っているようにしか思えない。この混乱した会社に投資をして、状況が改善することを望みながら、悪化を続けるのをじっと見守るべき理由があるだろうか。たとえ最終的には立ち直れるとしても――私にはありそうにないと思えるが――、精神的・心理的な消耗を考えると、その価値はない。

バフェットはそれを最もうまく言い表している[17]。

あなたが管財人でないかぎり、企業へのそうした投資手法はバカげています。第一に、買ったときに「格安」だった株式はおそらく、それほどの掘り出し物にはならないでしょう。苦境に陥った企業では、問題を一つ解決すると、また次の問題が表面化するものです。台所にゴキブリが一匹しかいないなど、あり得ないのです。第二に、あなたが手にした最初の利点は、その企業の利益率が低いせいで急速に色あせていくでしょう……。

お金を儲けたければ、もっと良い方法がある。

第3章　優良企業だけを買う！

「単純な発想をして、それを真剣に検討することだ」——チャーリー・マンガー

確かに、お金を儲けるもっと良い方法がある！

価値が下がり続けている企業の株式を安く買って業績回復を期待するよりも、価値が次第に上がっていく企業の株式を買ったほうがよい。ウォーレン・バフェットは「格安銘柄を買う愚かさ」を身をもって体験して得た貴重な教訓を一文にまとめた。「まずまずの企業をとびきり安く買うよりも、とびきり良い企業をまずまずの価格で買うほうがはるかに良い」と。投資家はこの言葉を頭に刻み込んでおくべきだ。

これはドナルド・ヤックマンが長期投資で最高水準の実績を達成する際に頼りにした投資哲学だ。彼は一九九〇年代の初めごろ、息子の一人からクライスラーを買えばよいのに、と言われた。株価は一〇ドル前後で割安だと思われた。だが、彼は息子に、「そうすれば、利益が出る

とは思うが、この株にかかわる気にはなれない。事業内容が気に入らないんだ」と答えた。

ヤックマンは二〇一六年にグルフォーカスが主催したバリューカンファランスの基調演説で、彼の考えを説明した。


私にとってそれは、資産は十分にあるのに、機械が稼働していない工場にかかわるようなものです。一ドル札を二〇セントで手に入れられたら、とてもお買い得です。ですが、別の工場では機械がうなりを立てて稼働していたら……。私にとって価値があるのは資産ではなく、キャッシュフローです。本当に価値があるのは、資産から生み出されるキャッシュなのです。


シアーズの株主たちは何が重要か分かっただろうか。シアーズにはいかにも貴重そうな資産がある。だが、あなたが最後にシアーズで実際に買い物をしたのはいつのことだろう。

ヤックマンは平凡な事業を行う企業の株式を買うのは動く歩道に乗るようなもので、優良企業の株式を買うのはエスカレーターに乗るようなものだと言う。企業の価値を高め続けるのはエスカレーターのほうだ。投資家は価値のエスカレーターに焦点を合わせて、優良企業の株式だけを買ったほうがよい！

たとえ、三流企業のなかに格安なものが混じっているとしても、投資家はそれらを無視して、優良企業だけを相手にしたほうがよい。お買い得に見えなくても、優良企業こそ私たちが買うべきものだ。

それでは、どんな企業が優良企業と考えられるだろうか。

優良企業の条件とは

優良企業とは、その事業によって持続的に価値を高めていける企業だ。そういう企業は今日よりも明日のほうが価値が高い。ヤックマンの例えのように、価値が次第に落ちていく平凡な企業とは対照的に、優れた企業は価値を次第に高めていける。企業の価値は順調に上がっていき、時間が味方になる。

優良企業の価値と株価の関係は**図3－1**に示されている。企業の価値は時とともに成長している。やがて、株価も価値を追って上がっていく。

愛情あふれる結婚に似て、価値は高まっていくので、問題の多くは解消する。おそらく、次のストーリーは気に入ると思う。

結婚生活についてアドバイスを求める人でいっぱいの部屋で、結婚カウンセラーがセミナーを開いていた。彼は一枚目のスライドを写した。そこには結婚生活がうまくいくカギとなる言葉が一つだけ示されていた。「いつまでも愛し合いなさい」と。参加者は首を横に振り始めた。

図3-1　優良企業の株価と価値

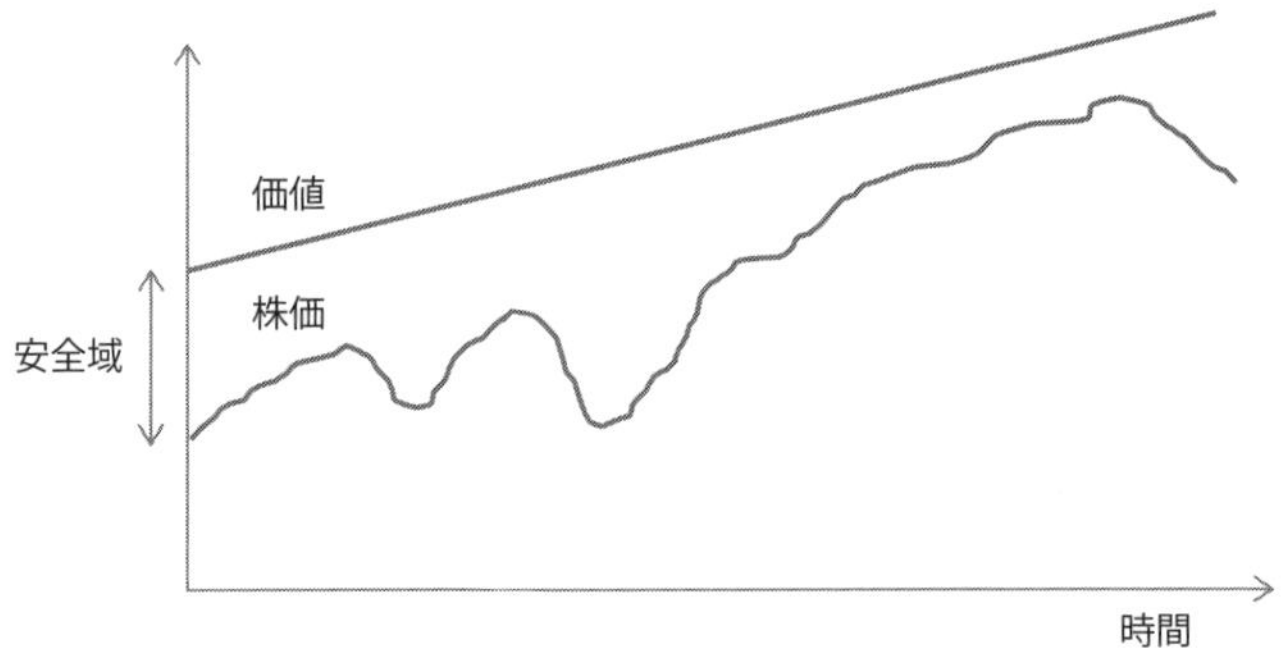

そんなことは簡単には実行できないという雰囲気だった。
するとと、結婚カウンセラーは二番目のスライドを写した。そこには、「それができなければ、次の四つのルールに従う必要がある。①妥協して、相手を大目に見て、許しなさい。②それを習慣にしなさい。③おバカなふりをしなさい。④それも習慣にしなさい」と書かれていた。参加者はざわめきだして、そんな四つのルールに従うなんて無理だと言い合った。彼らが静まるまで待つと、カウンセラーは三番目のスライドを写した。そこには、「この四つのルールに従っていなければ、次の一六のルールに従う必要がある。①同時にカッとならない。②非常事態でないかぎり、怒鳴らない。③口論をしたときは相手に勝ちを譲る。④口論を翌日に持ち越さない。⑤いつも謝る用意をしておく……」と書かれていた。これらを読むと、笑う人もいれば、ため息をつく人もいた。すると、カウンセラーは四番目のスライドを示した。それには、「この一六のルールにも従っていなければ、次の二五六のルー

ルに従う必要がある……」と書いてあった。

というわけで、価値を高め続けている企業を見つけられたら、暮らしはずっと楽になる。優良企業の株式を買う利点をいくつか挙げよう。

売るタイミングを心配する必要がない

平凡な企業の株式を買ったら、株価が企業の価値近くまで上げたときに売らざるを得ないし、価値の低下によって株価が下げる前に売り抜ける必要がある。だが、優良企業であれば、妥当な株価で株式を買う必要があるだけで、売り時の心配はしなくてもよい。価値が上がり続けるので、株式をいつまでも保有できるからだ。もちろん、株価は変動する。だが、やがては必ず価値を追いかける。

買値が少々高くても問題ない

優良企業は割高になっても当然だ。あなたは自分が望んでいた買値よりも少し高く買ったかもしれない。その場合には、全体で見た投資リターンは下がる。しかし、時間はあなたの味方だ。長期保有をすれば、少々高く買っても投資全体に対する利益率への影響は限られる。また、割安なときに買い増す機会は常にある。もっとも、それが買値よりも安いとは限らないが。

バフェットは一九七二年にシーズ・キャンディーを買収するときに、二五〇〇万ドル以上支払うのを渋った。あとになって、彼は売り手が提案した買収価格を受け入れてくれて幸運だったと思った。そのときは割安だとは思っていなかったが、実際には非常に割安だったからだ。優良企業を妥当な株価で買う機会を逃せば、はるかに高い株価で買うはめになるかもしれない！

含み損がいつまでも続くリスクがない

ピーター・リンチが言ったように、「負債のない企業は倒産しようがない」。優良企業は財務基盤がしっかりしていて、利益を出し続けられる。そうした企業の価値は増大していく。投資家は優良企業の株式を保有していれば、いずれ利益を得られる。さらに、優良企業の株式を買うほどの知恵が働く投資家であれば、とんでもない高値で買うとは考えにくい。ここでも、時間が味方をする。

節税ができる

長期保有をすれば、投資家は株式を売るまで資金を増やし続けて、所得税の支払いを先延ばしにできる。実際に売るときでも、利益に課される税率が低くなる。バークシャー・ハサウェイは三〇年間、コカ・コーラ株を保有していて、一六〇億ドルのキャピタルゲインを得ている。だが、バフェットは株式をまったく売っていないので、所得税を一セントも払っていない。

ぐっすり眠れる

着実に成長して、キャッシュを次々に生み出す企業であれば、四半期および年次の報告書を読む以外は常に用心をしている必要はない。投資家はぐっすり眠れる。それは非常にありがたいことだ。

■　■　■　■　■　■

それでは、どうすればそれが優良企業かどうか分かるだろうか。過去の決算書を見るだけで、企業の真価について極めて多くのことが分かる。しかし、一年分を見るだけでは不十分だ。景気の良い時期と悪い時期の業績がどうだったかを確かめるためには、景気の少なくとも一循環分の決算書を見ておく必要がある。上場企業の過去の財務データはアメリカのものも他国ののものもすべて、https://www.gurufocus.com/ で入手できる。私たちは特にこの目的のために、過去の財務データをまとめている。

もちろん、少なくとも景気の一循環を見るという条件を課せば、上場して長くないか新規上場をした多くの企業は除外される。投資家はまだ能力を証明していない新しい企業を避けたほうがよい。

次世代の新事業を逃しても気にしないことだ。長期投資のパフォーマンスを上げるには、判断ミスや危険地帯を避けるほうがもっと重要だ。

ある会社が優良企業の条件を満たしているかどうかを確かめるために、投資家は過去の決算書を見ながら、ファンダメンタルズに関して次の三つの点について自分に問う必要がある。

1. その企業は好景気のときも不景気のときも、高い利益率を安定して維持しているか。
2. ROIC（投下資本利益率）が高く、固定資産が少なくて済む事業か。
3. 売上高と利益を常に伸ばしているか。

これから、これら三つの問いについて詳しく説明していく。

1. その企業は好景気のときも不景気のときも、高い利益率を安定して維持しているか

黒字の年数（2006～2015年）	企業数	年平均リターン（%）	損をした銘柄数	損をした銘柄数の比率（%）
10	291	11.1	6	2%
9	88	7.1	15	17%
8	32	6.6	9	28%
7	20	4.4	7	35%
6	12	0.8	4	33%
5	8	4.5	3	38%
4	1	42.8	0	0%
3	0			
2	1	−0.6	1	100%
1	1	4.2	0	0%

リンチが「一にも二にも利益」と言いつつも語ったように、人々は相場の一時間ごとの上げ下げに賭けるかもしれない。しかし、長期的には、利益こそが上げ下げを決める。[1]「一貫して収益力が高いことの証明」も、バフェットが買収を考える企業に必ず求める条件だ。

企業が一貫して利益を出せたら、その内在価値は着実に上がっていく。株主は事業の成長や、自社株買いか配当が増えることで報いられる。また、価値の上昇は株価に大きな影響を及ぼす。長期的には、株価はいつでも価値を追いかけるからだ。

上の表はS&P500指数を構成する銘柄のうち、二〇〇六年七月から二〇一六年七月まで取引されていた四五四社のパフォーマンスを表している。一列目は、二〇〇六年度から二〇一五年度までに企業が黒字だった年数を示す。二列目は、その同じ年数に黒字だった企業数を示す。三列目は、過去一〇年間のそれら企業の株式の年平均上昇率を示す。四列目は一〇年間の保有をしていても損をした銘柄数を、五列目は各グループに属する企業数に対して損をした銘柄数の比率を示す。

この表を見ると、企業の収益力とその株式のパフォーマンスの間に相関関係があることは明らかだ。過去一〇年間に株式市場で取引されていた四五四社のうち、二九一社、すなわち六四％は、二〇〇六〜二〇一五年のすべての年で利益を出していた。この一〇年間のそれら企業の株式の年平均リターンは一一・一％だった。次のグループの企業は一〇年中九年で利益を出していて、それらの企業の株式の年平均リターンは七・一％だった。これは第一グループを一年当たり四％も下回っている。同時に、第一グループの企業では、一〇年間を通じてリターンがマイナスになったのはわずか六銘柄、すなわち二％にすぎなかった。一方、第二グループの株式を一〇年、保有していたら、それらの一七％で損をしていた。その次のグループの企業は過去一〇年のうちの八年で利益を出していた。それらの株式は年平均リターンが六・六％で、それらを一〇年間、保有していたら二八％の銘柄で損をしていた。ここでも、第二グループよりもリターンが低く、損をした銘柄の比率も高かった。この傾向は続く。

したがって、黒字を維持し続ける企業の株式だけに投資をすれば、損をする可能性が大幅に減る。そして、株式の平均リターンはずっと高くなる。

黒字の年数（2006 ～ 2015年）	企業数	年平均リターン（%）	損をした銘柄数	損をした銘柄数の比率（%）
10	1045	8.5	61	6%
9	466	4.2	96	21%
8	331	2.7	100	30%
7	285	0.8	91	32%
6	288	−1.4	99	34%
5	306	−0.7	88	29%
4	256	−3.3	83	32%
3	208	−2.9	68	33%
2	188	−4.2	55	29%
1	204	−7	79	39%

この表の過去一〇年のリターンがＳ＆Ｐ５００指数の上昇率よりも高いのはどうしてなのか、と疑問に思う人がいるかもしれない。この調査では、指数そのものといくつか異なる点がある。

●Ｓ＆Ｐ５００を構成する企業は一〇年間に何度も変わったが、この表の計算では変わっていない。
●計算では、リバランスは行われていない。
●全銘柄の最初のウエートを等しくしている。

私は過去一〇年間にアメリカ市場で取引されたすべての企業についても計算をした。結果は上の表にまとめている。

結論は、Ｓ＆Ｐ５００を構成する企業と

図3-2　株価の年平均リターンと黒字だった年数

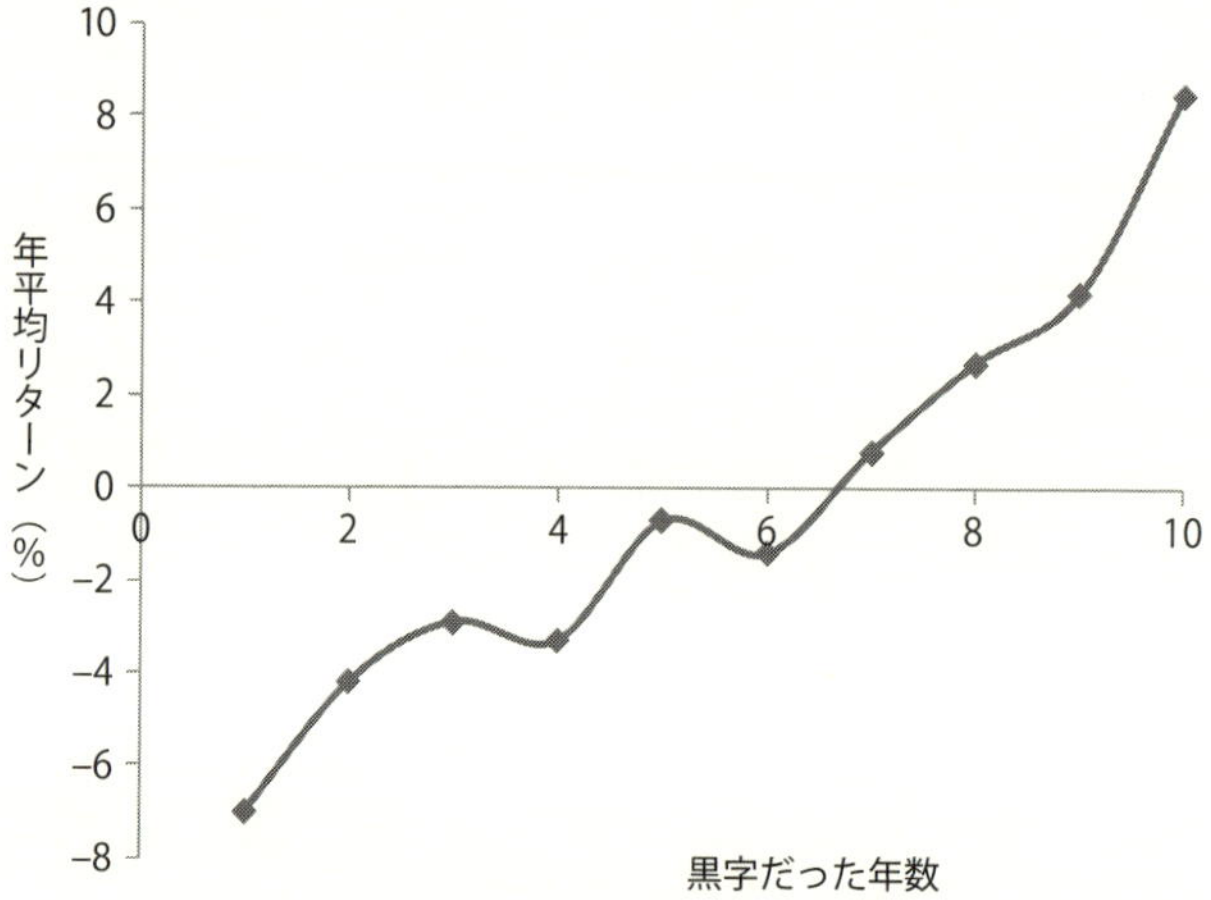

基本的に同じだ。過去一〇年間、株式市場で継続的に取引されていた企業は三五七七社あった。これら三五七七社の株式のうち、一〇四五社あるいは二九％が毎年、利益を出していた。全体として、それらの企業の株式の年平均リターンは八・五％だった。これは一〇年のうちの九年で利益を出した第二グループの株式のリターン四・二％の二倍だ。過去一〇年のうちで利益を出したのが六年以下の企業の場合、たとえ一〇年間、それらの株式を保有していても、平均リターンはマイナスだった。全体として、S&P500指数そのものよりも、表に載せた指数構成銘柄のほうが確かに結果が良かった。アメリカ市場で過去一〇年間に取引されていた全銘柄の傾向を**図3－2**にまとめた。

一貫して利益を出している企業の株式であ

図3-3　損をした銘柄数の比率と黒字だった年数

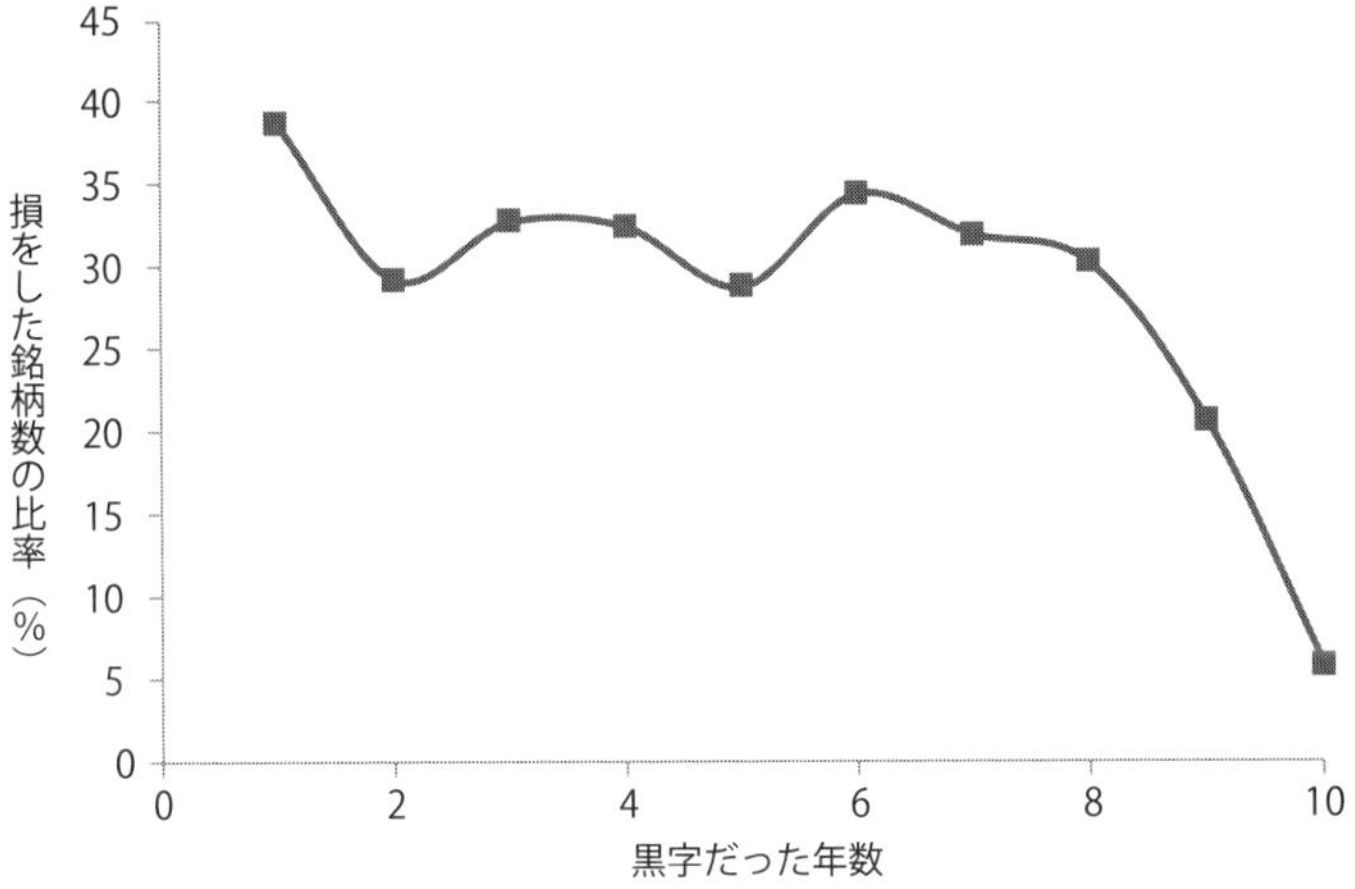

れば、損をする可能性は大幅に減る。一〇年間、黒字を維持した企業の株式に投資をして損をする可能性は六％だった。一方、黒字が一〇年のうち九年だった企業の株式では、損をする可能性が二一％あった。**図３－３**で明らかなように、この傾向は続く。

この調査では一〇年前から現在まで取引されている銘柄しか見ていないので、いわゆる生存バイアスがあるのではないかと思う人もいるかもしれない。確かに、そのバイアスはある。しかし、赤字続きの企業のほうにもかなりのバイアスがかかっている。赤字続きで破産した企業は含まれていない。それらが含まれていたら、赤字が続いた企業の株式のリターンはもっと低く、赤字企業数の割合はもっと大きくなっていた。例えば、第１章で取り上げたサンドリッジ・エナジーは過去一〇年のうち六年で赤字を出して破産し、上場廃止になった。そのため、この企業は前の表の損をした銘柄数には入っていない。一方、利益を出し続けたが、取引されていない銘柄も上場廃止になっている。そのほとんどは市場価格よりも高値で買収されている。ここでも、時間は優良企業の味方であり、平凡な企業の敵であることを証明している。

常に利益を出している企業だけに投資をすれば、投資家は損をしないで済むし、平均以上のリターンが得られる。だが、私たちは将来を予測できない。たとえ、企業がそれまでにずっと利益を出していたとしても、それが今後も続く保証はない。利益率が一貫して平均以上の企業に投資したい理由はここにある。企業が長期にわたって高い利益率を維持できていれば、価格競争に巻き込まれないほど強固な経営上の堀がある可能性が高い。利益率が高ければ、不況のときでも利益を出し続けられる余地があるが、利益率が低くて不安定な事業なら赤字に転落するかもしれない。そうなると、たいてい株価は大きく下げる。

問うべきは、どれくらいの利益率ならば高いとみなせるかだ。**図3－4**は、先ほど見た三五七七社の営業利益率（二〇一六年六月までの一〇年について、一二カ月ごとに追跡）の分布である。

多くの企業は営業利益率が三～八％で、中央値は一〇％だ。およそ二九％の企業は営業利益率が二〇％を超えていて、一六％の企業が三〇％を超えている。過去一〇年にわたって黒字を維持している企業は一二％で、それらの企業は過去一〇年の営業利益率（中央値）が二〇％を

図3-4　利益率の分布

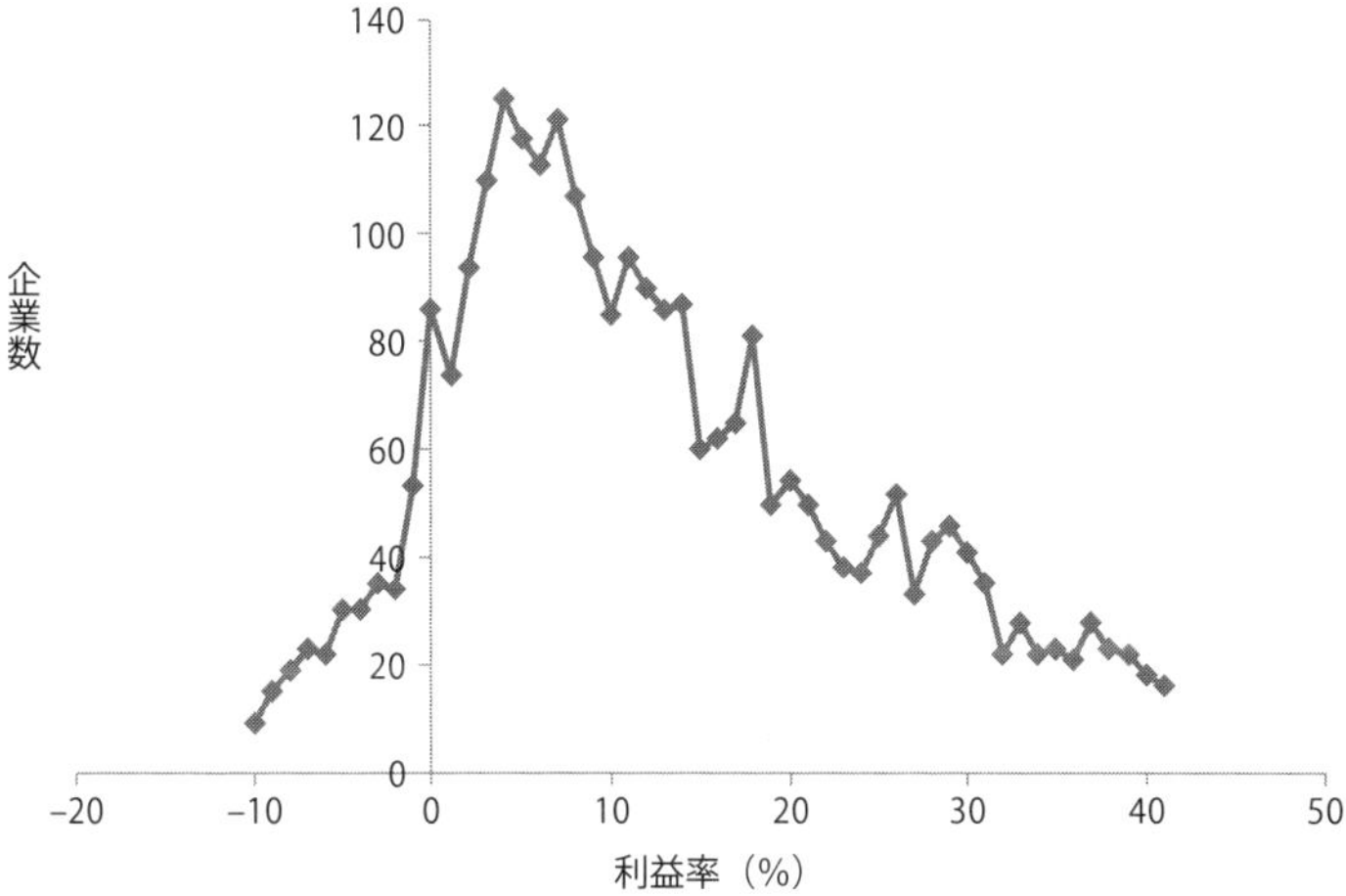

超えている。

したがって、黒字を維持していて、過去一〇年の営業利益率が二〇%あることを条件にすれば、アメリカ企業のわずか四二九社、あるいは一二%しか条件を満たさない。だが、これでも、私たちにとってはかなりの数だ。そこで、これらの企業について、さらに条件を課して絞り込んでいく。

興味深いことに、企業が一〇年間、黒字を維持しているかぎり、営業利益率の絶対値と過去一〇年の株式のパフォーマンスとの間に、統計的に有意な差はなかった。**図3－5**で示すように、過去一〇年間、黒字を維持した一〇四五社について見ると、株価の年平均上昇率とその一〇年間の企業の利益率（中央値）との間に明らかな相関関係はない。

図3-5　株価上昇率と企業の利益率

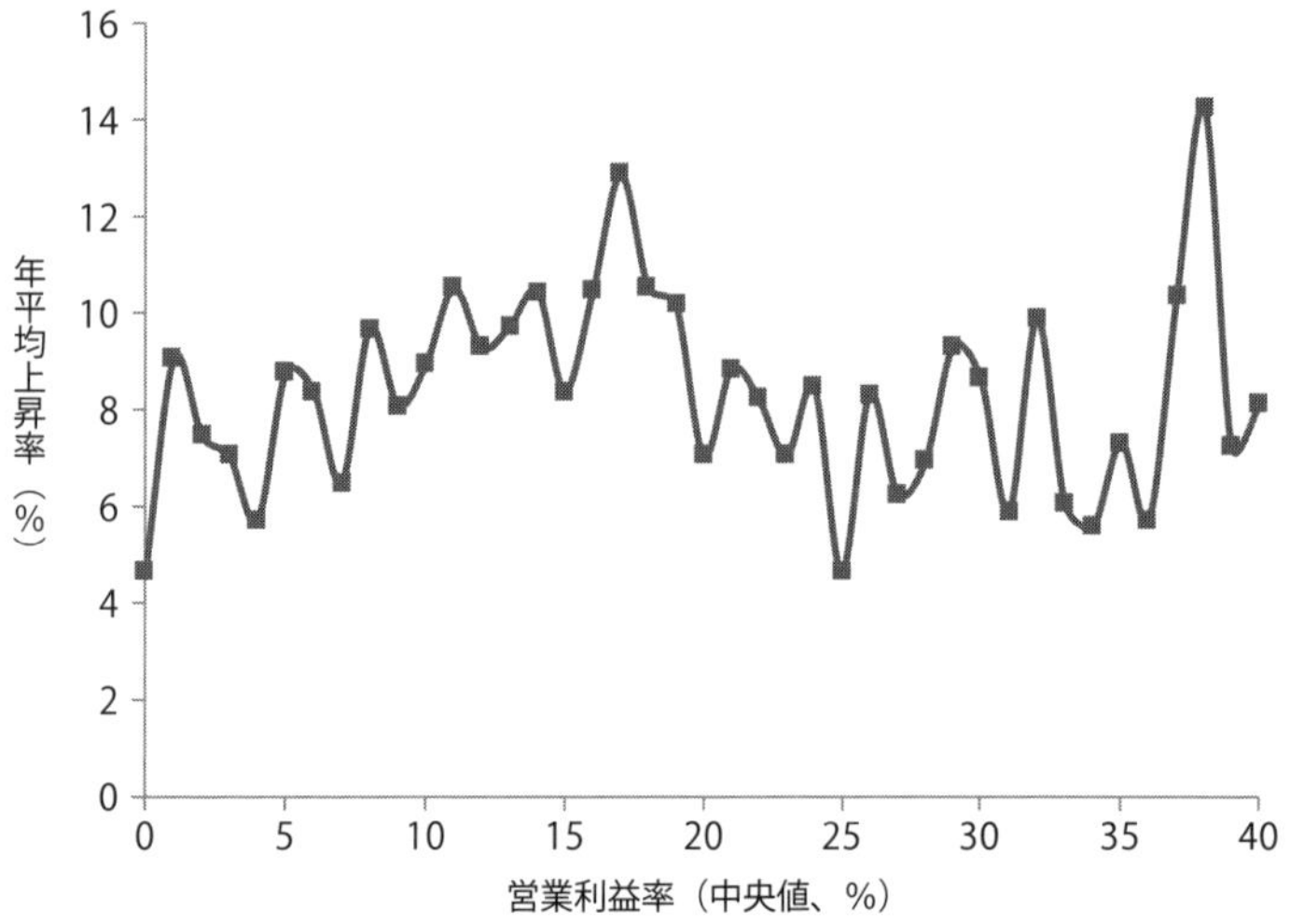

営業利益率が一貫していることのほうが、その絶対値よりも重要なのだ。それでも、利益率が低いほど失敗も許されなくなるので、利益率は高いほうが良い。

例えば、次のページの表はアップル、コストコ、アルコアの一〇年間の営業利益率を見たものだ。

明らかに、アップルはコストコとアルコアよりも利益率がはるかに高い。コストコの利益率は三%以下だが、非常に安定していた。株価は過去一〇年にわたって、年平均で一三%以上、上昇した。アルコアは二〇〇九年と二〇一三年の景気後退期に営業損失に陥った。支払利息を引くと、アルコアは過去一〇年のうちの四年で赤字だった。株価は過去一〇年で六四%下げた。

10年間の営業利益率

事業年度	2006	2007	2008	2009	2010	2011	2012	2013	2014	2015
アップル	13	18	19	27	28	31	35	29	29	30
コストコ	2.70	2.50	2.72	2.49	2.66	2.74	2.78	2.90	2.86	3.12
アルコア	11.93	9.69	2.94	−8.12	2.61	6.01	2.00	−6.03	4.25	3.32

　したがって、その事業が良いかどうかを判断するには、一貫して利益を出しているかどうかを真っ先に問うべきだ。リンチの「一にも二にも利益」という言葉を常に思い出そう。ビジネスの目的は利益を出すことだ。利益を出している企業だけが持続可能なのだ。一貫して利益を出せるということが、優良企業の重要な条件だ。これはだれにも明らかなことで、常識ではないだろうか。

2．ROICが高く、固定資産が少なくて済む事業か

会社を経営した経験がある人なら、固定資産の比率が高く、資本集約的な事業を経営することがいかに大変か分かっていると思う。創業時は特に大変で、事業が軌道に乗ったら売掛金が増えて、在庫や、設備・建物などの固定資産に利益のかなりの部分を絶えず投資しなければならない。いつも資金繰りに苦しみ、事業拡大のために時には借り入れも必要になる。

　私の友人の一人はかつて、小さな小売会社を経営していた。彼は妻にいつも、事業で儲かったと話していた。妻はその言葉を疑い、お金はどこにあるの、と彼に尋ねた。すると、彼はガレージに山積みの売れ残り

商品を指さして、「ここにある」と言った。

資本集約的なビジネスの経営をすれば、そういう状況になる。損益計算書に示されているほどのキャッシュは生じない。利益のほとんどは設備の購入や維持、在庫の積み増しといった形で再投資されるからだ。競争で勝ち残って成長していくためには、これがビジネスで必要になる。

確かに、事業が資本集約的であれば、ほかの企業は簡単に新規参入できない。しかし、固定資産の比率が低くて、資本以外の強みがあるおかげで競争を避けられる事業のほうがはるかに良い。

資本集約的で時代遅れの繊維事業を行うバークシャー・ハサウェイと、金のなる木だったシーズ・キャンディーに接したバフェットは、まったく異なる経験をした。そのことから、彼は固定資産の比率が低い業種の株式を買うようになった。そういう業種は通常、ＲＯＩＣ（投下資本利益率）が高く、負債がほとんどないからだ。「すべての利益が同等というわけではない」と、彼は言った。固定資産比率が高い事業で、名目成長であれ実質成長であれ、売上高を二倍にしたければ、在庫や有形資産にかかわる資金も二倍、必要になる。事業は再投資した資金と少なくとも同額の市場価値を生み出さなければ意味がないが、それはなかなか簡単なことではない。

一方、固定資産の比率が低い事業では、投資額が少なくて済み、株主に対する実質リターン

図3-6　ROICと営業キャッシュフローに対する設備

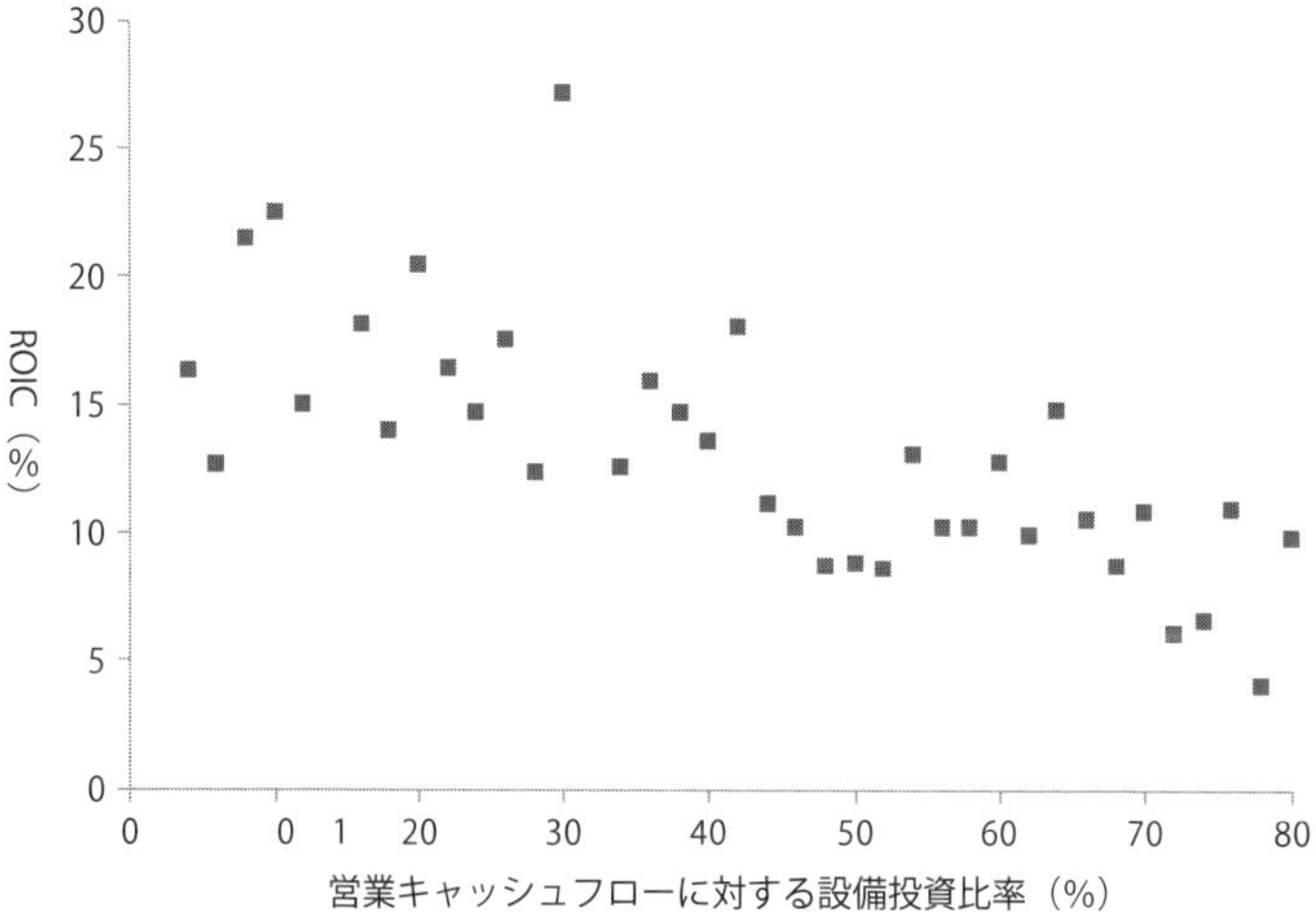

は高くなりやすい。したがって、固定資産の比率が低い企業はＲＯＩＣとＲＯＥ（自己資本利益率）を高めることができる。資金を多く必要としないため、経営陣が成長や買収のために多額の借り入れをしないかぎり、こうした企業は通常、負債が少ない。

これは**図３－６**で示すように、営業キャッシュフローに対する設備投資比率と平均ＲＯＩＣとの間に相関関係があることで確かめられる。この図は前に取り上げた三五七七社について、これらの関係を示したものだ。傾向は明らかだ。営業活動によるキャッシュフローから設備投資に回す資金が少ないほど、平均ＲＯＩＣは高い。

過去一〇年間に利益を出し続けた企業でさえ、二〇％以上のＲＯＩＣを達成した企業は極めて少ない。**図３－７**は利益を毎年

図3-7　ROICの分布

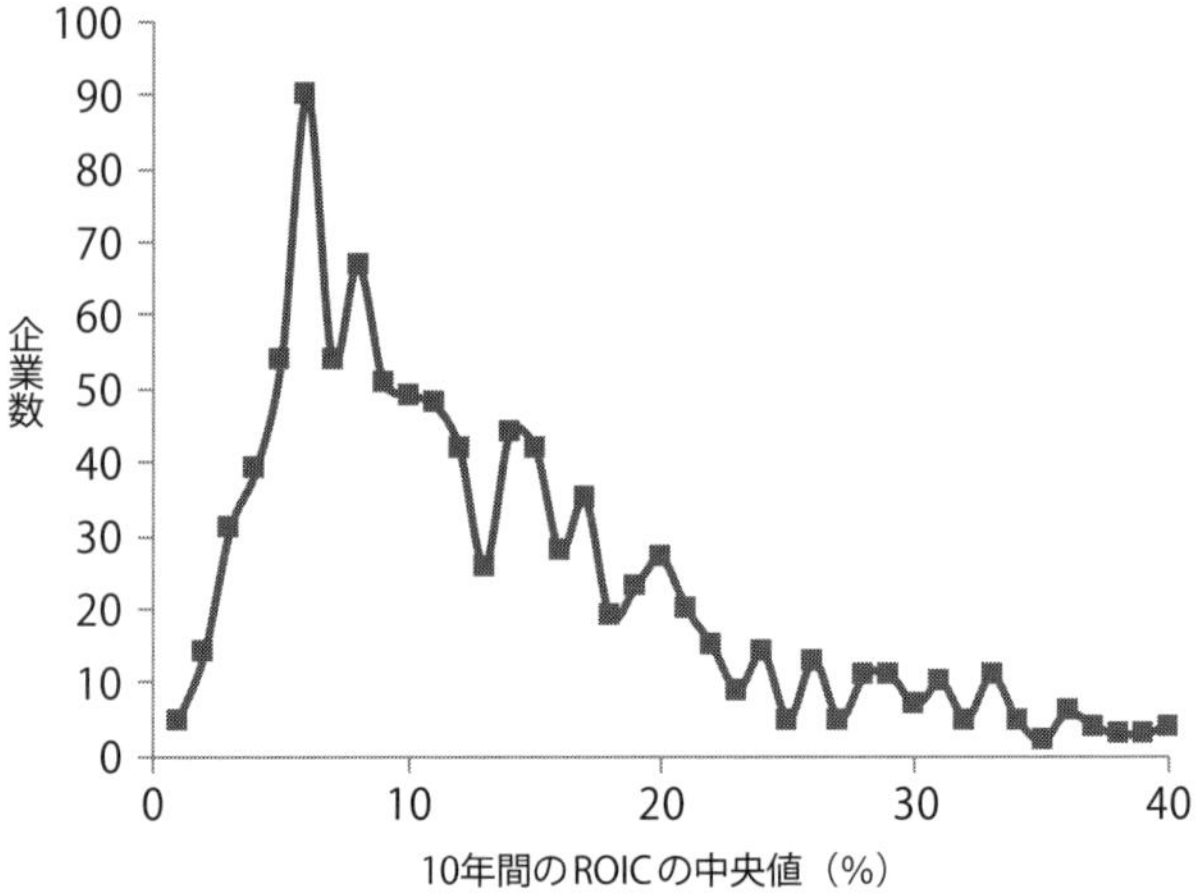

出した一〇四五社について、過去一〇年のROICの中央値の分布を示したものだ。

大多数の企業は、一〇年間のROICの中央値が一五％以下で、最も多いのは六％だ。常に二〇％以上のROICを達成できる企業を探す投資家は、ダイヤモンドの原石を求めているのだ。過去一〇年間に毎年、利益を出した一〇四五社のうちの二〇％強しか、二〇％以上のROICを達成していない。

当然ながら、株価がどれくらい割安かなどといった要素を考慮しなくても、株式のパフォーマンスと企業のROICの間には強い相関関係がある。一〇年間ずっと黒字を維持した企業一〇四五社のROICの中央値と株価の上昇率との関係を**図3－8**に示した。

同様の相関関係は、一〇年間のROEの中央値と株式のパフォーマンスとの間でも見ら

図3-8　株価上昇率とROIC

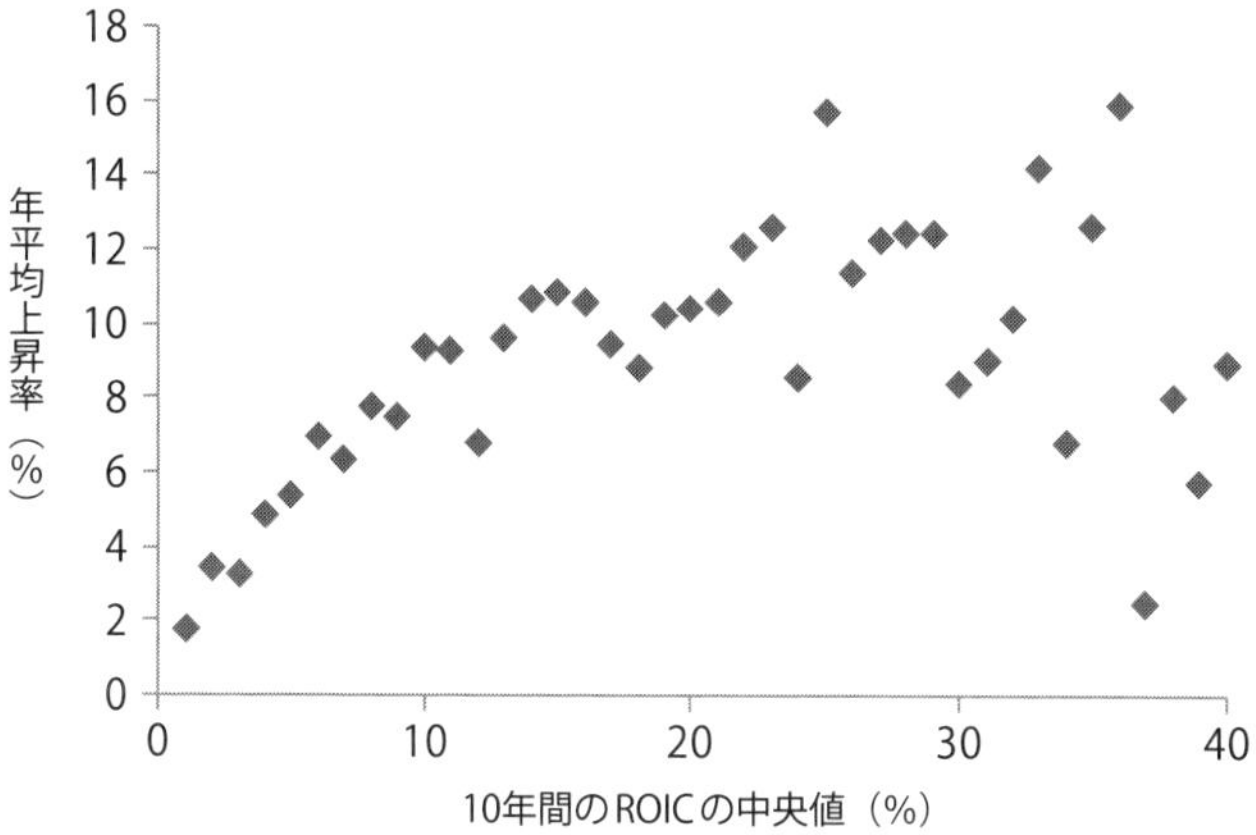

れる。**図3－9**は一〇四五社の一〇年間のROEの分布を示している。

ROEの分布にはROICの分布と同じ傾向がある。長期の平均ROEで一五％以上を達成できた企業は極めて少ない。**図3－10**で分かるように、これらの企業は平均を大幅に超えるリターンを株主にもたらした。

利益を出し続けて、ROICとROEが高い優良企業に投資するだけで、平均以上のリターンが得られるのは明らかだ。優良企業の株式を買うだけでこれが達成できる。しかも、株式が割安かどうかについてはまだ触れてもいない。

二〇〇六年時点に戻ると、株式市場はそれまでの一〇年での最高値をつける二〇〇七年一〇月に近づいていた。シラーPER（景気循環調整済み）で測ったとき、今日の株式市

図3-9　ROEの分布

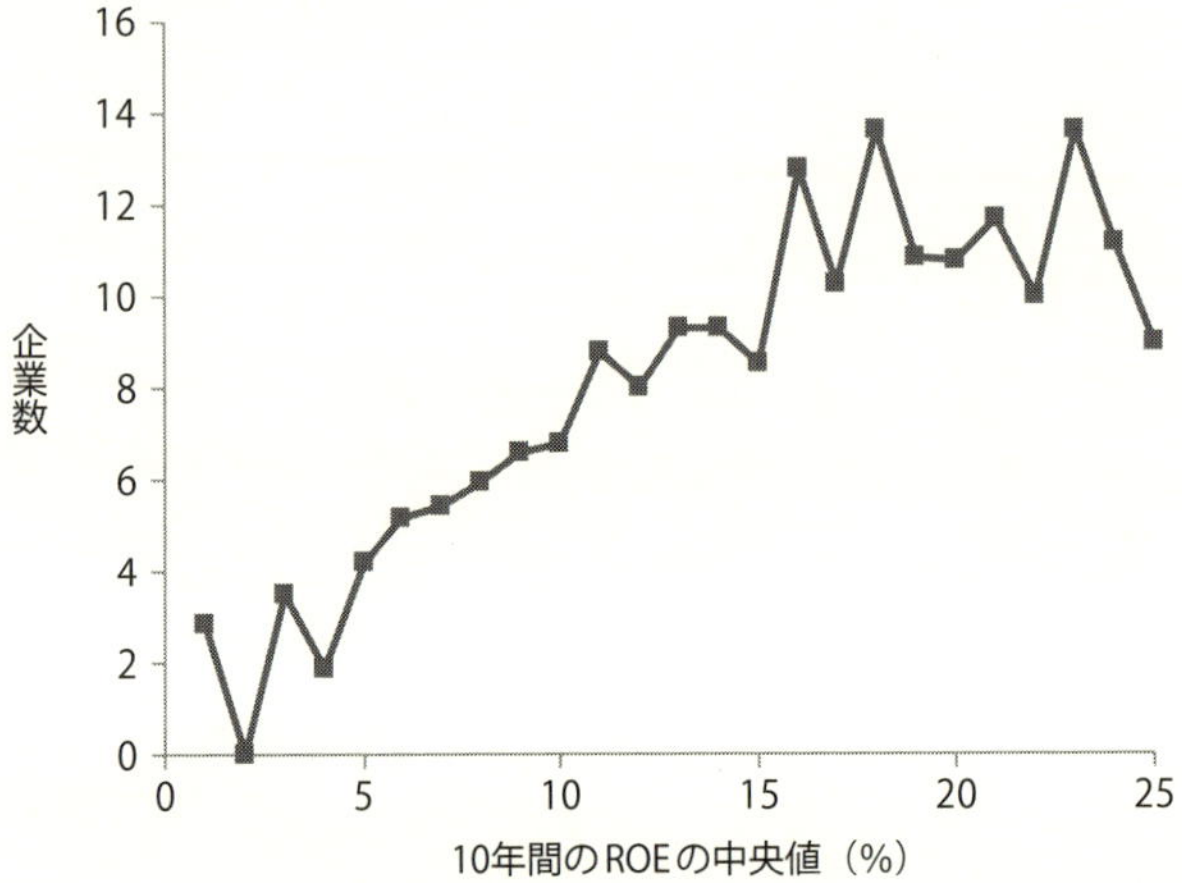

図3-10　株価上昇率とROE

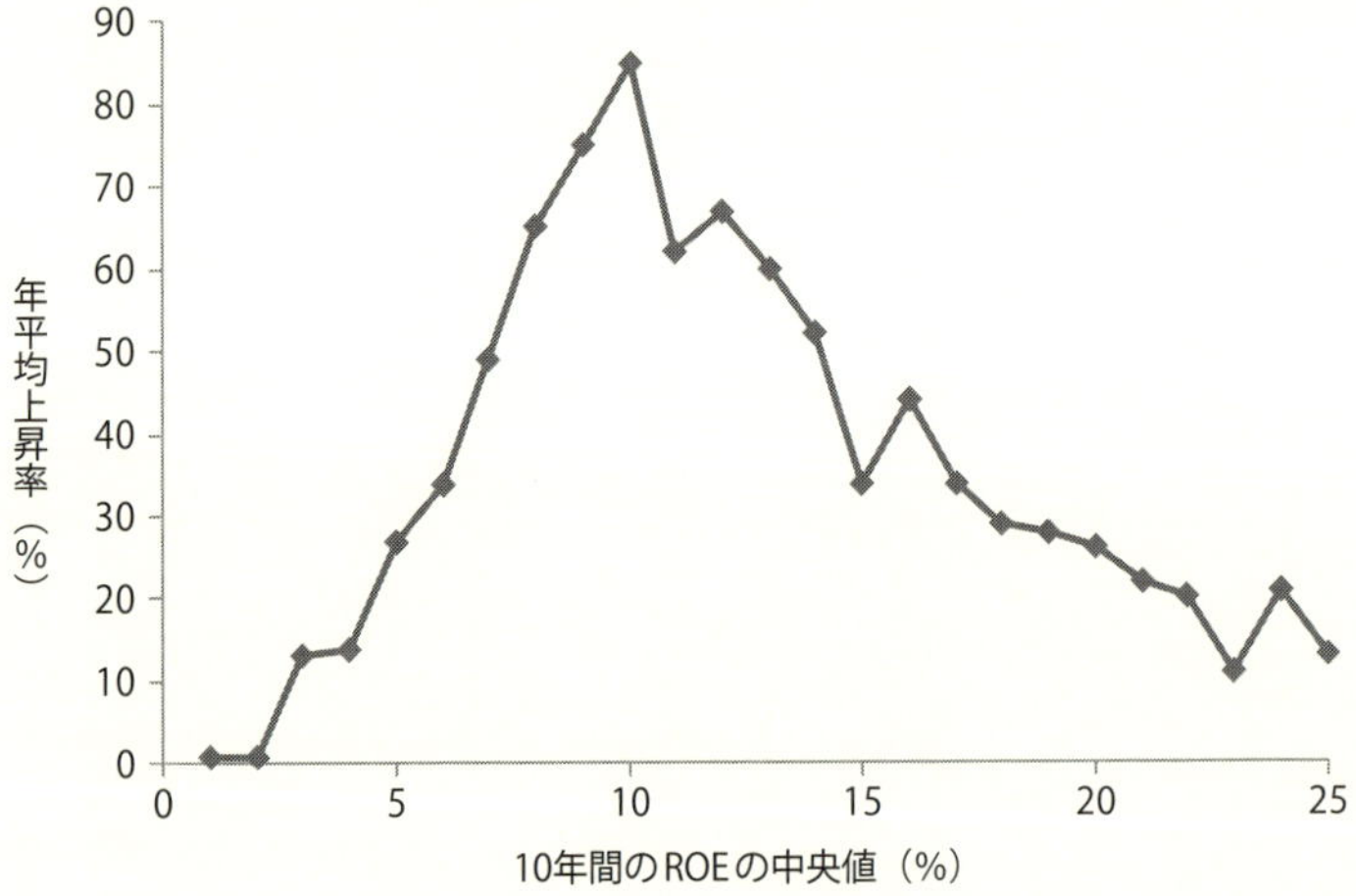

場全般のバリュエーションは当時と似ている。二〇〇六年から現在までの一〇年間は、完全な一相場サイクルに近い。したがって、優良企業の株式のパフォーマンスが平均値を上回っているということは、優良企業の株式を買えば平均以上のリターンが得られるという納得のいく証拠になる。

これはバックミラーをのぞくようなものだ、と主張する人もいるかもしれない。過去一〇年で黒字を出し続けて、ＲＯＩＣが高かった企業の株式を買っていれば、確かにうまくいった。だからといって、同様の株式を買えば今後もうまくいくとは保証できない、と。それは確かだ。しかし、一貫して黒字で、利益を伸ばし続けている企業なら、事業価値は間違いなくほかの企業よりも速く成長する。完全な一相場サイクルで見れば、価値は株価に反映される。

バフェットは一九八七年の株主への手紙で、同様の調査結果を載せたフォーチュン誌について述べている。[2] フォーチュン誌の調査では、一九七七～一九八六年の一〇年間に、大企業一〇〇〇社のうちで平均ＲＯＥが二〇％以上を達成し、最悪の年でも一五％を下回らなかった企業はわずか二五社だった、ということが分かった。「これらビジネス界のスーパースターは株式市場のスーパースターでもありました。その一〇年間に、二五社のうちの二四社がＳ＆Ｐ５００を上回ったのです」

内在価値が高まれば、遅かれ早かれ株価もそれに従う。物理の法則と同じで、けっして変わらないことがあるのだ。

3. 売上高と利益を常に伸ばしているか

成長は優れた事業にとって極めて重要だ。利益率を維持しながら、長期にわたって売上高と利益を着実に伸ばしていけたら、企業はその業界内の競争で優位に立てる。企業が成長するときに固定費が増大しなければ、利益率も次第に伸びていくだろう。そうなれば、同じ量の商品を売っても利益を増やすことができる。これは固定資産が少なく、資本をあまり必要としない業種にたいてい当てはまることだ。

図3－11は過去一〇年間を通して黒字を維持した一〇四五社について、一〇年の平均EPS（一株当たり利益）の成長率分布を示したものだ。この成長率は年率七％くらいの企業が最も多いことが分かる。ほとんどの企業の利益成長は年率一〇％以下だった。これら一〇四五社のうちの一三％以上は、過去一〇年間を通じて黒字を維持していたものの、EPSの成長率はマイナスだった。年率一五％以上の成長ができたのは、企業のわずか一五％ほどだった。

当然ながら、成長が遅い企業よりも速い企業のほうが事業価値を速く高めることができる。ほかの条件がすべて同じであれば、成長が速い企業の株式はパフォーマンスが良いはずだ。実際、まさにそのとおりだ。**図3－12**は、黒字を維持した一〇四五社の一〇年間の平均EPSの成長率と、一〇年間の株価の平均上昇率との関係を表している。

EPSの成長率と株式のパフォーマンスの間には正の相関関係がある。過去一〇年を通じて利益を出し続けたものの、EPSが下がっていた企業の株式はパフォーマンスが最も悪かった。

図3-11　EPSの成長率分布

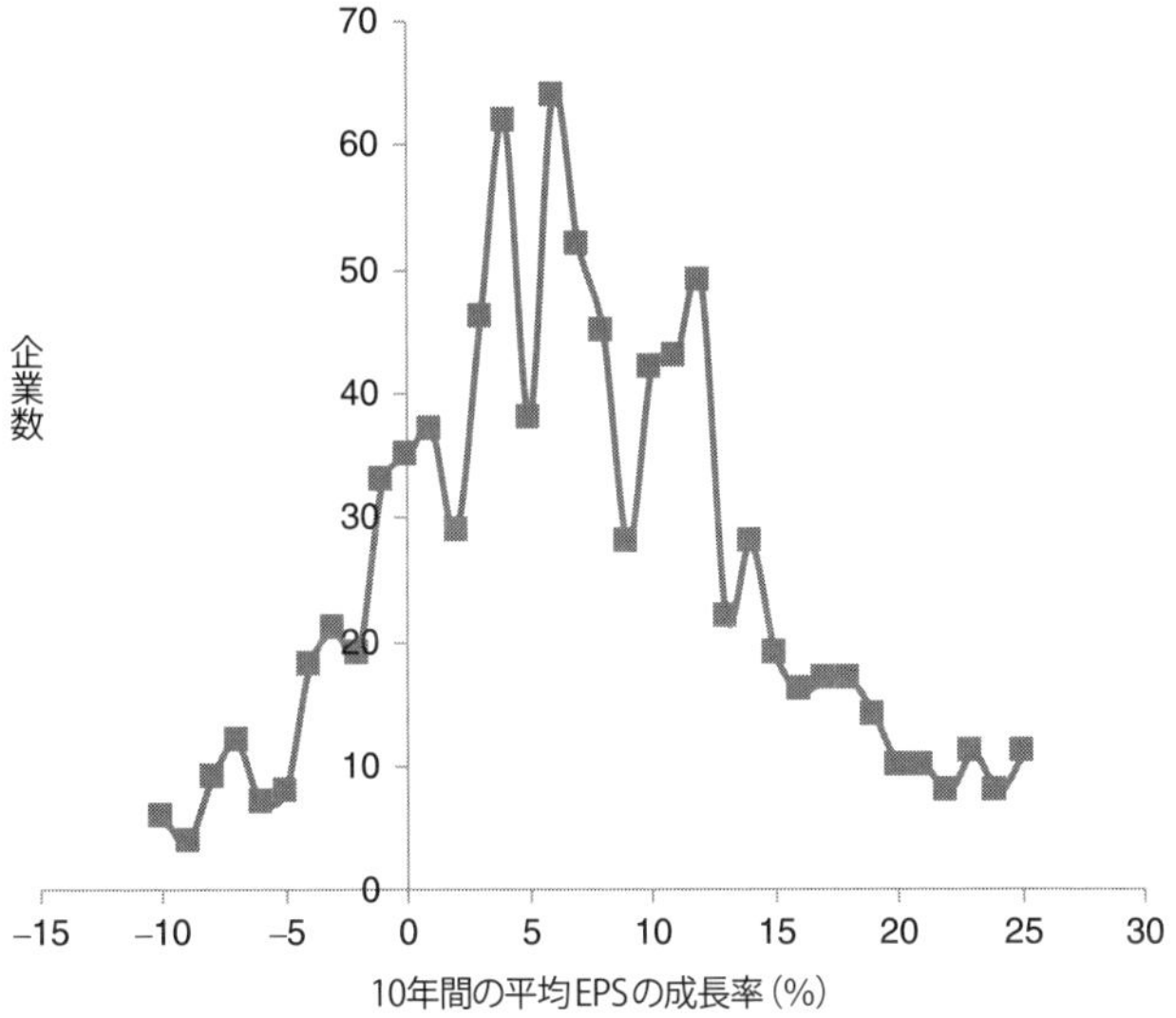

年率二〇％の成長をした企業の株式は年率五％の成長をしたものよりも平均して六％以上、パフォーマンスが良かった。成長が速い企業に投資するほうが明らかに有利だ。パフォーマンスが良い株式を探すには、成長が速い企業のなかから選ぶほうがよい。

図からは、興味深いことが分かる。一〇年前の二つの企業のＰＥＲ（株価収益率）が同じで、Ａ社は年率五％、Ｂ社は二〇％で成長したのに、それらの株式が今日でも同じＰＥＲだとする。すると、Ｂ社の株式は利益成長率の差とまったく同じ一五％だけ、Ａ社よりもパフォーマンスが良くてよいはずだ。しかし、**図3－12**で明らかなように、利益が一五％上回っていても、株価には

図3-12　EPSの成長率と株価の上昇率

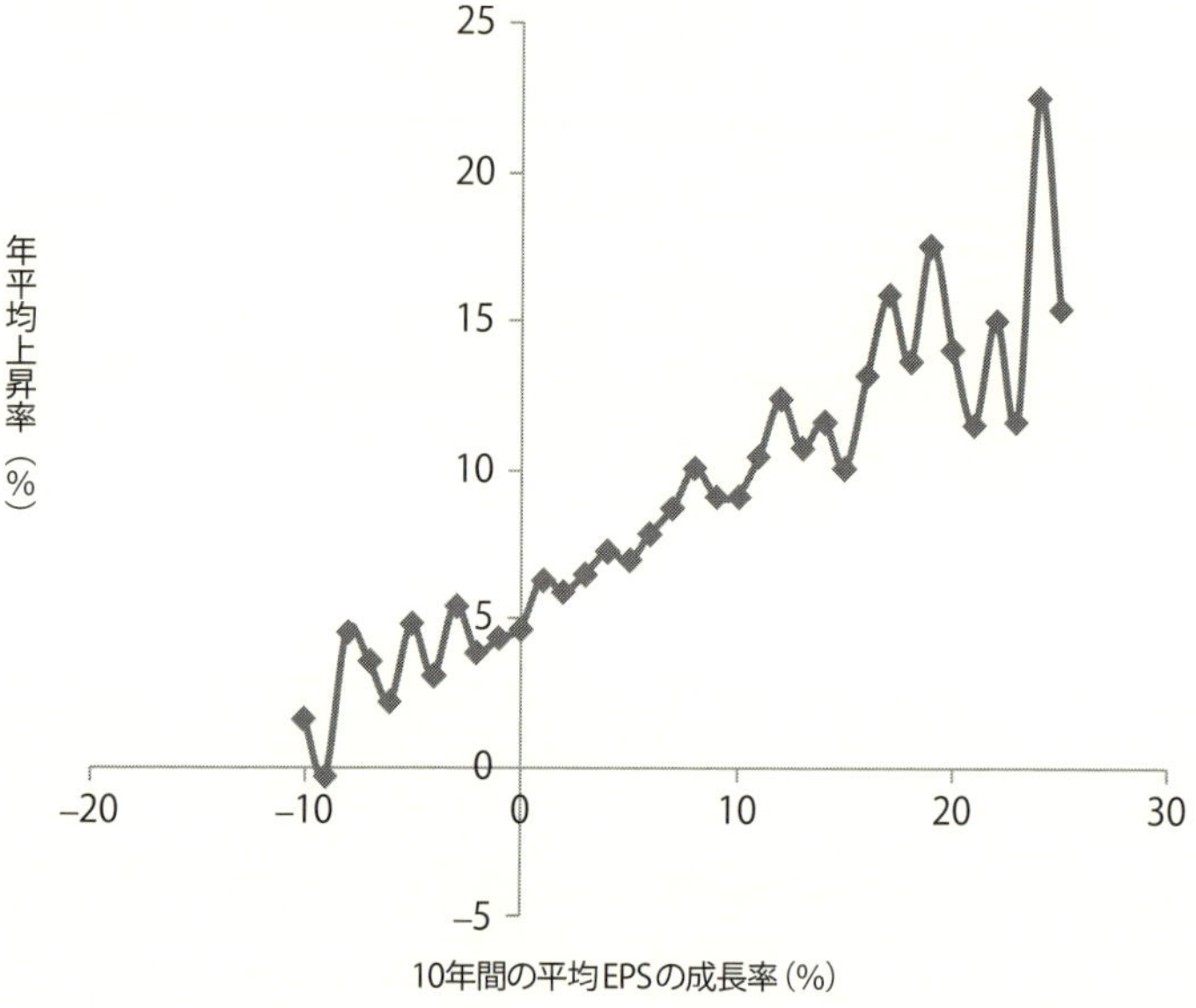

その約半分しか反映されなかった。そうなったのは、成長が速い企業のPERが一〇年の間に低下したせいだ。一〇年にわたって二〇%の成長率を維持できる企業は極めて少ない。そのため、成長見通しが暗いと考えられると、成長が速い企業の株式はたいてい売られるため、PERも低下する。

成長率に加えて、成長そのものの一貫性も株式のパフォーマンスに影響する。二〇〇八年に、グルフォーカスは調査を行い、企業が利益を長く伸ばし続けることができるほど、その株式のパフォーマンスも良いことが分かった。グルフォーカスでは、売上高と利益の

図3-13　株価の上昇率と予測可能性

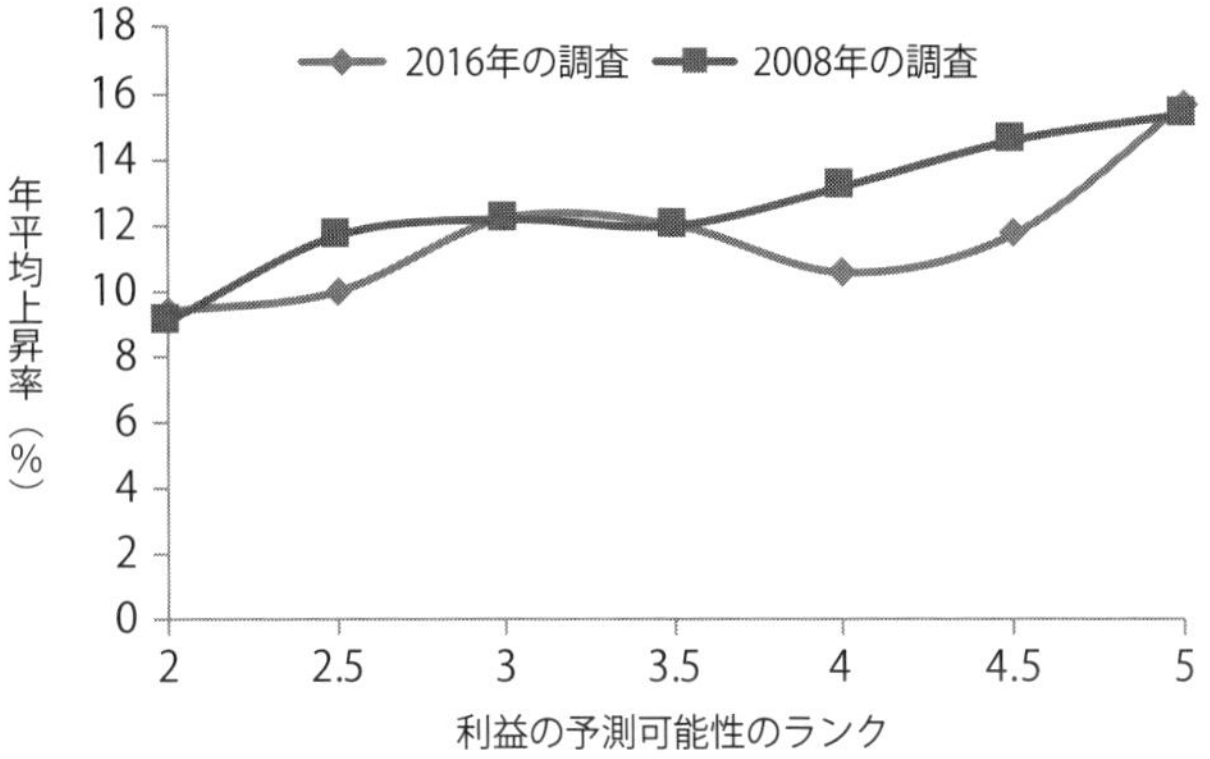

成長がどれほど一貫しているかに基づいて、各企業の予測可能性をランク付けした。この調査を今回も繰り返したが、似た結果が得られた。二つの調査結果は**図3－13**に示されている。一〇年間に売上高と利益が一貫して伸びている企業の株式は、そうでない企業の株式を年平均で最大五％も上回っている。したがって、一貫して速く成長する企業の株式を買うほうが報われる。

■　■　■　■

それでは、ファンダメンタルズについての三つの問いに戻ろう。これらに対する答えは、私たちが買いたいと思える優良企業の条件を満たす企業について、私がこれまでに出した例と同じになるはずだ。

問い1　その企業は好景気のときも不景気のときも、

答え　高い利益率を安定して維持しているか。
はい。企業は過去一〇年に毎年、利益を出した。不況期でも前回の業界の景気減速時期にも、営業利益率は極めて安定していて、二桁を維持していた。

問い2　ROIC（投下資本利益率）が高く、固定資産が少なくてよい事業か。

答え　はい。これは資本が少なくてよい事業で、営業活動によるキャッシュフローから設備投資に回す資金はわずか三〇％である。また、利益率も高く、ROICは二〇％以上、ROEは一五％以上だ。

問い3　売上高と利益を常に成長させているか。

答え　はい。不況期でも業界の景気減速時期でさえも、企業は過去一〇年にEPSが年率二桁で一貫して成長した。

さて、三つの問いの答えはすべて、「はい」だ。私たちは好業績を挙げた企業を見つけた。しかし、その企業に投資する前に、私たちは事業の性質について、もっと重要な四つ目の問いに答える必要がある。

4．過去に好業績を上げた事業にはどういう性質があるのか

その事業は今後もこれまで同様の業績を上げ続けるだろうか。これから株式を買う人の投資リターンは、その企業の過去の業績よりも今後の業績に大きく左右される。野球殿堂入りしたヨギ・ベラはかつて、「将来について予測をするのは特に難しい」と言った。しかし、心理学を利用して人間行動を予測するときと同様に、将来の行動の予測に最も役立つのは過去の行動だ。過去の業績が一貫して良かった企業のほうがそうでなかった企業よりも、今後の業績が良い可能性はずっと高い。企業の過去の成功は、おそらくその事業の性質によるところが大きい。

そこで、事業の性質について、次の問いに答える必要がある。その企業は今後五〜一〇年間、同様の製品やサービスを提供できるか。その企業は過去に行ってきたことをそのまま拡大するだけで、成長できるのか。その企業は何によって価格決定力を維持しているのか。

私たちはこれまでと同じことをより大規模にし続けるだけで成長できる企業を好む。これはバフェットが一九八七年のバークシャー・ハサウェイの株主への手紙で書いたときに述べたことだ。

しかし、経験では、五〜一〇年前と極めて似通ったことをしている企業の業績がたいていは最も良いのです。[3]

企業が似た商品を作り続けるならば、効率性の向上や経験の積み重ねも続くので、どこよりもその商品の製造がうまくなる。また、ブランド力や知名度を上げる時間も得られるし、味に慣れてやみつきになる人さえ出てくる。やがて、企業は経営上の堀を築いて他社の参入を難しくし、高い利益率を維持できるようになる。

製品やサービスがありきたりで、消費者の購入サイクルが短ければ、さらに良い。再び、歯みがき、ベーキングソーダ、コンドームなどの生活必需品について考えてみよう。消費者はブランドや味に慣れているので、買うときにほかのものと比較をしない。また、買うことが習慣になっていると、企業が価格を決める力も大いに増す。バフェットが一九八七年のフォーチュン誌が選ぶ二五人のビジネス界のスーパースターで述べたように、これらの業種は退屈で魅力に欠ける。

それらの企業は結局のところ、かなりありふれた業種です。それらの企業のほとんどは一〇年前とほとんど同様の魅力に欠ける商品やサービスを提供しているのです（もっとも、現在では、より大規模にか高い値段、あるいはその両方で）。バークシャーでも似た経験をしてきました。経営者たちはありふれたことを極めてうまく行って、並外れた業績を上げてきたのです。[4]

製品の変化が速い企業では、市場への新規参入が簡単にできて、成功もしやすい。絶えず変化があるところでは、新規参入企業にも成功するチャンスが生まれる。彼らはたいてい小規模で、リーダーは賢く野心的だ。決断は素早くて、進んでリスクをとる。スマートフォン市場について考えてみよう。ブラックベリーがスマートフォン市場を支配していたとき、アップルは一度も電話機を製造したことがなかった。テスラは一三年前には存在すらしていなかったが、現在では電気自動車市場で最大の市場シェアを占めていて、世界で最も魅力的な車を製造していると評判だ。バフェットは書いている。

> ですが、絶えず大きな変化にさらされる事業は、大失敗をしかねない状況に何度も直面します。さらに、経済的に絶えず激しく変わる場所には、購買行動に対する強い影響力といった城を築くのが難しいのです。通常は、そうした影響力こそが大きな利益を維持するためのカギなのです。[5]

これまで、私は事業の質――企業に投資するときに考慮すべき重要な要素――にしか言及してこなかった。質が良くなければ、それ以上の検討は必要なくなる。

事業の質は結婚生活における愛のようなものだ。この章の初めのストーリーでも述べたが、愛がなければ、問題を解決するために多くのことを改める必要がある。これらは私がこれまで触れてこなかった領域であり、経営陣の果たす役割、企業の財務基盤、株式の割安・割高度が含まれる。触れなかったのは、それらが重要でないからではない。それらは重要だ。しかし、事業の質に比べれば重要度は劣る。それらは事業の質にとって、通常はそれほど重要ではない。それらの要素について、ここで詳しく検討しておこう。

経営陣

経営陣は事業運営に影響を及ぼすことができる。しかし、その事業が経営陣の質に左右されず、愚か者でも経営できるのであれば、それに越したことはない。そうした事業は失敗から身を守る経営上の堀があるか、経営判断にあまり左右されない。ムーディーズやマクドナルドを思い出そう。

事業が成功するかどうかは、だれが経営するかよりも事業の性質に大きく依存している。非常に優秀な経営者が必要な事業で長期にわたって成功するのは難しい。「なぜなら、いつかは愚か者が経営することになるからだ[6]」。一般投資家や少数株主は経営陣について詳しく知る手段がない。営業実績のほとんどは経営陣よりもむしろ事業の性質で決まる。バフェットはさえないない企業を、水漏れするボートや壊れた車や足を負傷している馬に例えた。だれがそれをこいでも、運転しても、乗馬しても、うまくいかないだろう。彼は書いている。

私自身の経験やほかの事業の詳しい観察から、私は次の結論に至りました。もちろん、知性や努力はどんな事業においてもかなり役に立ちます。ですが、利益という観点で経営陣が優れた業績を挙げられるかどうかは、企業というボートをいかに効果的にこぐかよりも、どんなボートに乗るかのほうが圧倒的に重要なのです。[7]

私はこの意見に大賛成だ。

財務基盤

強い財務基盤はもちろん、企業が長期にわたって生き残るために欠かせない。企業の財務基盤が弱いと、投資家は資金をすべて失いかねない。黒字を長く維持していて利益率が高い企業は、たいてい成長に必要な資金よりもはるかに多くのキャッシュを生み出すため、借り入れをする必要がない。当然ながら、財務基盤はしっかりしている。

図3－14と**図3－15**を見れば、それが分かる。これらの図のそれぞれの点は一つの企業を表していて、一〇年間のROICの中央値に対してインタレスト・カバレッジ・レシオがどこに位置するかを示す。図3－14は一〇年間のすべてで利益を出した企業についてのもので、図3

―15は一〇年のうち七年か八年、利益を出した企業のものだ。図3―14でインタレスト・カバレッジ・レシオが五以下の企業の割合は、明らかに少ない。図3―14の企業の多くは負債がほとんどないかゼロであり、それらの企業のインタレスト・カバレッジ・レシオは図から外れるので、示されていない。同じことは図3―15の企業には当てはまらない。

どちらの図でも、一〇年間のROICの中央値が一五％以上で、インタレスト・カバレッジ・レシオが五以下の企業は極めて少ない。黒字をずっと維持していて利益率も高い企業は、貸借対照表が健全で財務基盤もしっかりしている。

株価の割安・割高度（バリュエーション）

株価の割安・割高度はもちろん、投資家の投資総リターンを考えるうえで非常に重要だ。株式を割高で買えば、その分だけリターンが落ちる。しかし、黒字を常に維持していて利益率が高い企業の株式を買い、それを長く保有していれば、当初は割高だった株価もそれほど気にならなくなる。最初に二〇％割高に買って一〇年、保有すればパフォーマンスは一年につき一・八％下がるが、三年しか保有しなければ一年につき六・二％下がる。

黒字を常に維持していて利益率が高い企業の株式は、そうでない企業の株式よりも高く評価されるだけの値打ちがある。内在価値の伸びが速いからだ。私たちが二社の株式を持っていて、

図3-14　10年黒字企業のインタレスト・カバレッジ・レシオ

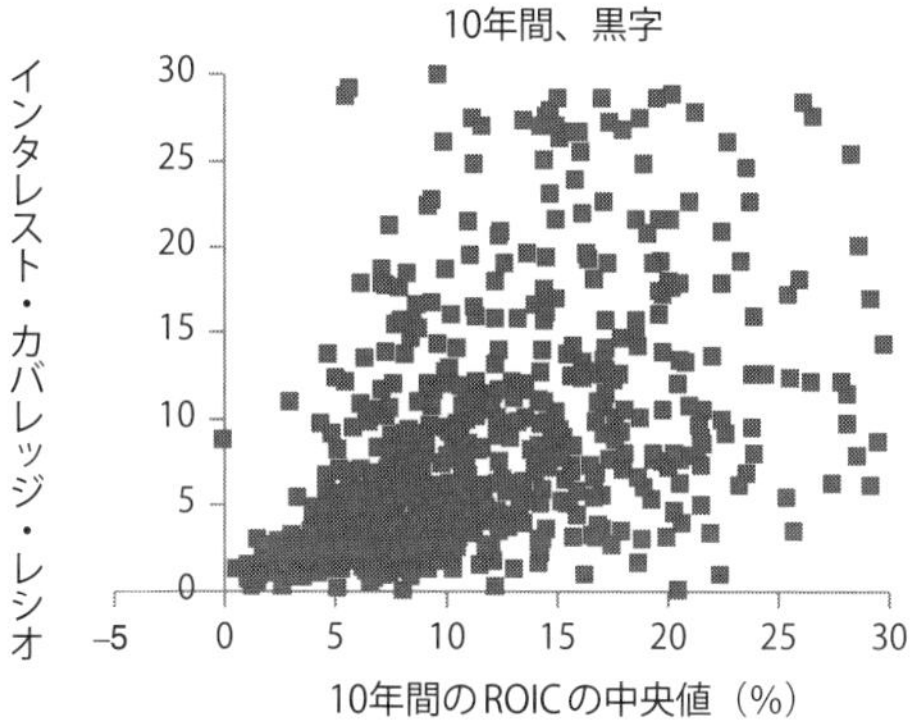

図3-15　7～8年黒字企業のインタレスト・カバレッジ・レシオ

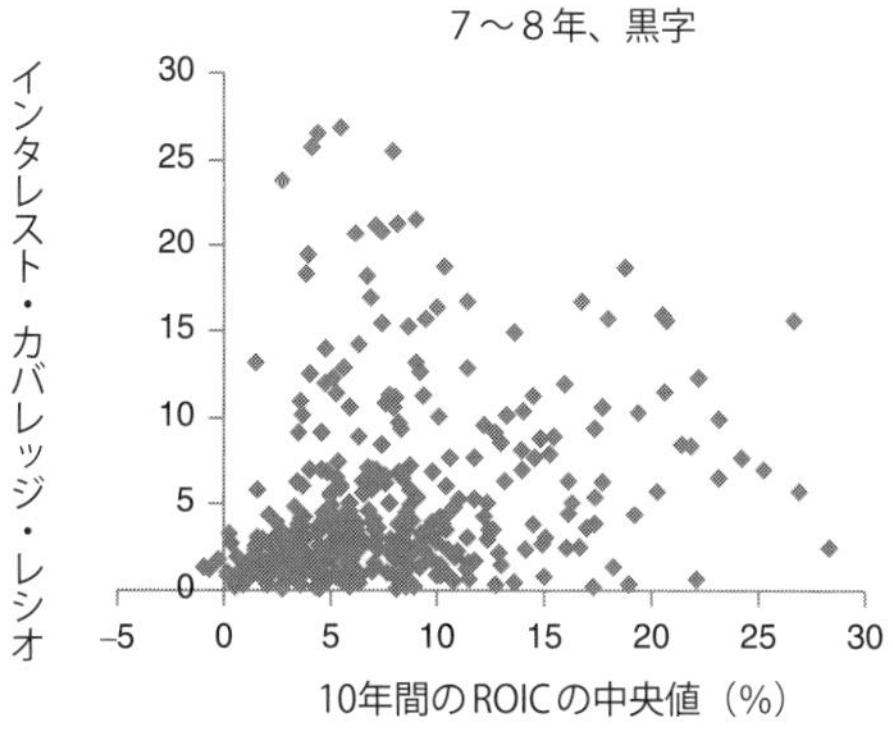

両方とも一〇年前には一株当たり一〇〇ドルの内在価値があったとする。A社の内在価値は年率一〇％で拡大し、B社のほうは年率一八％で拡大したとする。その場合、一〇年後にA社の一株当たり内在価値は二五九ドルになり、B社のほうは五二三ドルになる。市場

が一〇年前に、B社のほうが優れた企業だと認識して、その株式のほうをはるかに高く評価したとする。そこで、A社を内在価値よりも五〇%安い一株当たり五〇ドルで買い、B社を内在価値と等しい一株当たり一〇〇ドルで買った。一〇年後にB社は市場での人気を失い、今では両社とも内在価値よりも五〇%割安で売られている。これら二社に投資していたら、過去一〇年で年率一〇%という、ほぼ同じリターンを達成していただろう。もっとも、B社の株式には二倍のお金を払ったが。

一〇年前に、B社の株式を一〇〇ドルではなく、七〇ドルで買う機会があったら、B社の投資リターンは年率一四・一%になる。これでも、投資家は同じ内在価値に対して、B社をA社よりも四〇%割高に買ったことになる。だが、B社のほうが優れた企業で内在価値の拡大が速いため、B社に投資をしていたら一〇年間で年率四・一%高いリターンが得られていた。

B社の株式も、内在価値よりも五〇%割安に買えたら願ってもないことだ。だが、株式市場は通常、より優れた企業の株式をより高く評価する。とはいえ、優良企業にはそれだけのお金を払う価値がある。

これは、そこそこの会社を安く買うよりも、優れた会社をそこそこの価格で買うほうがはるかに良い、というバフェットの投資哲学の数学的な証明になる。

チャーリー・マンガーは言った。「良い事業と悪い事業の違いは、良い事業では簡単な経営判断を次々に行う。だが、悪い事業では苦渋の決断を何度も強いられるというところだ」[8]。良い事業のほうが、投資家の判断はやさしく、かつ少なくて済む。

総合的に判断すると、常に黒字で利益率が高く、成長している優良企業の株式を買うことが最も重要だ。優良企業であれば、その他の状況は放っておいても何とかなる。

そういうわけだから、優良企業の株式だけを買おう！

第4章

再び、優良企業だけを買う――そして、それらをどこで見つけるかを知る

「単純にしておくことです」――チャーリー・マンガー

第3章の見出しを繰り返すのは、本書を読んで覚えておくべきことが一つあるとすれば、それは優良企業の株式だけを買うことだからだ！

ほかの企業の株式では利益を得られない、という意味ではない。それらでも、大きな利益が得られるかもしれない。ドナルド・ヤックマンがクライスラー株を買わなかったのは、それで利益が得られないからではなく、自動車産業は彼の望む投資対象ではなかったからだ。優良企業の株式だけを買えば、利益を得る可能性は大幅に高まり、その道のりもはるかに楽しくなる。

ピーター・リンチなら、どういう種類の株式でも利益を出せる。彼はあらゆる業界に精通していて、どういう状況であれば投資をして成功するか知っているうえに、何千銘柄も保有していた。しかし、あなたがリンチのまねをする必要はない。チャーリー・マンガーは、「すべてを

知る必要はない。二～三の本当に大切なアイデアに従えば、ほとんどはうまくいく」[1]と言った。

ある女性が洗濯機の故障で修理業者を呼んだ。業者は洗濯機を点検すると、ハンマーを取り出して、一回だけ強くたたいた。すると、洗濯機は再び動き始め、業者は二〇〇ドルの請求書を出した。「二〇〇ドルですって？ ハンマーでたたいただけなのに」と、女性は言った。そこで、業者は請求書に明細を付けた。ハンマーでたたいた分で五ドル、どこをたたくべきか知っている分で一九五ドル、と。

この冗談は、どこに、どのように集中すべきかを教えるときに、多くの場面で使われている。投資に関して言えば、優良企業の株式だけを買うようにということだ！ このアドバイスは単純そうに思えるが、実践するのは必ずしも簡単ではない。市場では心ときめくほどの利益を手にする機会が数多くある。

第1章で述べたように、リンチは投資対象を六つに分類した。[2] ここで、それらすべてについて検討して、優良企業の株式だけを買うという考えがそれぞれのグループで成り立つかどうか調べることにしよう。

資産株

資産株は、企業が何か価値の高いものを保有しているが、株価にそれが反映されていないときに生じる。最近では、価値の高い資産と言えば、たいていは評価額が低い不動産だ。第2章で説明したように、資産株を買うということは、企業の資産価値か正味流動資産価値か正味運転資本と比べて、株価が極めて安い格安銘柄に投資することを意味する。清算に時間がかからず、すぐに現金化できるか、事業がしっかりしていて、借り入れをしなくても十分やっていけるだけのキャッシュフローを生み出しているのでないかぎり、資産株に手を出すべきではない。

ウォーレン・バフェットは資産株への投資を「愚かな行為」と言う。ヤックマンはそれを、工場は稼働していないが、機械を格安で買える企業への投資に例える。シアーズを覚えているだろうか。これを書いている現在、シアーズはまだ「価値の切り売りをしている」。しかし、ブルース・バーコウィッツが二〇一六年七月二八日の中間報告書で認めたように、「それは私たちが考えていたよりもずっと長くかかって」いる。[3]そのため、「予想以上に価値が落ちる」可能性がある。資産株は避けよう。

業績回復株

業績回復株（企業再生株）とは、「業績が落ち込み、行き詰まっていて、しばしば破綻寸前の」企業の株式である。[4]リンチは業績回復株から多くの大化け株を探し出した。この株はたいていたたき売られているので、大底から急騰する可能性がある。しかし、リンチが買って後悔した業績回復株もたくさんあった。

業績回復株に投資するのは避けよう。経営難に陥りかねないというだけで、優良企業の条件から外れるからだ。しかも、低迷した繊維事業を立て直そうとして苦しんだバフェットが一九七九年の株主への手紙で書いたように、そうした問題はめったに解消できない。

経営者と投資家としての経験から、「業績回復」企業はめったに回復しないという結論に至りました。ですから、同じ労力と才能を使うなら、さえない企業の株式を格安価格で買うよりも、優良企業を適正価格で買うほうがはるかに良いのです。[5]

数年前にJCペニーの業績を回復させようという試みがあり、注目された。乗っ取り屋であり物言う投資家でもあるビル・アックマンの指揮下に元アップルストアを成功に導いた天才のロン・ジョンソンが事業の立て直しのために招かれた。しかし、ジョンソンはアップルストアでの成功を再現することはできず、業績を回復させようという試みは大失敗に終わった。アックマンはJCペニーに投資した一〇億ドルの六〇％を失って撤退した。

まだ繊維事業の立て直しに苦闘していた一九八〇年に、バフェットは株主への手紙で次のように書いている。[6]

私たちは「業績回復」企業を経営したり、それらの株式を購入したりしましたが、結果はたいてい残念なものだったことを、これまでの報告書で書いてきました。長年にわたって、文字どおり何十もの業界の何百もの企業について、業績回復の見込みがあるという報告を受けてきました。私たちはそれらの経営に参加するか観察をするかしながら、期待どおりの結果が得られるか追跡してきました。結論はこうです。一部の例外を除けば、才能があると評判の経営陣が立て直しを図っても、経営基盤が弱いという企業の評判は変わらないのです。

これがまさにロン・ジョンソンの評判に起きたことだ。彼はアップルストアでは成功したが、JCペニーでは失敗した。要するに、アップルはアップルであり、JCペニーはJCペニーだったということにすぎない。

しかし、バフェットはGEICOという業績回復株で大儲けをしたのではないか。彼は一九七六～一九七九年に、この会社の株式の三分の一を四五七〇万ドルで買った。そして、彼がGEICOの残りの株式をすべて取得したときには時価総額が二三億ドルに達していた。一九七〇年代初期に、GEICOの経営陣は保険金の支払い経費の見積もりで重大な誤りを犯し、保険を安く販売してしまった。そのため、この保険会社は破綻の危機にさらされた。

深刻な状況だったが、バフェットによれば、GEICOの基本的な競争力は失われていなかった。彼がこの会社の株式を買ったのはそのためだ。彼は一九八〇年の株主への手紙で説明している。[7]

当時のGEICOは抱えていた問題のせいで、アメリカン・エキスプレスがサラダオイル詐欺に遭ったあとの一九六四年に陥った状況と似た立場にありました。両社とも独自性がある企業で、一時的に資金繰りに影響が出たせいで揺れていたものの、抜群に強い経営基盤は崩れていませんでした。GEICOとアメリカン・エキスプレスは消費者に強い影響力を持つ優れた企業で、切除できる局所的なガンを抱えており、もちろん、腕の良い外科医であれば確実に救うことができる状況でした。両社の状況は、経営陣が「奇跡のような業績回復」を望んでいるだけの状況とは区別されるべきです。

したがって、本当に「奇跡のような業績回復を迫られている状況」と「切除できる局所的なガン」を区別するための最も重要な基準は、その企業が今でも「本来の競争力」と「特別に優れた経営基盤」を維持しているかどうかだ。この基準をシアーズとJCペニーに当てはめると、両社がこの基準を満たしていないことは明らかだ。両社の業績回復とはその程度のものだ。

また、投資家は株価操作による一時的な下落と、奇跡のような業績回復を迫られている企業の株価下落との区別もしなければならない。どちらも株価が暴落することがあるからだ。これはバリュー投資家のプレム・ワッツァが設立したカナダの保険会社、フェアファクス・フィナンシャルに起きたことだ。彼はバフェットの影響を受けて、保険事業を始めた。ベンジャミン・グレアムとジョン・テンプルトンを研究したあと、バリュー投資家として成功した。彼のリーダーシップの下で、フェアファクスは一九八五年以降、純資産額を年率二〇％増やしていた。二〇〇四～二〇〇五年にフェアファクスの株式はアメリカとカナダの市場に上場されていて、二〇〇ドルほどで取引されていた。ところが有力な空売り筋の標的になった。フェアファクスは、会計操作で悪評が立って破綻したエンロンに例えられた。株価は五〇％下げて、一〇〇ドルになった。フェアファクスは空売り筋を訴えると同時に、アメリカの株式市場から撤退した。騒ぎが収まり、純資産額は引き続き、年率二〇％で伸び続けた。そして、二〇〇八年の金融危機の際に株式市場で空売りをして大儲けをした。二〇一六年一〇月時点で、同社の株式は七〇〇ドルほどで取引されている。

フェアファクスの問題は株価操作によって生じたものだ。空売り筋たちによる攻撃で、会社の評判は傷ついた。そのせいで、保険事業にも一時的な影響が及んだかもしれない。しかし、事業そのものは何の問題もなかった。それどころか、空売り筋たちは長期投資家に株を買う素晴らしい機会を提供したのだ。

結論として、業績回復が必要な企業はめったに回復しないし、優良企業と見るべきではない。しかし、投資家にとって良い機会も数多く見つかる。カギは、問題を抱えてはいるが、「本来の競争力」と「特に優れた経営基盤」を維持し続けている企業かどうかを見極めることだ。本当に業績回復を迫られている企業の株式は避けよう！

景気循環株

景気循環に大きく影響される業界では、数年ごとに製品需要の拡大と縮小が繰り返される。需要は景気循環と重なることが多い。これらの業界では通常、多額の資本投下が必要で、固定資産の比率が高い。需要が伸びているときに生産能力を素早く上げて、需要が落ち込んだときに設備を取り除くというわけにはいかない。需要が強いときに、これらの業界は生産能力を拡大しようと投資しがちだ。しかし、増産体制が整ったときには、需要はすでに落ちている。結果として、利益が急減して大きな負債を抱える。

景気循環の影響を強く受ける業界は、自動車、航空会社、鉄鋼、石油・ガス、化学製品など、数多い。景気循環型の業界に属していても、追い風に乗って何年も成長を続けるために長期成長をする業種と錯覚することもときどきある。例えば、住宅業界は低金利のおかげで、バブルがはじけるまで一〇年近く景気が良かった。

景気動向に敏感な業種は、長期保有にふさわしい優良企業を見つけるのには適していない。ヤックマンがクライスラーを買いたがらなかったのは、自動車業界が景気に左右されすぎるから

図4-1　CVSとダウ・ケミカルの純利益

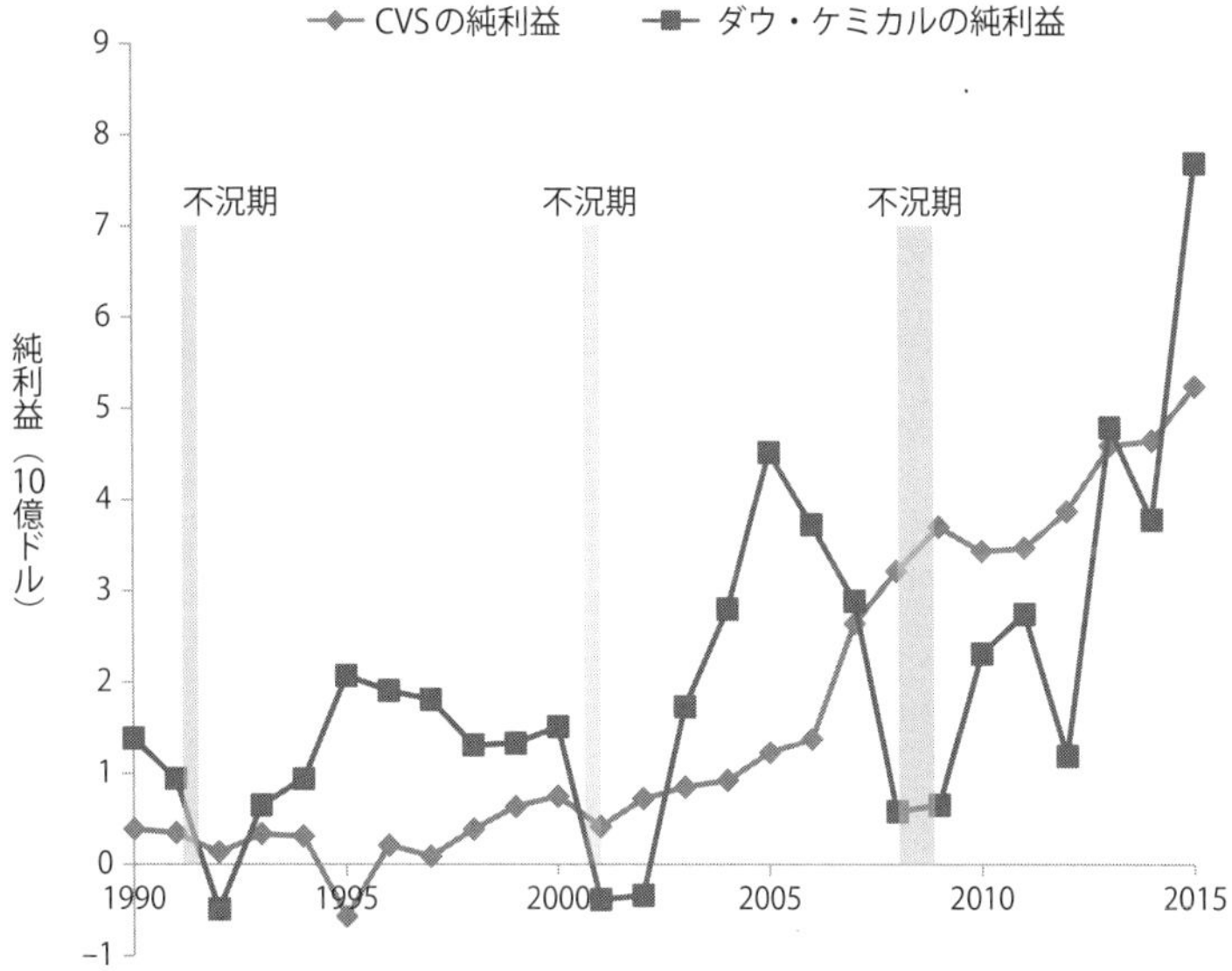

だった。投資家は景気の影響を強く受ける業界も避けたほうがよい。

　ハワード・マークスは、「ほとんどのものは景気の影響を受ける」[8]と言ったが、景気の影響をほかよりも強く受ける業種はある。景気に強く左右されるかどうかを見極めるには、特に不況期に売り上げと利益がどのような変動をしたかを少なくとも一〇年間見るとよい。一例を**図４－１**に示した。

　この図はＣＶＳヘルスとダウ・ケミカルの純利益を示したものだ。灰色の時期はアメリカ経済が不況だった期間だ。ダウ・ケミカルの純利益は不況期に大幅に落ち込んだ。二〇〇二年の不況時に、ダウ・ケミカルは赤字を出した。二〇〇八年の不況時には、四〇億ドルを超える純利益から一〇億ドルを下回るまで落ち込んだ。一方、ＣＶＳの純利益は不況の影響をほとんど受けていない。

明らかに、ダウ・ケミカルの事業は景気に大きく影響されているが、ＣＶＳの事業はそうではない。景気循環株を長く保有しても、たいして報われない。レバレッジ型の景気循環株を保有するのはリスクが非常に高い。景気に強く影響される企業の多くは不況を乗り切れずに破綻する。自動車メーカー、航空会社、鉱山会社、石油開発会社が破綻したニュースをどれだけ耳にしたか思い出してみよう。当然、これらの業界は、長く黒字を維持するという優良企業の条件を満たせない。景気循環株は避けよう。

低成長株

低成長株は成長に勢いがなくなった成熟企業だ。これらの企業はすでに収益基盤が拡大しているため、成長のためにさらなる新市場を見つけるのは難しい。したがって、売上高の伸びは経済成長を大きく上回ることがない。ウォルマート、マイクロソフト、プロクター・アンド・ギャンブル、ジョンソン・アンド・ジョンソンについて考えてみよう。これらの企業は通常、多額の利益があり利益率も高い。前の章では優良企業の条件として、収益性、ＲＯＩＣ（投下資本利益率）、成長に関して三つの点を問うた。そのうち、一番目（黒字を長期にわたって維持）

と二番目（高いＲＯＩＣ）の条件は満たしているが、三番目（二桁の成長）という条件は満たしていない。

低成長株に投資する場合、株価が過去の平均よりも安いときに買えば、満足できるリターンが得られる。低成長株は高い配当が安定して得られるので、配当重視のポートフォリオを組むにはもってこいだ。この点については、第8章でさらに説明する。

優良株

優良株は通常、利益成長率が一〇％台前半で、今後に大きく成長する可能性も残されている中規模企業の株式だ。これらの銘柄は、長期にわたって黒字を維持していて、利益率が高く、一〇％台で利益が伸びている優良企業を見つけるには理想的だ。利益成長率はかなり高く、実績もある。これらの企業の株式を保有しても、もの足りない気がするかもしれない。だが、質の高い企業の株式を長期間、保有しても投資リスクはほとんどない。それが非常に助けになることもあるだろう。

優良企業の利益成長は年によって変動する可能性がある。私たちはこれらの企業の成長性、収益性、利益率を長期の平均で見る。そして、以前よりも成長が遅くなったら原因を分析して、今後はそれが平常となるのかどうかを確かめる必要がある。ときどき業界に変化が起きて、かつてあった経営上の堀が崩れるか、現経営陣か新経営陣が判断を誤り、事業そのものがこれまでのような成果を上げられない場合もある。投資家は企業の成長性と収益性を見守り続ける必要がある。どんな事業も完璧ではなく、小さな問題は生じるからだ。

私は優良企業を読者が選別できるようにするため、オール・イン・ワン・スクリーナーを作った。https://www.gurufocus.com/ に行き、All-In-One Screener、GuruFocus Screens、The Good Companies の順に進めば見つかる。また、二〇一六年八月現在、これで選別された銘柄のパフォーマンスを監視するためのポートフォリオも作った。

このスクリーニングツールで、私たちはオートゾーン、アメテック、ジャック・ヘンリーといった企業を見つけた。これらは黒字を長く維持していて、ＲＯＩＣが高く、今後さらに成長が見込まれる企業だ。それらの株価も、過去一〇年間で大きく上昇した。

リンチは優良株が一～二年で五〇％上昇したら売る。だが、これらの企業は長期的に着実に成長していく可能性もある。優良株を長期で保有すると報われることがよくある。売れば、譲渡所得税がかかるし、これら質の高い企業の株式を買い戻す機会も逃すだろう。オートゾーンを考えてみよう。これまで、オートゾーンの売り時はなかった。売上高は不況期も含めて毎年、年率一五％で成長している。この企業の株式を長期で保有していれば、利益は非常に大きかった。

急成長株

急成長株は成長率が二〇％以上の企業の株式だ。これらは通常、積極的な経営を行う小規模の新興企業だ。リンチのお気に入りの分野で、彼は多くの投資アイデアを見いだして、一〇倍、二〇倍、さらにそれ以上の利益を得た。

リンチが指摘したように、急成長株が急成長をしている業界に属している必要はない。理想的には、これらは既存企業から市場シェアを奪う企業だ。急成長株に投資すれば、大きな利益が期待できる一方、リスクも高い。急成長企業は成長を急ぎすぎて、多額の負債を抱えるかもしれない。ウォール街の期待が高いと、株価はたいてい値崩れしやすい水準まで上げる。一時的な問題のせいで成長にブレーキがかかった場合も、株価は大きく下げる。

チポトレ・メキシカン・グリルを見よう。このファーストフード・チェーンは過去一〇年間に売上高を平均して年率二〇％以上伸ばしてきた。新店舗を次々と開き、既存店売上高は二桁の伸びを示していて、その勢いはとどまるところを知らないように見えた。そのため、二〇一四年には株式は五〇倍以上のＰＥＲ（株価収益率）で取引されていた。その後、二〇一五年にウイルスによる集団食中毒が発生して、連邦政府の捜査を受けた。現在、既存店売上高は落ちて、株価は二〇一五年の高値から五〇％近く下げている。

急成長企業の分野で長期の実績がある優良企業を見つけるのは難しい。これらは新興企業であることが多いからだ。しかし、それらのなかには、私たちの望む優良企業に発展していく企業もある。

要約すると、投資家は優良企業の株式だけを買おうとしているので、私たちはリンチの六つのカテゴリーのうち、資産株、景気循環株、業績回復株は投資対象から外す。低成長株と急成長株からは、条件を満たす企業がどうにか見つけられるかもしれない。最も良いのは優良株だ。優良株が優良企業の条件を満たす可能性が最も高い。繰り返すが、これらの条件は次のとおりだ。

1. 長期にわたる黒字の維持
2. ROICとROE（自己資本利益率）が高いという点で事業利益が高い
3. 平均以上の成長

あなたが修理業者ならば、どこをたたくべきか知っておく必要があるのだ。

景気に左右されやすい業種

景気変動に敏感な業種についてはさらに検討する価値がある。ヤックマンは事業について検討するとき、最初にこの点を見る。彼は商品サイクルが長くて消費者の購入サイクルが短い業種を好む。それは景気に左右されにくい業種ということだ。以降でいくつかのセクターの純利益を示しているが、マークスが指摘したように、ほとんどのものは景気の影響を受ける。景気循環の底では商品需要が低下する。売上高が少し落ちただけで、利益が大幅に落ちることがある。需要の低下に見合うほど素早く経費を落とせないし、経費を削減するのにもお金がかかるからだ。

業種によっては、事業の性質上、一貫した良い投資リターンを株主にもたらすことが難しいこともある。優良企業の株式を買うということは、そうした業界を避けるということだ。私はこれまでに、自動車、航空会社、化学製品、鉄鋼、エネルギーといった景気動向に左右される業界について触れた。今回は景気循環の影響を受けやすいほかの事業について詳しく調べてみたい。

素材セクターはそうした事業の一つだ。図4－2は現在、上場されている素材セクターの七三二社の総売上高の歴史を示す。これらには農業、建材、化学製品、石炭、林産物、金属、鉱業が含まれる。

一九九二年、一九九八年、二〇〇二年、二〇〇八年、二〇一五年には、素材産業の売上高が落ちていることが分かる。これらの年のうち、一九九二年、二〇〇二年、二〇〇八年は不況と関係している。この時期のほとんどで、これらの企業の総売上高は二～三％落ちた。景気が良かった一九九九年、二〇〇六年、二〇一〇年でも、このセクターの平均利益率は六%をわずかに上回る程度だった。**図4-3**から明らかなように、売上高がわずかに落ちただけで、このセクターの利益は劇的に落ち込んだ。

一九九二年と二〇〇二年には、素材セクターは大幅赤字に陥った。二〇〇八年と二〇一五年には、利益が前年よりも八〇%以上落ちて、セクター全体ではかろうじて黒字を維持した。このセクターは資本集約的で固定資産比率が高いため、需要が落ち込んだときにすぐに経費を削減しにくい。この業界の製品は通常、第一次産品のため、需要の落ち込みを補うために値上げをするのは難しい。こうした性質のせいで、素材産業は景気に強く影響される。

このセクターの株主は、それらの企業が数年おきに利益と損失の間を大きく揺れ動くのを目撃することになる。この業界の多くの企業が不況期を乗り切れずに倒産する。バフェットが言ったように、「差別化できない製品を売る業種では、最も愚かな競争相手よりも飛び抜けて利口になることはできない[9]」。そのため、企業は価格競争をするしかなく、損益で似たパターンを繰り返す。これらの企業は長期にわたって着実に利益を生み出すことができない。

そういうわけで、農産品、建材、化学製品、石炭、林産物、金属セクターの企業は優良企業ではない。リンチはかつて、ありふれた製品を売る企業には、「競争は健康に害を及ぼす恐れがあります」という警告ラベルを付けておくべきだと言ったことがある。これらの企業は避けよう!

図4-2　素材産業の売上高

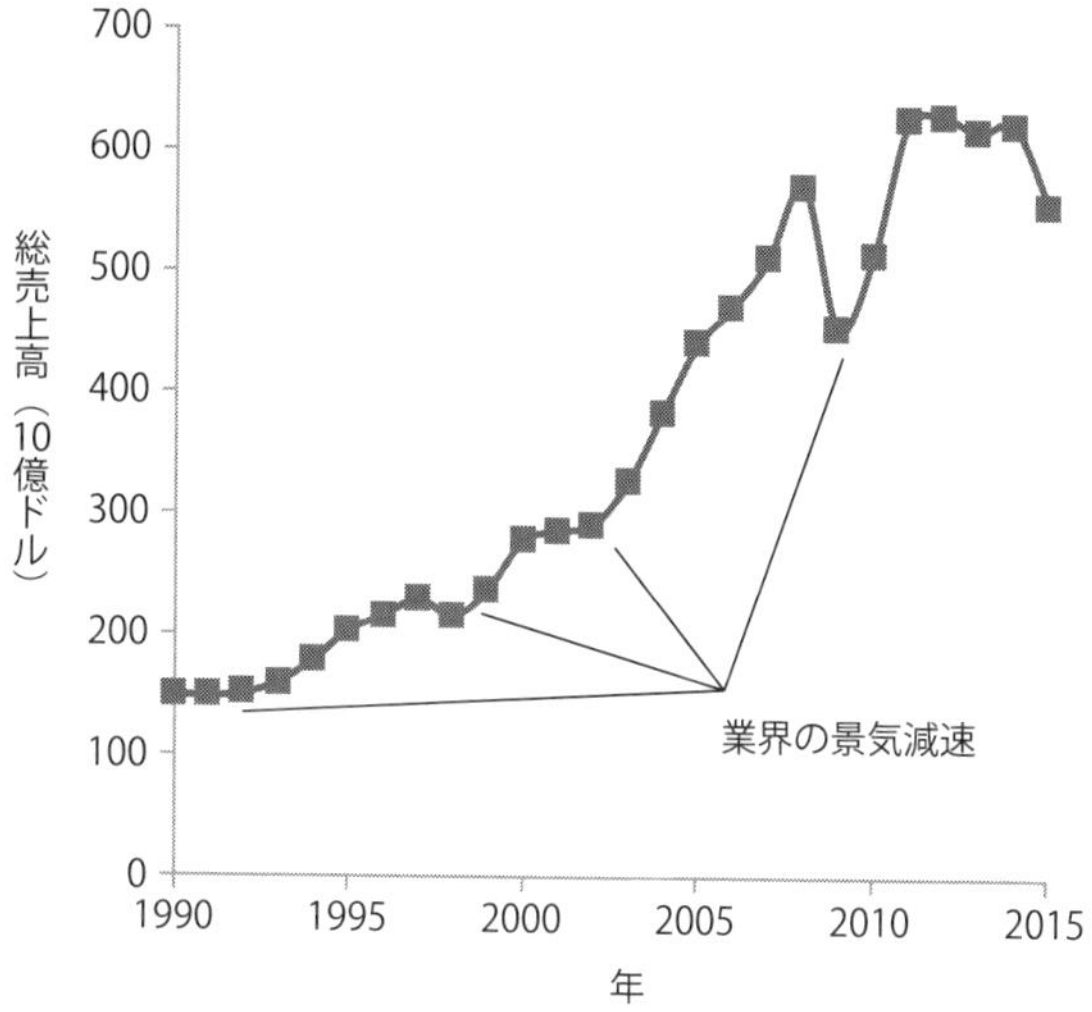

図4-3　素材産業の純利益

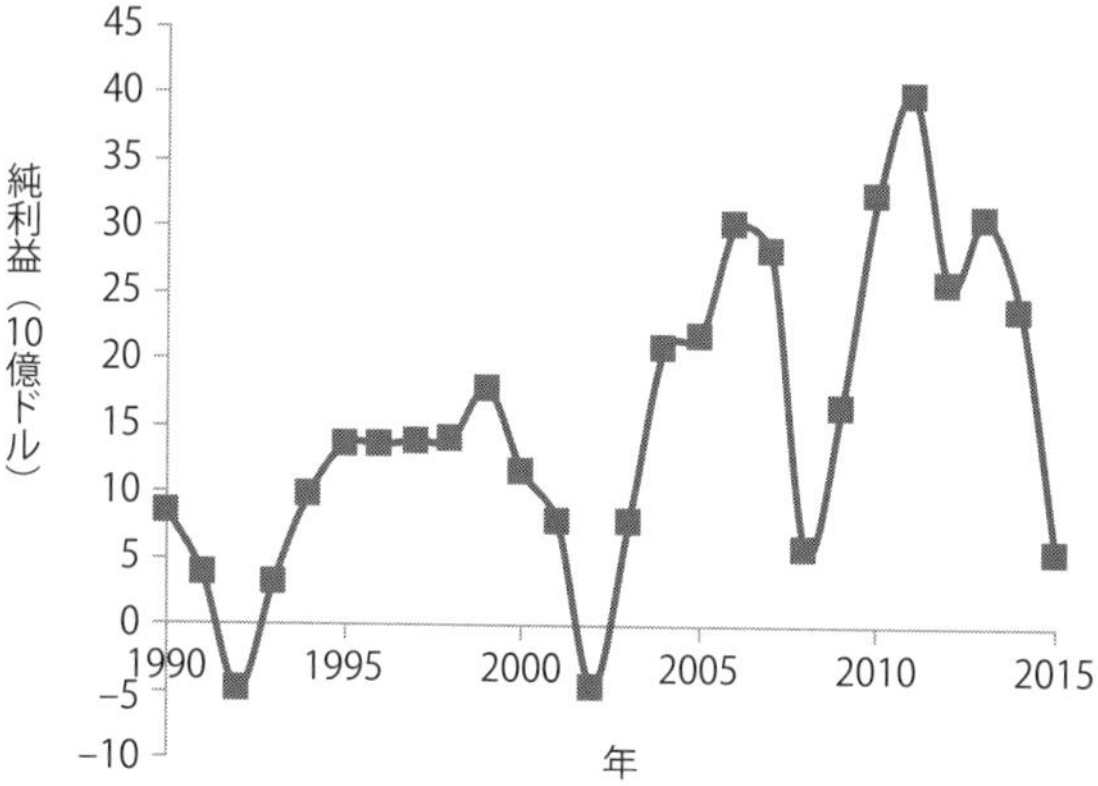

同様の動きは、エネルギーと一般消費財セクターでも見られる。このセクターの利益は図4－4と図4－5に示されている。見て分かるように、一般消費財セクターは景気に強く影響される。このセクターには、自動車、娯楽、製造、旅行およびレジャー、ぜいたく品の業界が含まれる。これらは不況期には必ず大幅な損失を出す。これらの業界で利益を出し続ける企業を作り上げるのは難しい。

テクノロジーセクターでは、ハードウェア業界とソフトウェア業界の動きはまったく異なる。通信設備やコンピューターなどのハードウェア製造企業は、固定資産比率が高く資本集約的である。そのために、これらの業界は景気循環に影響を受けやすい。テクノロジーは絶えず変化していくため、ハードウェア事業で長期にわたって競争力を維持するのは難しい。

しかし、一部のソフトウェア企業は変化がそれほど速くない分野で製品やサービスを開発している。例えば、マイクロソフトとグーグルは、経営面で堀を築いた。そして、一貫した収益力と高いＲＯＩＣと成長性がある大企業になった。アンシスという企業は航空宇宙、防衛、自動車、建設からヘルスケア、エネルギーまで、ほとんどすべての業界で広く使われているシミュレーション・ソフトウェアの開発を行っている。生産現場で使われるソフトウェアは、検証や解析を繰り返し行う必要がある。そのソフトウェアが信頼できると分かったら、顧客はほかの企業の新しいソフトウェアに変更するリスクをとりたがらない。だから、アンシスは堀を築けた。

図4-4　エネルギー業界の純利益

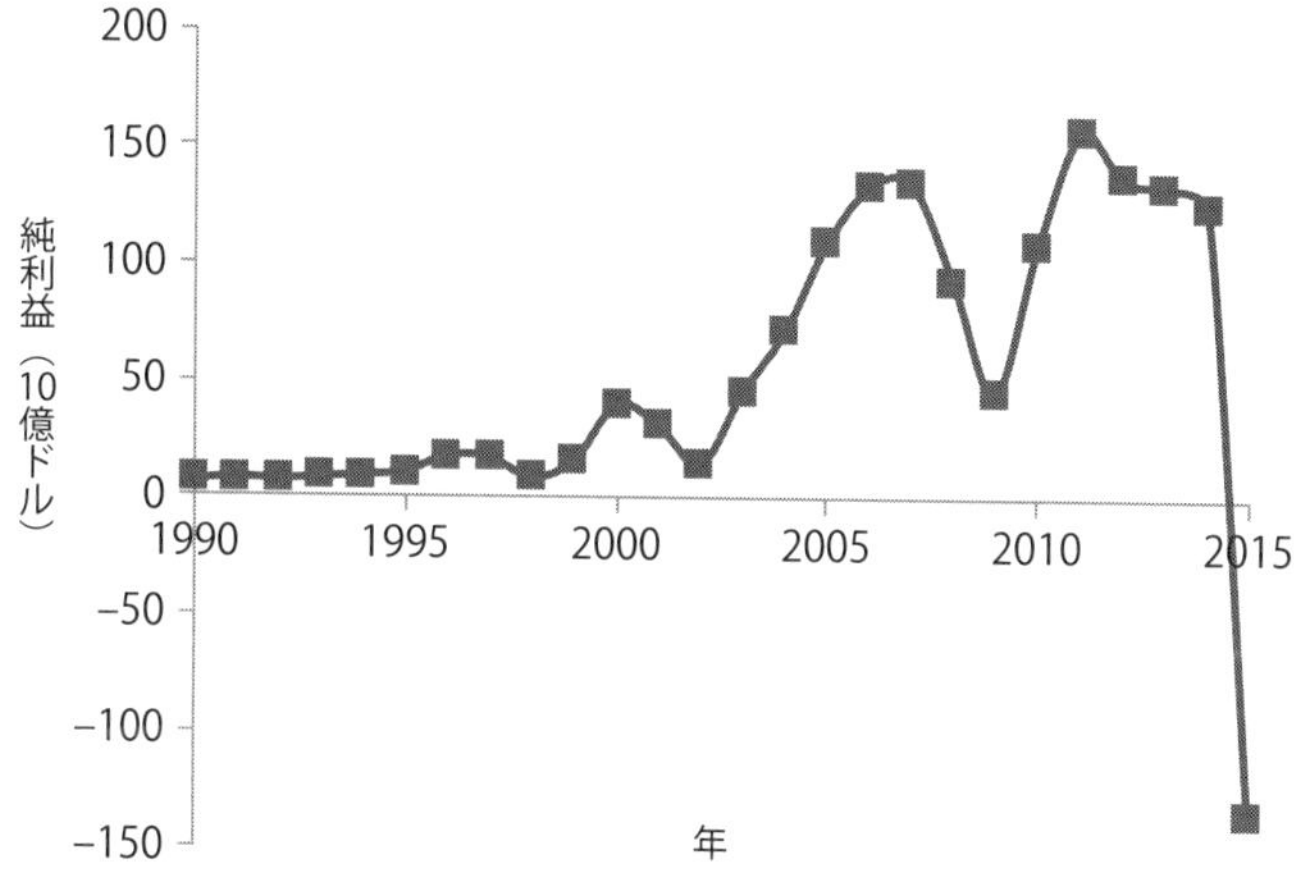

図4-5　一般消費財業界の純利益

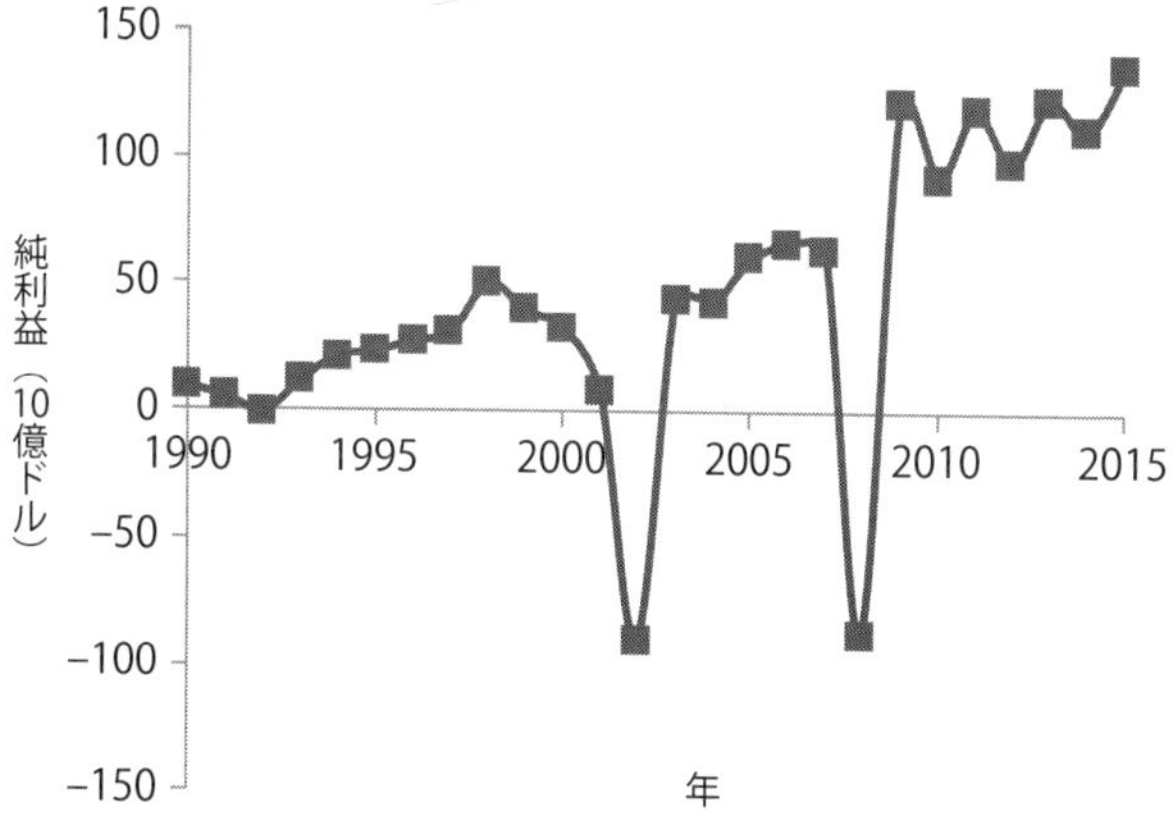

住宅危機が始まる二〇〇七年までの二〇年近く、銀行業は住宅市場の拡大という追い風に乗ったため、景気循環や不況にあまり影響されなかった。銀行と言っても、伝統的な住宅ローンを中心に扱う小規模な地方銀行のように単純な事業もあれば、財務内容がよく分からない複雑な事業もある。バフェットは一般に銀行業を好まなかった。ウェルズ・ファーゴの株式を買った一九九〇年までは、銀行株に手を出さなかった。彼は一九九〇年の株主への手紙で書いている。[10]

銀行業は私たちの好む業種ではありません。資産が自己資本の二〇倍――この業界ではごく普通の比率――もある状況では、資産のごく一部にかかわる失敗でも、自己資本に大きな影響が及ぶ可能性があります。そして、多くの大手銀行では、これまで失敗は例外的なことではなく、あるのが当たり前でした。そのほとんどは昨年、「前例を踏襲する経営」を議論したときに解説した経営上の弱点が原因です。これは同業者が何かを始めると、それがどんなに愚かな行為であっても、経営陣が考えもなしにまねをするという傾向です。多くの銀行はレミングのように熱心にほかの銀行に追従しました。今、それらの銀行は集団で崖から飛び降りるレミングのような運命に遭遇しています。

まさにこれこそ、チャールズ・プリンスがCEO（最高経営責任者）だったときにシティグループが直面したことだ。彼は、サブプライムローン問題のせいで流動性が低下する恐れがあるにもかかわらず、シティグループが今後もＬＢＯ（レバレッジドバイアウト）の案件に加わり続けることについて、「音楽が流れているかぎり、立ち上がって踊らなければならない」と言ったことで有名だ。

私はかつて、次の冗談を聞いたことがある。

銀行の役員になるには何をすべきですか？　三つのルールに従いなさい。まず、お金を返せない人には貸さない。次に、お金にとても困っている人には貸さない。そして、第三に自分のお金は貸さない。

二〇〇〇年代初期の住宅バブルのとき、銀行のほとんどの経営陣は第三のルールしか覚えていなかった。

バフェットは銀行業でカギを握るのは経営陣だと考えている。彼は一九九〇年の株主への手紙でこう続けた。

財務レバレッジが二〇倍であれば、経営面の強みと弱みが拡大されて表面化します。私たちは経営がまずい銀行の株式を「格安」で買うことに興味はありません。私たちの唯一の関心は、しっかりした経営がなされている銀行の株式を適正価格で買うことです。

マンガーはこれと同じことをデイリー・ジャーナル社の二〇一六年の株主総会で語った。このとき、彼は議長だった。[11]

銀行の経営の本質を分かっている人しか、銀行株はけっして買えないと思います。銀行業は、実際には収入ではない大金を収入と勘違いしやすいビジネスです。投資家にとって、ここは非常に危険な分野です。銀行業務に対する深い理解がなければ、投資は避けるべきです。

リンチは地方銀行と貯蓄貸付組合に好んで投資する。こうした小規模銀行の事業はずっと単純で、伝統的な銀行経営者を見つけることができる。

ヘルスケアと生活必需品のセクターは景気動向にあまり左右されない。結局のところ、人は病気になれば病院に行くからだ。生活必需品セクターには、食品、飲料、タバコなどの安くて日常的に消費される商品が含まれる。消費者はこれらの商品の価格の変化はあまり気にしない。また、たとえ値上げされても、買わずにいることはできないので、このセクターの企業には価格決定力がある。これらは日常的に消費されるため、消費者の購入サイクルが短く、ヤックマン好みの商品だ。一方、これらの商品はたいてい単純で、商品ライフサイクルが非常に長い。例えば、バークシャー・ハサウェイが一九七二年に買収したときから、シーズ・キャンディーは同じ種類のキャンディーを作っている。そのため、投資に必要な資金は少なくて済む。この分野は多くの優れた企業が生まれるところだ。私たちは投資家として、これらの企業の成長に参加できる。そして、それらの株式を買って長期保有をすれば報われる（図４－６、図４－７を参照）。

これは有名なバリュー投資家、トム・ルッソも三〇年以上行っていたことだ。彼はポートフォリオの六〇％以上をネッスル、ハイネケン、アンホイザー・ブッシュ、ペルノ・リカールなどの食品・飲料企業や、フィリップ・モリス・インターナショナル、その姉妹企業のアルトリアなどのタバコ会社に投資した。黒字を維持していて利益率が高いこれらの企業の株式を買えば、ほとんどリスクがなく、売る必要もない。彼の四半期ごとのポートフォリオの入れ替えは二％以下で、長期的に優れた実績を達成している。

小売業は生活必需品セクターに属しているが、投資家は慎重になる必要がある。次はバフェットが一九九五年の株主への手紙で小売業について書いたものだ[12]。

小売業は厳しいビジネスです。投資をしてきたこれまでの期間に、私は多くの小売り企業が一時期、素晴らしい成長をして高ＲＯＥを達成したあと、突然に業績悪化に陥り、しば

図4-6　ヘルスケア業界の純利益

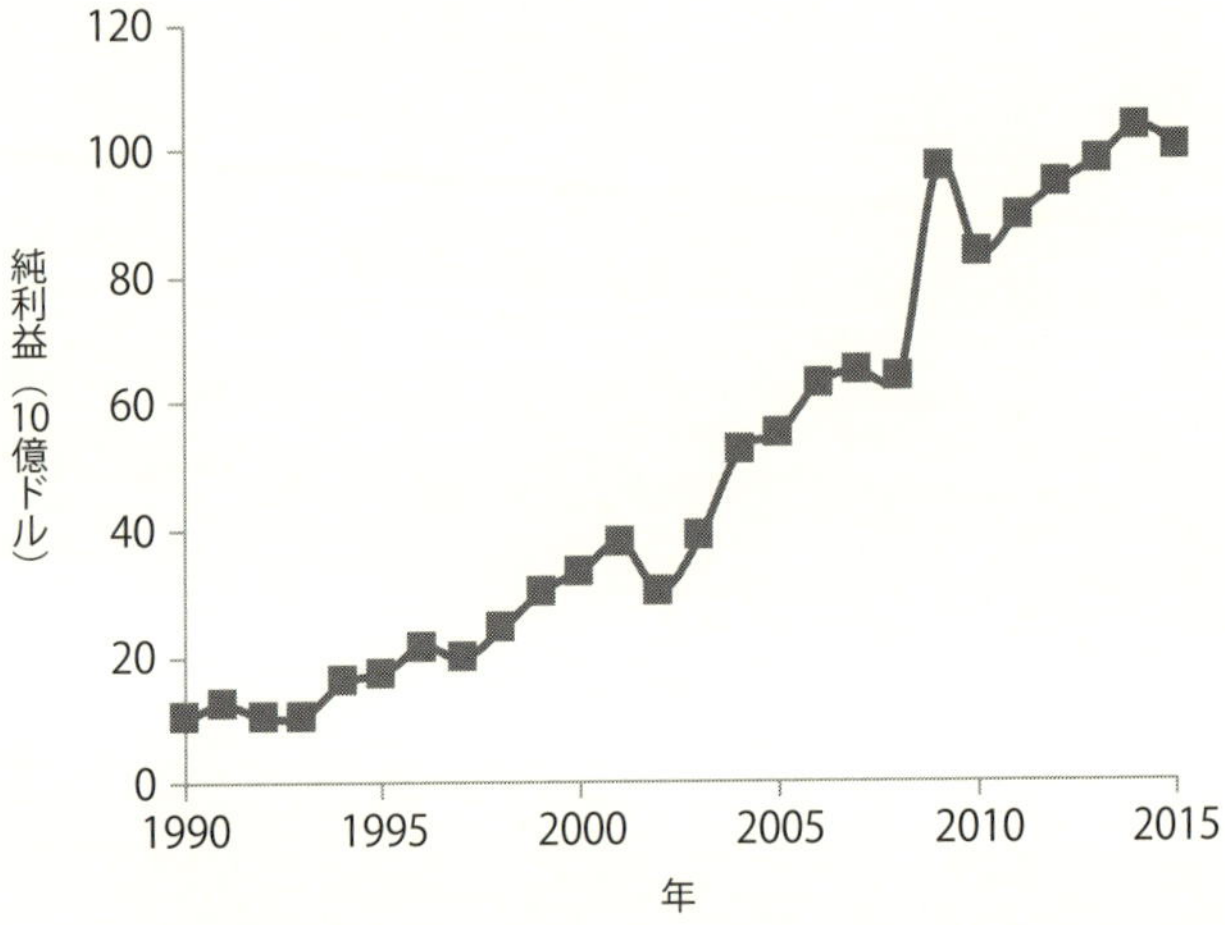

図4-7　生活必需品業界の純利益

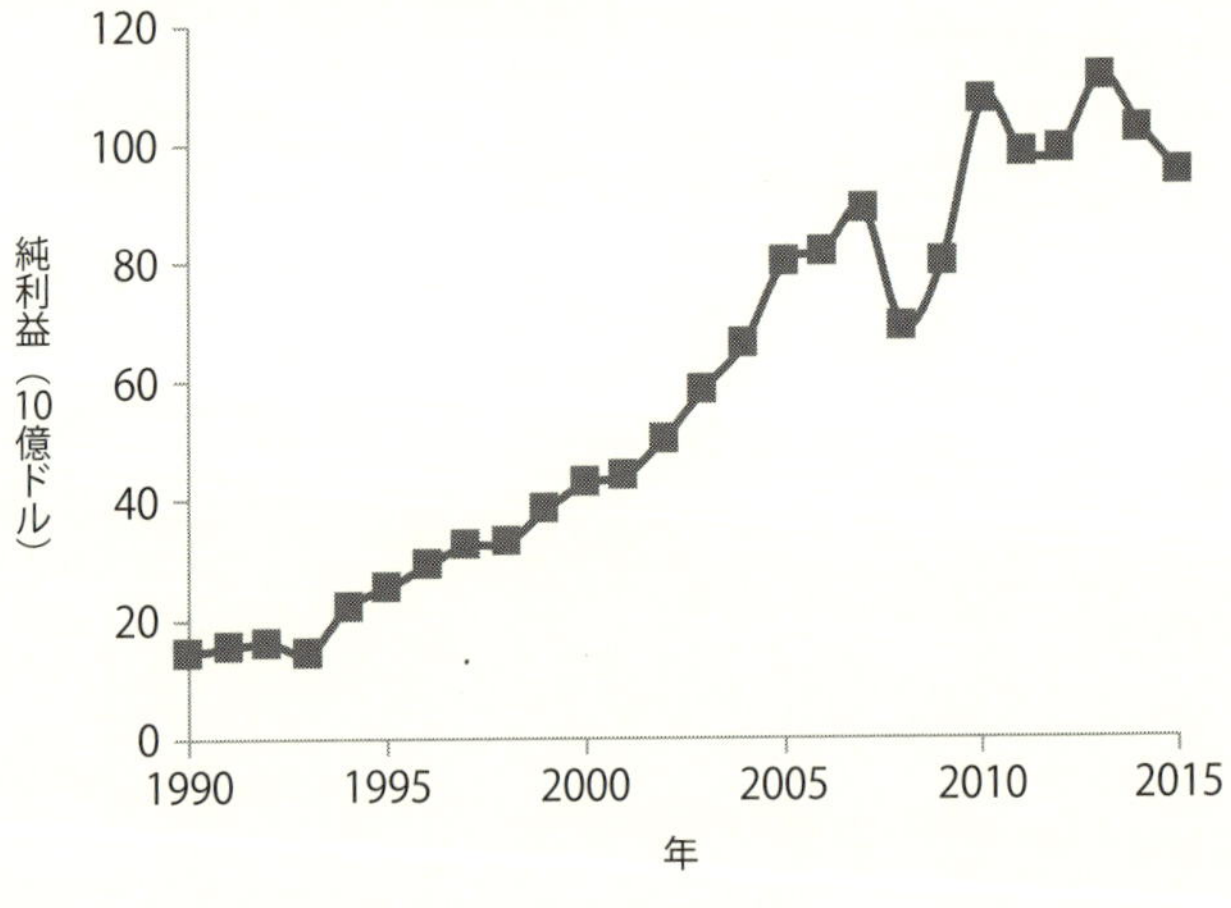

しば破産にまで至るのを見てきました。この流れ星のような現象は製造業やサービス業よりも小売業で非常に多く見られます。これは、ひとつには小売業では一日も欠かさずに頭を絞って考える必要があるからです。競争相手から常にまねをされて、先を越されます。一方、買い物客は次々に現れる新商品を試すようにと、あの手この手で誘われます。小売業では、惰性で動いていると失敗するのです。

要約すると、優良企業の株式だけを買うことに専念するということは、どれほど魅力的な投資機会に見えても、素材、コンピューターハードウェア、通信サービス、半導体のように、景気に強く影響を受けるセクターを避ける必要があるということを意味する。一貫して利益を出せる企業を求める投資家にとって、これらの業種はその性質からして魅力に欠ける。生活必需品とヘルスケアのセクターは景気循環の影響をほとんど受けない。これらのセクターは、黒字を長く維持していて利益率が高い優良企業を見つけるのにふさわしい場所だ。

高望みをするか、朝飯前のことをするか

優良企業の株式を買うことにこだわるということは、パフォーマンスが最も良い株式の一部を取り逃がすということでもある。過去一〇年に市場で取引されていた三五七七銘柄をパフォ

ーマンス順に並べると、上位五〇銘柄は年率で二五％前後の上昇をしていた。それら五〇銘柄のうちの六銘柄はバイオテクノロジー、五銘柄はソフトウェアだった。この二つの業界は過去一〇年でパフォーマンスが良かった銘柄のなかでも、最上位に位置していた。だが、私たちは長期的に素晴らしい業績を残している優良企業に投資すると決めているため、このどちらの業界の銘柄もとらえられそうにない。これらの企業のどれも、一〇年前には優良企業の条件を満たしていなかった。今日においてさえ、条件を満たしている企業はごくわずかだ。

まず、バイオテクノロジー業界でパフォーマンスが最も良かった銘柄を見よう。最も良かったのはメディベーションだ。この株価は過去一〇年の年平均で五〇％近い上昇をした。一〇年前のこの企業には収入がなく、年間に何千万ドルもの損失を出していた。時価総額は当時、すでに一億ドルを超えていた。どうして市場は売上高ゼロの企業に何億ドルもの評価を与えるのだろう。分別のある投資家なら、そんな銘柄は買わないだろう。メディベーションは翌年も売り上げがなかったが、時価総額は四億ドル以上にまで拡大した。確かに、この企業は成功して、年間売上高は今や一〇億ドル近く、純利益は二億五〇〇〇万ドル以上に達している。しかし、二〇一四年まで赤字を続けていたのに、その年には時価総額が七〇億ドル以上にまで拡大していた。現在、市場はこの会社を一〇〇億ドル以上と評価している。

だれが一〇年前にこんな投資機会を見つけられただろうか。この企業の売上高が一〇年で、ゼロから一〇億ドル近くまで成長するとだれが予想できるだろう。博識でこの業界に精通していても、不可能にしか思えない。一〇年前にそんな投資機会を見いだすのは高望みだった。

次に、バイオテクノロジー株で二番目に良いバイオスペシフィックス・テクノロジーズを見よう。過去一〇年に、この企業の株式は年率で四三％上昇した。一〇年前の時価総額はおよそ五〇〇万ドルにすぎなかった。売上高は二〇〇五年の五五〇万ドルから二〇〇六年の一九〇万ドルに減少して、三三〇万ドルの損失を出した。今日でさえ、年間売上高は二三〇〇万ドルにすぎない。純利益は一〇〇〇万ドルだ。時価総額は現在、二億八四〇〇万ドルだ。株価のこれほどの上昇は魅力的だが、一〇年前の時価総額がわずか五〇〇万ドルでは、多くの個人投資家にとってさえ小さすぎた。しかも、この企業は大幅な損失を出していた。

ソフトウェア業界で投資パフォーマンスが最も良い二銘柄は、イービックスとタイラー・テクノロジーズだった。保険業界向けソフトウェアメーカーのイービックスの株価は年平均で四〇％上昇した。タイラーは管理ソフトウェアを地方自治体に提供していて、過去一〇年の年平均上昇率は三〇％だった。イービックスの売上高は三〇〇〇万ドル以下だったが、タイラーは二億ドル近くあった。両社とも、二〇〇六年時点では優良企業とみなせなかった。黒字化したのは最近だったからだ。両社は長期にわたって黒字を維持するという優良企業の条件を満たせなかった。

同じ理由で、アマゾン・ドット・コム、アップル、プライスラインのように過去一〇年のパフォーマンスが最も良い銘柄も、私たちは取り逃がす。これらの企業は一貫して黒字という実績を残していないからだ。これでは具合が悪いだろうか。そんなことはない。私たちは損をする可能性が非常に高いほかの多くの銘柄を避けてもいるからだ。

二〇〇六年に取引されていたすべてのバイオテクノロジー株について考えてみよう。二〇〇六年初めに年間売上高が一億ドル以下のアメリカのバイオ企業は二一〇社あった。これらには後に買収されるか倒産したために上場廃止になった企業も含まれる。これらのうちの六七社、あるいは三二%はその後に破綻した。四〇%の銘柄は一〇年間、保有しても投資リターンはマイナスだった。これら二一〇社のリターンの中央値はマイナス八〇%だ。メディベーションやバイオスペシフィックスのように投資リターンが最も良かった企業と売上高が似ている九〇社を見ると、その七〇%が後に破綻していた。それらの株式の八七%は九〇%以上も下げた。

ソフトウェア業界はいくらかましだったが、それでも負け組を選ぶ確率は極めて高かった。二〇〇六年に上場されていて、年間売上高が一億ドル以下のアメリカのソフトウェア企業三五七社のうち、二〇%が後に破綻した。これらのうち五七%以上は一〇年間、保有し続けても、投資リターンはマイナスだった。これら三五七銘柄のリターンの中央値はマイナス二八%だった。これらの銘柄からパフォーマンスが非常に良い銘柄を選ぶ可能性はどれくらいあるだろうか。勝ち組を選んでいなかった場合の損失は大きい。

二〇〇六年に優良企業の条件を満たしている企業を見ていたら、それ以前の一〇年間に黒字を維持していて、ＲＯＩＣの中央値が二〇%以上だった。二〇〇六年の初めに優良企業は二〇五社あった。それらの株式を一〇年間、保有していたら、五％が後に破綻した。一〇年後には、これらの銘柄の三一％で損失を被った。これら二〇五銘柄のリターンの中央値は三四％と、非常に高かった。全体として、損をする可能性ははるかに低い。

パフォーマンスが最も良い銘柄を選ぶことに賭けるのは高望みだとするならば、優良企業を適正価格で買うのは朝飯前と言える。桁外れに良い銘柄は捕まえられなくても、小売チェーンのダラー・ツリーや、重曹やコンドームを作っているチャーチ・アンド・ドワイトなどのまずまずの銘柄はたくさん捕まえられる。もっと重要なことは、大損をする多くの銘柄を避けることができる。

したがって、優良企業の株式だけを買うことによって、私たちはずっと良い投資対象の近辺に焦点を合わせていることになる。すでに実績を証明済みの銘柄を買うことで、損をする可能性を排除しようとしているのだ。私たちの投資対象はリンチよりもずっと少ない。私たちは優良企業の近くにとどまっていたい。損をする確率が高い状況に直面したくない。

マンガーはかつて、「私が知りたいのは、自分がどこで死ぬかだけだ。それが分かっていれば、絶対にそこには行かないようにすればよい」[13]と言ったではないか。

この章をバフェットの知恵で締めくくりたい。

投資をする際にほとんどの人にとって最も大切なことは、自分がどれだけ知っているかではなく、何を知らないかをどこまで現実的に明確に知っているかです。大きな失敗を避けるかぎり、投資家が的確にすべきことは極めて少ないのです。

第5章　優良株を適正価格で買う

「急いてはことをし損じる」――メイ・ウエスト

前の二つの章では、私たちが買いたい「優良企業」の条件を満たす企業の種類や、どこでそれらを見つけるべきかについて調べた。しかし、優良企業の株式を買うというだけでうまくいくわけではない。それらを適正価格で買った場合にだけ、うまくいくのだ。優良企業の株式を買えば、その事業が好調で企業の価値が成長し続けるかぎり、含み損をいつまでも抱えるリスクはない、と私は主張した。だが、適正価格よりも高値で買えば、リターンは落ちる。

例えば、株式市場のバブルの波に乗ったウォルマートは、一九九九年末までの三年で五〇〇%以上も上げて、七〇ドルほどになった。そして、一九九九年末にこの株式を買っていたら、含み損を解消するためだけに一二年待つはめになった。今日でさえ、株価は一六年前よりもわずかに高いだけだ。一九九九年には、ウォルマートは確かに優良企業の条件を満たしていた。それまで常に利益を出していて、ＲＯＩＣ（投下資本利益率）は一〇%台半ば、利益も二桁で成長していた。だが、問題は株式が過大に評価されていた点だ。一九九九年末のPER（株価収益率）は六〇倍だった。現在のPERは一六倍だ。ウォルマートは一九九九年以来、利益を四倍に伸ばした。しかし、その年に株式を買った人はあまりにも高値のときに手を出したせいで、報われなかった。

もうひとつ、コカ・コーラの例を見よう。その株式は一九九八年半ばには四三ドル（分割調整済み）で取引されていた。それから一八年後の現在では、四三ドルを下回っている。コカ・コーラは非常に優れた企業だ。ウォーレン・バフェットは一九八八年にこの企業の株式を買った。一九九〇年代のROICは三〇％を超えていた。だが、一九九八年半ばから今日まで、株価はあまり動いていない。理由はウォルマートと同じだ。コカ・コーラはウォルマートよりもはるかに過大評価されていた。一九九八年半ばのPERは九五倍だった。その後の一八年間に投資家たちが受け取ったリターンは、平均でわずか二％の配当だけだった。バークシャー・ハサウェイが保有するコカ・コーラの四億株は、一八年前には一七〇億ドルの価値があった。その価値は今日に至るも増えていない。

ついでに言っておくと、グルフォーカスのインターアクティブ・チャートを使えば、過去のPER、配当利回りなど、多くの重要な統計データを確認できる。

一九九九年にバブルがはじけたあと、バフェットは過大に評価されていた株式を売らなかったことをいくらか後悔していた。彼は二〇〇四年の株主への手紙で書いている[1]。

それでも、バブルの時期に株価が極端に割高になっても、自分の見解に従って動くのではなく、舌打ちするだけだったことは非難されて当然です。当時、私は保有株の一部は将来の成長を織り込んでいる、と言いましたが、いかに割高だったかについては甘く見ていました。私は行動すべきときに話をしていたのです。

したがって、妥当な株価で買ったときにしか満足なリターンは得られない。

私は前に、優れた企業の長期保有を結婚に例えた。幸せな結婚生活を送る秘訣は、あまり期待をしていない人を見つけることだ、とチャーリー・マンガーは言った。これは優良企業と縁を結ぶ投資家にも当てはまる。市場の期待が高いと、過大評価が生じる。それは投資家に喜ばしい結果をもたらさない。

それでは、どういう株価評価が妥当だろうか。事業を評価する方法はたくさんある。それらは事業の性質に合わせて、状況ごとに使い分けるほうがよいかもしれない。さまざまな株価評価法については、第9章で詳しく説明するつもりだ。ここでは、最も一般的な二つの手法に焦点を当てたい。DCF（割引キャッシュフロー）法とPERだ。どちらにも限界があり、あらゆる状況で使えるわけではない。だが、どちらも私たちが買いたい優良企業では役に立つ。事業の適正価値を評価する場合、どちらも最終的には等しくなる。

ＤＣＦ法

ＤＣＦ（割引キャッシュフロー）の理論は一九三七年にハーバード大学の博士論文でジョン・バー・ウィリアムズが考案した。これは『**投資価値理論**』（パンローリング）として、一九三八年に出版された。[2] この理論を要約すると、**現在の株式や債券や事業の価値は、将来にその資産から生じると予想されるキャッシュの流入から流出を引いた額を適切な利率で割り引くことで決まる**、というものだ。

したがって、ＤＣＦ法は将来について調べている。しかし、私たちは過去についてしか分からない。私たちは将来について一定の仮定を置かなければならないが、それらの多くはその企業の過去の実績に基づいている。これらの仮定には次の点が含まれる。

- ●その事業の将来の成長率
- ●その事業が存続する期間の年数
- ●割引率

現在、この企業は一年間にフリーキャッシュフローの形で$E(0)$の利益を得ていて、成長率はg

と仮定すると、この企業がｎ年後に得る利益は次の式で表すことができる。

$$E(n) = E(0)(1+g)^n$$

ｎ年後の$E(n)$には、現在の$E(n)$と同じ価値はない。それは現在の価値に割り引く必要がある。それは次と等しい。

$$E(0)(1+g)^n \div (1+d)^n = E(0)[(1+g) \div (1+d)]^n$$

ここで、ｄは割引率。この企業がｎ年間にわたって同じように成長し続けることができれば、この期間の総利益は次のようになる。

$$E(0)\{(1+g) \div (1+d) + [(1+g) \div (1+d)]^2 + [(1+g) \div (1+d)]^3 + \cdot\cdot\cdot + [(1+g) \div (1+d)]^n\}$$

$$= E(0)\, x\, (1-x^n) \div (1-x$$

ここで、$x = (1+g) \div (1+d)$

明らかに、どんな企業でも永遠に成長することはできない。成長はいつか衰えて、やがて止まる。しかし、企業がオーナーのためにキャッシュを生み出しているかぎり、その企業には価値がある。したがって、私たちは企業を二つの時期に分ける。一つは成長期間で、もう一つは残存期間だ。企業は、gの成長率でn年間成長したあと、残存期間にtの成長率で成長すると仮定する。残存期間は、m年とする。すると、事業の残存価値は次の式で表すことができる。

$$E(0)[(1+g)\div(1+d)]^n\{(1+t)\div(1+d)+[(1+t)\div(1+d)]^2+[(1+t)\div(1+d)]^3+\cdots+[(1+t)\div(1+d)]^m\}=E(0)x^n y(1-y^m)\div(1-y)$$

ここで、$y=(1+t)\div(1+d$

DCF法に従ってすべてをまとめると、企業の内在価値は次の方程式で計算できる。

内在価値＝成長期間の将来の利益＋残存価値

したがって、

内在価値＝$E(0)x(1-x^n)\div(1-x)+E(0)x^ny(1-y^m)\div(1-y)$

ここで、$x=(1+g)\div(1+d)$, $y=(1+t)\div(1+d)$

これが割引現在価値に基づく内在価値の方程式だ。この方程式で使われているパラメーターは次のとおりだ。

$E(0)$＝現在の利益（私はここで利益とフリーキャッシュフローを明確に区別していない。この式はどちらの計算にも同じように使えるからだ）
g＝成長期間の成長率
d＝割引率
t＝残存期間の成長率
n＝成長期間の年数
m＝残存期間の年数

グルフォーカスでは、ＤＣＦ法に基づいてこれら二期間を合わせた適正価値を計算するツールを作った。初期値では、今後一〇年の成長期間の成長率は、過去一〇年の平均ＥＰＳ（一株当たり利益）の成長率か二〇％のうち、小さいほうに等しいと仮定している。また、残存期間も一〇年続き、その成長率は四％と仮定している。私たちは計算に一株当たりフリーキャッシュフローではなく、ＥＰＳ（非経常項目は含まない）を使っている。理由は、長期で見ると株価はフリーキャッシュフローよりも利益との相関性のほうが高いことが私たちの調査で分かっているからだ。割引率の初期値は一二％にしている。グルフォーカスでは、安全域の計算ツールも用意している。その計算は次のとおりだ。

安全域＝（内在価値－株価）÷内在価値

グルフォーカス・ドット・コムでは、世界的に取引されている株式について、ＤＣＦ法に基づく現在の内在価値と安全域を入手できる。ウォルマートについてのリンクは、「http://www.gurufocus.com/dcf/WMT」だ。

より複雑な三期間でのＤＣＦ法も同じようにして作ることは可能だ。しかし、それは必要ない。計算そのものは予想値にすぎず、さらに仮定を増やしても良い結果は得られないからだ。

興味がある株式の内在価値と安全域を知れば役に立つが、投資家はＤＣＦ法の限界も意識しておく必要がある。第一に、ＤＣＦ法は事業の今後の業績を予想しようとする。したがって、事業は業績予想が可能なものである必要がある。利益の変動が大きい企業よりも、より着実に成長する企業のほうが予想しやすい。これらの企業は通常、グルフォーカスのビジネス・プレディクタビリティ・ランクで上位に入っている。それらの企業に対する予想のほうが、信頼性が高い。ＤＣＦ法は業績が大きく変動する企業では使えない。また、この計測法は資産株、業績回復株（企業再生株）、景気循環株にも使えない。

利益が予想できる企業では、計算で用いるパラメーターにどういう仮定を置くかが結果に大きく影響する。パラメーターは企業の実際の業績が反映されるように、慎重に選ぶ必要がある。次に、内在価値の計算で用いる各パラメーターの影響度と、それらを計算でどのように選ぶべきかを検討する。

成長率

グルフォーカスのＤＣＦ計算ツールでは、今後一〇年の企業の成長はそれまでの一〇年と同じだと仮定している。しかし、これでは特に急成長企業の場合、おそらく成長を過大に評価することになる。成長率の上限を二〇％とすることで、過大評価を減らせる。例えば、プライスラインは過去一〇年間、ＥＰＳを年平均で四〇％伸ばしてきた。しかし、過去五年の伸び率は二五％ほどまで落ちている。だから、今後一〇年のＥＰＳの伸び率が年平均で約二〇％と仮定するのは適切だと思われる。

表5-1　成長率によって価値がどう変わるか

成長率	成長期間の価値	残存期間の価値	価値の総額
10%	7.9	3.8	11.7
11%	8.3	4.2	12.5
12%	8.7	4.6	13.3
13%	9.1	5.0	14.1
14%	9.5	5.5	15.0
15%	10.0	6.0	16.0
16%	10.5	6.5	17.0
17%	11.0	7.1	18.1
18%	11.6	7.8	19.3
19%	12.1	8.4	20.6
20%	12.7	9.2	21.9
21%	13.4	10.0	23.3
22%	14.0	10.8	24.9
23%	14.7	11.7	26.5
24%	15.5	12.7	28.2
25%	16.3	13.8	30.1

残存期間については、年率四％の成長は、プライスラインのような企業にはおそらく低すぎるだろう。これではこの企業の内在価値を過小に評価しているかもしれない。年率四％は長期で見たインフレ率よりもわずかに高い。

表5－1は、事業の価値に成長率がどれほどの影響を及ぼすかを示したものだ。ここで、企業の利益は現在、一株当たり一ドルと仮定している。残存期間の

成長率は年率四％とする。割引率は一五％とする。成長期間と残存期間はそれぞれ一〇年とする。表の一列目で示した成長率に応じて変わる価値を最後の列で示している。

明らかに、成長率が高いほど株式の価値も高まる。企業が最初の一〇年間に年率二五％で成長して、その後の一〇年に年率四％で成長すれば、表から分かるように、その株式は利益の約三〇倍の価値がある。これは、企業の適正なＰＥＲは大まかに言って成長率と線形の関係にあるとしたピーター・リンチの経験則と一致する。もちろん、適正価値の計算結果は割引率に影響を受ける。割引率が一五％ではなく、一二％であれば、価値はもっと高くなり、リンチの経験則では保守的に思えるだろう。リンチがフィデリティで運用をしていたころ、金利は一〇％を超えていた。だから、高い割引率を適用するのが妥当だったのだ。

成長期間と残存期間の年数

計算に使う成長期間と残存期間の年数も、計算結果に大きな影響を及ぼすことがある。どれくらいの年数が適切かは事業によって異なる。私のように一〇代の子供がいれば、彼らがエアロポステールのＴシャツをどれほど気に入っているか、きっと気づいているだろう。この思春期の子供向けＴシャツのチェーン店は二〇〇〇年代初期には年率五〇％で成長していて、破竹の勢いだった。そして、壁にぶつかった。売上高は二〇一〇年代前半に落ち始めて、株価はその後に九九％以上も下げた。二〇〇〇年代初期にこの企業の内在価値をＤＣＦ法で計算していたら、企業の寿命を二〇年と仮定するのは長すぎただろう。

「太く、短く生きる」という言葉を聞いたことがあるだろう。この言葉は事業の寿命についても当てはまるように思える。だが、逆もまた真実だ！

バフェットが言ったように、変化が速い業界でしのぎを削っている事業では、行動をしないか、してもスピードが遅すぎるか、間違った行動をすれば破綻に追い込まれかねない。寿命が長い事業は、同じ製品やサービスを今後五年、一〇年、二〇年と売ることができる事業だ。変化の必要が少ない事業ではネットワーク効果（顧客が増えるほど、製品やサービスの価値が増すこと）やブランド認知や嗜好性を高めつつ、製品の製造と販売を改善し続ける機会が得られる。

コカ・コーラについて考えてみよう。この企業は一九世紀後半に導入した清涼飲料と基本的に同じものを一〇〇年以上も販売している。この企業の成長期間と残存期間を一〇年と仮定すれば、内在価値を極めて過小に評価することになる。興味深いことに、製品を発売し始めてほぼ一〇〇年後の一九八五年に、コカ・コーラは製品に手を加えようとして、「ニューコーク」という新しい製造法を考案した。だが、愛飲者たちは「古き良き時代」を好み、新しい味覚に背を向けた。コカ・コーラはあきらめて、元の製法に戻った。この教訓を踏まえると、コカ・コーラは少なくともあと一世紀はおそらく同じ製法を続けるだろう。

表5-2　シーズ・キャンディーの利益と割引利益

年	税引き前利益（100万ドル）	割引利益（ドル）	割引利益の累積額（100万ドル）
1972	4.2	4.2	4.2
1973	6.0	4.8	9.0
1974	7.8	5.0	14.0
1975	9.5	4.9	18.9
1976	11.0	4.5	23.4
1977	12.8	4.2	27.6
1978	12.5	3.3	30.8
1979	12.8	2.7	33.5
1980	15.0	2.5	36.0
1981	21.9	2.9	39.0
1982	23.9	2.6	41.5
1983	27.4	2.4	43.9
1984	26.6	1.8	45.7
1985	29.0	1.6	47.3
1986	30.4	1.3	48.7
1987	31.7	1.1	49.8
1988	32.5	0.9	50.7
1989	34.2	0.8	51.5
1990	39.6	0.7	52.2
1991	42.4	0.6	52.8
1992	42.4	0.5	53.3
1993	41.2	0.4	53.7
1994	47.5	0.4	54.0
1995	50.2	0.3	54.3
1996	51.9	0.2	54.5
1997	59.0	0.2	54.8
1998	62.0	0.2	55.0
1999	74.0	0.2	55.1

どれくらいの年数を計算で使うかは、経営上の堀を事業の内在価値にどう反映させるかによる。広い堀を持つ企業は長期にわたって自社の領域を守り、収益性を維持することができる。そのため、計算で使う年数を長くする必要がある。

もう一つの例はシーズ・キャンディーだ。一九七二年に、バフェットはこの企業が生み出す将来のキャッシュフローすべてに対して二五〇〇万ドルを支払った。**表5－2**では、一九七二～一九九九年のシーズ・キャンディーの実際の利益を使っている。[3]ただし、一九七三～一九七五年はバークシャーが利益を公開しなかったため、一九七二～一九七六年までは利益が直線的に成長したと仮定した。一九七二年以後の利益はすべて、買収された一九七二年時点まで年率二五％の割引率で割り引かれている。最後の列は一九七二年からこの計算をした年までについて、シーズ・キャンディーの割引利益の累積額を示している。

私が二五％という高い割引率を使った理由は、バフェットが同時期にバークシャー・ハサウェイの純資産を年率二五％で増やしていたからだ。したがって、バークシャーがシーズ・キャンディーの売上高と利益を区別して報告した最後の一九九九年までに、シーズは一九七二年時点の割引現在価値で、五五〇〇万ドルの税引き前利益を生み出した。私が割引率をもっと甘く、一五％にしていたら、バフェットの利益は一九七二年時点の価値で計一億一四〇〇万ドルになっていた。割引率を一二％にすれば、一九七二年の割引キャッシュフローは総計で一億五四〇〇万ドルの価値がある。税引き後ですら、約一億ドルの価値になる。そういうわけで、バフェットは一九七二年に高いと思いながら、シーズ・キャンディーに二五〇〇万ドルを支払ったが、実際にはそれは税引き後で見ても一ドルに対して七〇セント以下の金額だった。それはシーズ・キャンディーの事業の質を考慮すれば割安だった。

だが、この企業の寿命は一九九九年では尽きなかった。バークシャーの株主たちにちょっと聞いてみるだけでよい。彼らは株主総会のときに長い行列を作ってお菓子を買っているのだ。正直なところ、私にはシーズ・チョコレートは甘すぎる。私はナッツ&チューズのほうが好きだ。それに、これらのお菓子は高い。バークシャーの株主でなければ、私はそれらを買わないだろう。それでも、シーズは成功し続けている。二〇〇〇～二〇一四年の一五年間に、シーズはバークシャー・ハサウェイのために税引き前利益で一〇億ドル以上を稼いだ。[4] 一二%の割引率で二〇〇〇年の価値に割り引けば、この利益は五億ドル以上の価値になる。バフェットは最初に五〇〇〇万ドルしか支払っていないが、キャッシュフローを毎年生み出したあとでも、彼はまだ二〇〇〇年に五億ドルでシーズを売却することが可能だった。シーズの寿命は二〇一四年でも終わっていない。いまだに多額のキャッシュを生み続けているのだ。

私はコカ・コーラとシーズ・キャンディーを特に取り上げて、ＤＣＦ法を当てはめた。要するに、株式を買おうと考えているとき、その事業がどれくらい続くかが極めて重要な要素だと言いたかったのだ。緩やかな変化が許される企業はその事業を長く続けることができる。そして、株主にとっても価値が高い。

残存期間の年数	成長期間の価値	残存期間の価値	合計
10	10.0	6.8	16.8
15	10.0	8.7	18.7
20	10.0	10.0	20.0

カメがとても長生きする理由も同じだろうか。ウサギとカメのどちらが生涯に移動する距離が長いのだろう。

残存期間の年数が内在価値に及ぼす影響を上の表に示している。ここでも、企業の利益は現在、一株当たり一ドルと仮定している。割引率は一二％とする。成長期間は一〇年続き、成長率は一二％だったと仮定する。残存期間の成長率は四％とする。

残存期間の年数を一〇年から二〇年に伸ばすと、株式の価値が約二〇％増えることが分かる。それ以上に年数を伸ばしても、価値は割り引かれるためあまり増えない。それでも、事業が長く続くほど、価値は明らかに高まる。

割引率

シーズ・キャンディーの計算で、割引率の影響について軽く触れた。シーズ・キャンディーの一九七二～一九九九年の税引き前利益は八億五九〇〇万ドルだった。**表5－3**はバフェットがシーズを買収した一九七二年時点まで、この利益をさまざまな率で割り引いた場合の割引価値を示

表5-3　異なる割引率で1972年まで割り引いたときのシーズ・キャンディーの税引き前利益

割引率	1972年まで割り引いた利益（100万ドル）
25%	55.1
23%	62.1
20%	75.8
17%	95.6
15%	114
12%	153
10%	192

している。明らかに、割引率も内在価値の計算に著しい影響を及ぼす。

では、投資家が株式の内在価値の計算に使う割引率はどれくらいが適切だろうか。学問的には、割引率にＷＡＣＣ（加重平均資本コスト）を使うべきだとされる。しかし、適切な割引率とは、そのお金をほかのどこかに投資した場合に得られる投資利回りだ。株式に投資するつもりならば、割引率はインデックスファンドかＥＴＦ（上場投資信託）などのパッシブ運用で期待できる投資利回りにすべきだ。だから、シーズ・キャンディーの計算では二五％の割引率を使ったのだ。これは当時のバフェットがバークシャー・ハサウェイの純資産で達成していた投資利回りだ。彼はそれくらいのリターンを得るために、二五〇〇万ドルをどこかほかかで使うこともできた。

もしもほかへの投資を債券や不動産などと考え

割引率	成長期間の価値	残存期間の価値	合計
18%	7.59	3.16	10.75
16%	8.29	4.05	12.34
14%	9.08	5.23	14.31
12%	10	6.8	16.8
10%	11.06	8.91	19.97

ているのであれば、割引率はそれらの投資で期待できる投資利回りに株式投資でのリスクプレミアムを加えたものにすべきだ。例えば、預金口座で無リスクのリターンを三％得られるのなら、株式投資でのリスクプレミアムとして六％を加えて、少なくとも九％の割引率を使うべきだ。

したがって、適切な割引率はほかに投資した場合に得られる投資利回りに大きく依存する。現在のようにゼロ金利の状況では、債券から不動産に至るまですべての投資利回りが下がっている。そのため、割引率も下げる必要がある。だから、株式の価値が上がったのだ。株式は歴史的な水準と比べて割高な株価で取引されている。しかし、これは現在の歴史的な低金利によっておそらく正当化されるだろう。

前に述べた例のために、割引率が変わるとどれほどの影響を受けるかを上の表で示した。成長期間も残存期間も一〇年とし、成長率は一二％と仮定した。残存期間の成長率は四％とする。

これが金利の割引率に対する効果だ。バフェットは金利を重力と呼ぶ。重力が低下すれば、すべてが高く飛び上がる。

余剰キャッシュ

バフェットがシーズ・キャンディーを買収したとき、彼が実際に支払ったのは二五〇〇万ドルではなく、三五〇〇万ドルだった。しかし、シーズには事業では不要な現金が一〇〇〇万ドルあった。バフェットはその現金をコストに含めなかった。事業の内在価値を推定する際に、余剰キャッシュはすべて割引利益に加える必要がある。近年では、マイクロソフトやアップルなどの企業は事業では使わない多額の現金を保有している。より正確なバリュエーションを得るためには、この現金を将来に得る総利益に加えておく必要がある。

グルフォーカスの適正価値の計算ツールには「Tangible Book Value（有形純資産）」という項目がある。計算にこの一部またはすべてを加えて、企業が保有する余剰キャッシュ分を補うことができる。

利益かフリーキャッシュフローか

内在価値の方程式は次のとおりだった。

$$内在価値 = E(0)\,x\,(1-x^n) \div (1-x) + E(0)\,x^n y(1-y^m) \div (1-y)$$

これで分かるように、成長率と割引率を除けば、内在価値は過去一年の利益である$E(0)$に比例する。私は利益とフリーキャッシュフローを区別していない。この方程式はどちらにも使えるからだ。$E(0)$を一株当たり利益か一株当たりフリーキャッシュフローのどちらか好きなほうに置き換えればよい。

グルフォーカスで提供するＤＣＦの計算ツールでは、フリーキャッシュフローの代わりに利益を使っている。私たちの調査によれば、株式のパフォーマンスを歴史的に見ると、フリーキャッシュフローよりも利益との相関性のほうが高かったからだ。フリーキャッシュフローは事業で実際に生み出す現金であることを考えると、この発見はちょっとした驚きだった。しかし、どの年のフリーキャッシュも、企業が有形固定資産にいくら費やしたかに影響される。事業が着実に成長していて、ＤＣＦ法を適用できる企業では、計算に利益を使えば、不定期になされる設備投資の影響は減価償却費の見積もり計上によって取り除かれる。

チャーチ・アンド・ドワイトを例にとろう。この企業はアーム&ハンマーの重曹やトロージャンのコンドームを製造している。そのＥＰＳは着実に上昇しているが、フリーキャッシュフローはそうではない。より多くの現金を有形固定資産に投じた年は、フリーキャッシュフローがマイナスになるからだ（**図5－1**を参照）。同様の傾向はウォルマートでも見られる。この企

図5-1　チャーチ・アンド・ドワイトのEPSとフリーキャッシュフロー

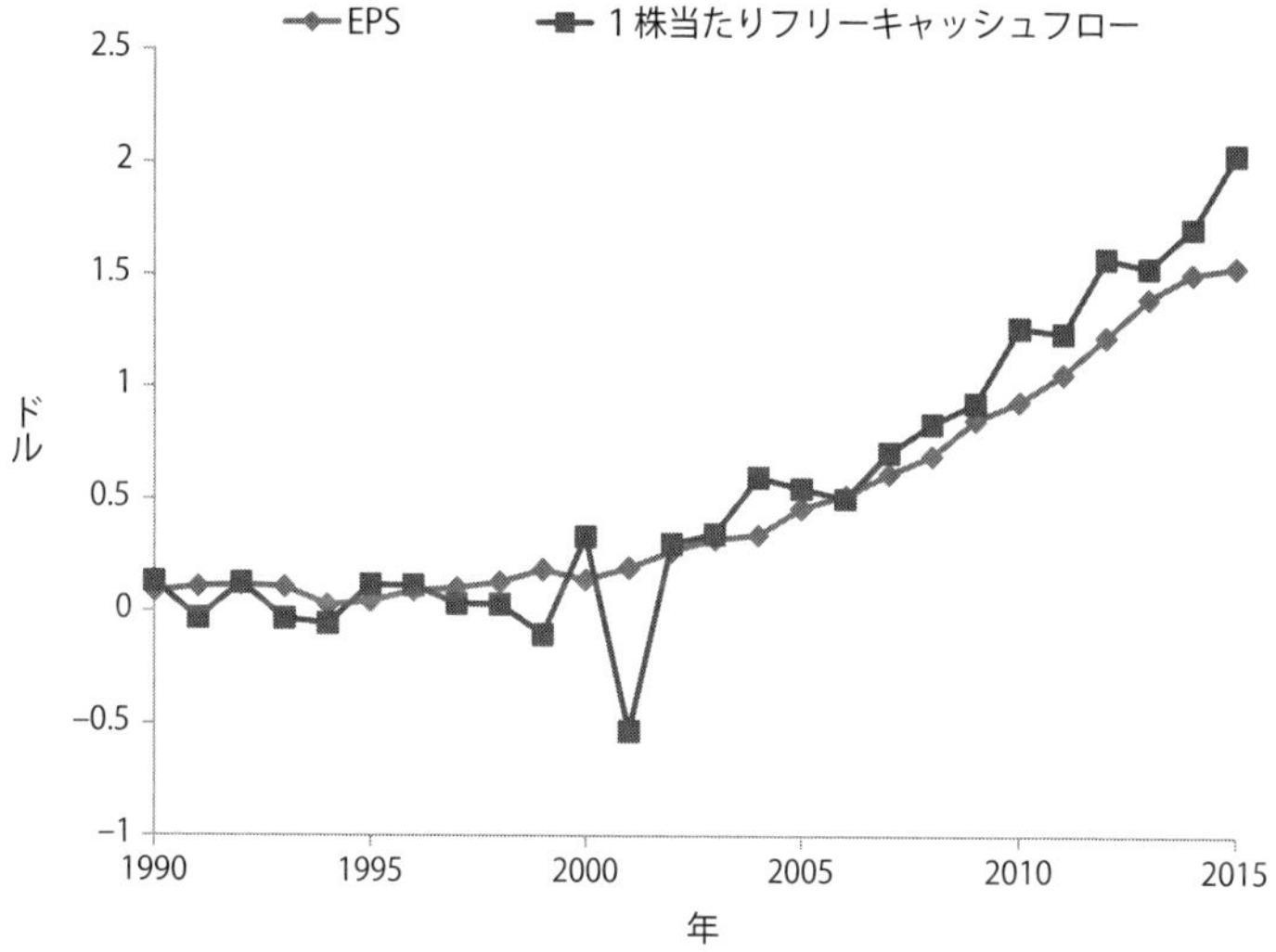

業は事業も利益も着実に伸びているが、フリーキャッシュフローは変動が大きい。

$E(0)$にどれを使うかを決める際、一回かぎりの影響の大きさを意識する必要がある。利益を使えば、事業の売却や税金の払い戻しによる一回かぎりの増加や、在庫かほかの資産の評価切り下げによる一回かぎりの減少によってゆがめられる可能性がある。フリーキャッシュフローを使えば、その年にどれだけの出費をするかという経営陣の判断に大きく左右されるため、もっと不規則に変動することがある。数年単位で利益をならせば、もっと良い数字が得られる。グルフォーカスでは、過去一二カ月で経常外損益を外した利益を初期値として使っている。

安全域

安全域の定義は、

安全域＝（内在価値－株価）÷内在価値

これは内在価値と、投資家が内在価値に対して払う気がある株価との差だ。

よくある質問は、どれくらいの安全域なら、株式を買うのに十分かというものだ。これで十分ということはない、が答えだ。大きいほど良いのだ。

私たちには申し分のない方程式があり、内在価値を望むどんな正確さにでも計算できるように見える。だが、実際には、割引率、成長率、事業の存続期間などに入力したパラメーターと同じ程度にしか正確に計算できない。それらは長期で見た事業の性質や経営陣などの要素、それに何よりも将来の税率やインフレといった外部要因に影響を受ける。すべては将来に関することであり、それらは不確かなことが多い。必要な安全域は、これらの要素に対してあなたがどの程度の自信を持っているかによる。

さらに、企業の内在価値はけっして固定されてはいない。事業の進展に合わせて、絶えず変化する。景気動向に左右されにくく、有能な経営陣がいれば、内在価値を急速に高めることができるが、景気の影響を受けやすい事業であれば、内在価値が急速に落ちかねない。この点を確かめたければ、シアーズ、ＪＣペニー、ブラックベリーなど多くの企業は事業価値を下げているのに対して、バフェットがバークシャー・ハサウェイの内在価値をいかに高めたかを考えてみるとよい。

私は投資家がＤＣＦの計算を信じすぎるのを見てきた。私たちはときどきグルフォーカスのユーザーから質問を受ける。自分で内在価値を計算すると一株当たり六〇・〇一ドルになるのに、グルフォーカスのＤＣＦ計算ツールでは一株当たり五九・九九ドルになるのはどうしてなのか、といった質問だ。内在価値の計算では不確かな要素がたくさんあり、どんな結果も単なる推測にすぎないのだから、誤差は六〇ドルに対して二セントよりもずっと大きい。計算をするのは、内在価値がどれくらいかを大まかに知るためだ。ジョン・ケインズが、「正確に間違えるよりも、大まかに正しいほうが良い」と言ったことを思い出そう。

私はＤＣＦ法をまったく受け入れない投資家も見てきた。ＤＣＦ法の評価できる点は、業績が比較的安定している企業ではかなり妥当なバリュエーションが得られるところだ。バフェットが最近行った買収の判断から、それが分かる。グルフォーカスのＤＣＦ計算ツールでＢＮＳＦ鉄道の内在価値が一株当たり九一ドルだった二〇一〇年に、バークシャー・ハサウェイはこの企業を一株当たり一〇〇ドルで買収した。ツールでルーブリゾールの内在価値が一株当たり一一四ドルだった二〇一一年に、バークシャーは一株当たり一三五ドルでこの企業を買収した。

二〇一六年には、バークシャーは一株当たり二五〇ドルでプレシジョン・キャストパーツを買収した。このときのＤＣＦツールでは一株当たり二四九ドルと推定していた。

ＤＣＦ法の不確実性を考えると、安全域は大きいほうが明らかに良い。内在価値よりも割安で買える株式のほうが、投資家により高いリターンをもたらしてくれる。この内在価値に株価が追いつけば、良いリターンが得られる。内在価値を正しく判断していれば、割安で買うほど、より高いリターンが得られるかもしれない。

もちろん、買いたい株式が自分の望む株価で売られることはあまりない。投資家はドナルド・ヤックマンがしたように、自分の投資にハードルを設定する必要がある。私たちが払いたい株価と手にする価値の最低限の差をこのハードルに設定してもよい。このハードルが安全域だ。

逆ＤＣＦ法

逆ＤＣＦ評価法はその名のとおり、ＤＣＦ法の逆だ。事業の内在価値を計算するのではなく、現在の株価を正当化するために将来の成長がどれくらい必要かを見ようとする。

このツールの、パラメーターの初期値は次のとおりだ。

●ＥＰＳ　過去一二カ月のＥＰＳ（私たちはここでもフリーキャッシュフローの代わりに利益

を使う）

●成長期間と残存期間の年数　一〇年
●残存期間の成長率　四％
●割引率　一二％

これらのパラメーターはグルフォーカスのＤＣＦ計算ツールと同じだ。これらはすべて変えることができる。どれかを変えたら再計算される。

期待成長率が計算されたら、それを過去の成長率と比べて、検討している企業がその成長率を達成できそうか自問しよう。計算した成長率が過去の成長率よりも高ければ、株価は割高かもしれない。逆に、過去の成長率よりも低ければ、株価は割安かもしれない。

ＤＣＦの計算と同様に、逆ＤＣＦも黒字をずっと維持していて、売上高と利益の成長率が予想できる企業でしか使えない。興味深いことだが、二〇一三年三月にグルフォーカスで逆ＤＣＦのツールを発表したとき、アマゾン・ドット・コムの成長率がどうして無限大になるのか、とユーザーから尋ねられた。二〇一三年三月には、アマゾンの利益の初期値に、二〇一二年の一株当たり利益を使っていて、それがマイナス九セントだったからだ。利益がマイナスの企業にはＤＣＦ法は使えないし、逆ＤＣＦ法を使えば、どんな成長率でも現在の株価を正当化できないという答えが返ってくる。

アップルの場合は、二〇〇六年から二〇一六年までの一〇年間に売上高は年率三四%、利益は年率四七%で成長していた。今後一〇年間、年率二〇%で成長すれば、DCF計算ツールでは一株当たり二四三ドルの価値があるという答えが返ってくる。これは現在の一株当たり一〇八ドルの株価よりもはるかに高く、五六%の安全域が得られる。逆DCFツールで現在の株価一〇八ドルを入力すれば、この株価を正当化するためには今後一〇年間に年率七・六%で利益を成長させる必要があると返してくる。アップルは今後一〇年間、年率七・六%で成長できるだろうか。この企業の成長は過去一二カ月に大幅に減速している。以前のような成長を取り戻すだろうか。これは逆DCF計算ツールを使うときの最も難しい問題だ。

適正なPER

ベンジャミン・グレアムとバフェットは内在価値について詳しく話していたが、ピーター・リンチはこの用語をめったに使わなかった。彼は株式のバリュエーションをPERで測るのを好む。成長している企業のPERは適正だ。利益と利益成長を正当化するためには、適正なPERのときに投資すべきだ。

適正なPERと内在価値の計算は、実は同じことについて語っている。内在価値の方程式は次のとおりだ。

$$内在価値 = E(0)\,x\,(1-x^n) \div (1-x) + E(0)\,x^n y(1-y^m) \div (1-y)$$

適正なＰＥＲを計算するための方程式は次のようであるべきだ。

$$適正なＰＥＲ = 内在価値 \div E(0)$$
$$= x(1-x^n) \div (1-x) + x^n y(1-y^m) \div (1-y)$$

したがって、内在価値と同様に、適正なＰＥＲは企業の将来の成長と割引率に依存している。前に述べたように、割引率を一五％、成長期間と残存期間を一〇年、成長率を四％と仮定すると、得られる適正なＰＥＲは比率では成長率に近い。これはリンチの経験則だ。つまり、成長している企業の適正なＰＥＲは利益成長率とほぼ同じである。[5]割引率を低くすれば、適正なＰＥＲは高くなる。これが、私たちが現在置かれている状況だ。金利は歴史的な低さだ。そのため、すべての資産の期待リターンは下がり、バリュエーションは高くなる。

内在価値の成長

前にも言ったように、企業の内在価値はけっして固定した数字ではない。事業の展開につれて変わっていく。競争優位性を維持しつつ、収益力を高め続ける企業ほど、内在価値が高くなる。

例えば、バフェットが一九七二年にシーズ・キャンディーを買収したとき、内在価値は実は五五一〇万ドルだった。これは一九七二年から一九九九年までの二七年間の企業の利益を、年率二五％の割引率で割り引いた額の合計だ。一九九九年になったとき、シーズは一九七二年と似た状況にあった。DCF法で予測するときのように「残存期間が終わる（寿命が尽きる）」のではなく、過去二七年にしたことを問題なく繰り返せるように見えた。ただし、シーズはずっと多くのお菓子をはるかに高い値段で売っていた。そのため、この企業の価値は大幅に上がっていた。同じ二五％の割引率で見ると、金額でそれまでの一八倍のお菓子を売っていたので、その価値は一九七二年の一八倍になっていた。そして、お菓子をさらに二七年売ることに何の問題もないように思われた。一九九九年から一七年が過ぎて、シーズは今後もお菓子を売り続けるように見える。そして、この企業の価値はいっそう高くなっている。これが内在価値の成長だ。

もちろん、シーズがより多くのお菓子をより大きな利益で売り続けて、事業価値を高めた一方で、価値を破壊して破綻した企業もある。ラジオシャックやブロックバスターやサーキットシティを覚えているだろうか。

バリュー投資家は成長を十分に評価しない、という俗説がはびこっている。金融市場は投資家をいくつかのカテゴリーに分ける。バリュー投資家、成長株投資家、モメンタム投資家などだ。実際には、バリュー投資家は成長が大好きだ。私たちが一ドル紙幣を五〇セントで買いたいというのは事実だ。成長している一ドル紙幣が五〇セントで買えれば、もっと好きだ。この種の成長は、本書で読者に買うようにと勧めている優良企業に見ることができる。

もちろん、私たちはその成長に、あるいは実績のない成長に余分なお金を払いたくはない。そこがおそらくバリュー投資家とその他の投資家の違いだろう。バリュー投資家は「バイ・アンド・ホールド」をして、事業とともに成長するか、事業が過小に評価されているときに「安く買って」、過大に評価されたら「高く売る」ことを目指している。成長株投資家は、利益が急成長する可能性があるが、必ずしもその実績はない「新興」成長企業を探す。モメンタム投資家は「高く買って、より高値で売る」ことを目指す。だが、何かを二ドルで買って、それを三ドルでほかのだれかに売ろうとするのは投資ではない。それは投機だ。

また、私たちは成長のために絶えず資本増強が必要で、成長するにつれて損失が膨らんでいく企業には投資したくない。理解しがたいと思うかもしれないが、これは現在の市場で起きている。多くの企業が「ユニコーン企業（評価額が一〇億ドル以上の非上場のベンチャー企業）」

になっていて、それは珍しいはずだが、今ではもはや珍しくもない。それらは何百億ドルにも評価されていて、損失を拡大させながら「成長」している。彼らは多額の資金を使い、顧客の気を引き、競合他社の資金力が自社よりも劣ることを望んでいる。それは底辺への競争であり、私たちがそれに対してお金を払いたくなるたぐいの成長ではない。

私はジミー・カーター大統領の任期中にエネルギー長官を勤めたジェームズ・シュレシンジャーについての話を思い出す。[6] 彼はハーバード大学で経済学の博士号を取り、バージニア大学で一時期、教えていたことがある。二人の学生が資本主義に関する彼の考えに強く影響され、卒業と同時に事業を立ち上げた。やがて、彼らはバージニアの農園で薪を買い、それを薪の需要が多い首都のワシントンに運んだ。事業が急成長したので、彼らは熱に浮かされたように昼夜を問わず働いて、需要を満たした。だから、運転資金の不足のためトラックを差し押さえた、という報告を銀行から受けると、とても驚いた。彼らは木材を一コード（約四立方メートル）につき六〇ドル支払って、それを五五ドルで売っていたのだ。彼らは心配になり、教授のところに行って、自分たちはどこで誤ったのかと尋ねた。教授は長い間パイプをふかしたあと、「もっと大型のトラックを買うべきだったんだ」と答えた。

この話で少し内容が異なるものもあり、ハワード・マークスが最近のメモで語っている。[7] 要するに言いたいことは、製品やサービスを経費以下の価格で売っていれば、事業が拡大すればするほど損をするということだ。それは私たちが投資したい分野ではない。

チャーリー・マンガーが言ったように、「賢明な投資はすべてバリュー投資である」[8]。

優良企業の株式が安値で売られることなどあり得ようか

事業が好調であれば、株式市場はそれに気づいて高く評価するだろうか。これはもっともな疑問だ。優良企業の株式が安値で売られることはめったにない。ほとんどの時期、特に市場が堅調なときにはそれらの価値に気づかれるからだ。しかし、市場にはさまざまな人が参加している。買い手、売り手、空売り筋、長期投資家、デイトレーダー、株式ブローカー、メディア、それに仕手筋だ。彼らはだれもが利益を得るという同じ目的のために集まっている。しかし、目的を達成する方法はそれぞれ異なる。だから、企業の価値はほとんど変わらないのに、株価はかなり短期間に五〇％以上も変動することがある。準備を怠らない人には、そこが投資機会になる。

また、市場が堅調でない時期もある。そういう時期は長期投資家にさらなる投資機会をもたらす。これらの荒れる時期は三つに分類できる。一つ目は市場全体に動揺が広がる時期だ。これはたいてい、景気が悪化して相場が暴落したときに起きる。投資家は大損をして、相場が永遠に下げると思い込む。そのため、彼らは企業の質にかかわらず、狼狽売りに走る。この時期には、最も優れた企業の株式でさえ格安で取引される。過去一六年間にこうしたことが二度起きた。二〇〇一年と二〇〇八年の不況の時期だ。どちらも、かなりの期間続き、優良企業の株式を安く買う多くの機会を投資家にもたらした。この時期は最も簡単に、とても優れた企業の株式を格安で買うことができる。

二つ目は、市場全般はかなり堅調だが、ある業界全体が苦境に陥っている時期だ。特定の業界が敬遠されていて、そこに属する銘柄は市場全般や業界の過去の平均よりも安値で取引されている。この時期、その業界には投資機会がある。これは一九九〇年代後期のバブルのときに起きた。従来型産業の株価の多くは低位に放置されていたが、ハイテクバブルが二〇〇〇年代初期にはじけると、それらは急騰した。昨年はエネルギー株がたたき売られて、過去一〇年の平均株価を大きく下回っていた。

三つ目は市場は全体として落ち着いていて、あなたが投資したい業界にはその機会があまりない時期だ。この時期に投資するのはかなり難しいが、仕手筋か有力な投資会社の動きによって、多少の機会が訪れるかもしれない。フェアファクス・フィナンシャルを覚えているだろうか。市場全般が上げているときに、空売り筋による攻撃で株価は五〇％下げた。二〇一二年に空売り筋が人気のある金融ウェブサイトを次々に攻撃する記事を発表すると、保険業界向けソフトウェアメーカーのイービックスの株価は一年以内に六〇％以上も下げた。また、ゴールドマン・サックスが二〇一六年一月にチャーチ・アンド・ドワイトを格下げすると、堅実な経営をしているのに、株価は五％下げた。

ほかの理由で、市場に動揺が広がる時期がある。ジョン・テンプルトン卿の甥の孫娘で、『**テンプルトン卿の流儀**』（パンローリング）の著者であるローレン・テンプルトンが数年前にそれらのリストをまとめた。[9]

- ●真珠湾攻撃（一九四一年）
- ●朝鮮戦争（一九五〇年）
- ●アイゼンハワー大統領の心臓発作（一九五五年）
- ●ブルーマンデーの株価大暴落（一九六二年）
- ●キューバ危機（一九六二年）
- ●ケネディ大統領の暗殺（一九六三年）
- ●ブラック・マンデーの株価大暴落（一九八七年）
- ●ユナイテッド航空のＬＢＯ（レバレッジドバイアウト）の失敗（一九八九年）
- ●湾岸戦争（一九九〇年）
- ●メキシコ通貨危機（一九九四年）
- ●アジア通貨危機（一九九七～九八年）
- ●アメリカ同時多発テロ事件（二〇〇一年）
- ●金融危機（二〇〇八～〇九年）

さらに、最近の次のような出来事を加えることもできる。

●欧州債務危機（二〇一〇～一五年）
●アメリカのデフォルト危機（二〇一一年）
●エボラ出血熱の流行（二〇一四年）
●欧州連合からのイギリス脱退の国民投票（二〇一六年）

二〇一四年にエボラ出血熱が流行したとき、アメリカ人で感染した人は幸いなことにわずか一一人で、そのうちの九人は国外で感染していた。それでも、市場には動揺が広がり、あっという間に一〇％下げた。

こうした出来事に反応するために、どういう準備をすればよいだろうか。ローレン・テンプルトンが言ったように、「一にも二にも準備」だ。

また、チャーリー・マンガーは言った。「備えあれば、機会は訪れる。そういうゲームなのだ。機会はたびたび訪れるわけではない。それが現れたら、つかむことだ」と。だから、好機が訪れたら素早く動こう！

もちろん、ほかのだれもが売っているときや大手証券会社が格下げをしたときに、その株式を買うのは簡単ではない。しかし、このときにこそ他人とのパフォーマンスに差がつくのだ。自分が買いたい銘柄の事業の性質を理解して、いくらなら買いたいと思えるかを調べよう。自分の調査に十分な自信を持ち、機会が訪れたときに動けるだけの確信を持てるようにしよう。投資家が成功するために一番必要なのは自立した考えだ。そして、自立した考えは知識と勤勉の上に築かれる。

必要な自信をつけていなければ、株には手を出さないことだ。しっかりした調査を行って、買いたい銘柄の監視リストを作り、いくらなら買ってよいかが分かれば、やがて機会は訪れるだろう。

優良企業を割安で買うほうがずっと良くないか

優良企業を安く買えるのなら、もちろんそのほうが良い。しかし、そういう時期はほとんどない。バークシャー・ハサウェイを経営していた若いころ、バフェットは、「優良企業を格安」で買おうとしていた。バークシャーが成長して、投資資金が大幅に増えると、彼は次第に、「優良企業を割安」で買おうという方針に切り替えていった。その後、彼は再びそれを、「優良企業を適正な価格」で買うという方針に切り替えた。彼が考えを変えたのには二つの要因がある。一つは、彼のポートフォリオがあまりにも巨額になったので、大企業にしか投資できなくなったことだ。[10]もう一つは、市場の状況だ。市場全般が割高に評価されている時期に、割安な優良企業を見つけるのは単純に不可能だからだ。

　私たちのほとんどはバフェットのように資金が多すぎて困るということはない。私たちはただ辛抱強く機会を待つ必要があるだけだ。だが、いくらが適正価格なのだろうか。長期投資によって市場平均を上回るリターンを得られるときが適正価格だ。適正価格で買うということは、株価が内在価値まで上昇したときのリターンは得られない、ということだ。リターンはその企業の内在価値の成長からしか得られない。買っているのが優良企業なら、市場平均よりも速く価値を成長させることができるので、投資家は報われる。

　だから、そこそこの企業を安く買うよりも、優れた企業を適正価格で買うほうがはるかに良いのだ。ただし、優良企業であっても割高なときに買うのは良くない。ウォルマートとコカ・コーラの例を覚えているだろうか。あまりにも割高なときに買えば、たとえ企業が市場平均よりも速く価値を成長させていても、株価は内在価値に向かって下げていく。

まとめ

　ＤＣＦ法と適正なＰＥＲを示すために、私はこの章で数式を使った。そのため、株価の評価は難解だと感じたかもしれない。だが、それは違う。式そのものは単純で、計算用のツールはオンラインで簡単に利用できる。大切なことは、どういうパラメーターを使うべきかを決めることだ。そして、それには企業が行っている事業をしっかりと理解することが必要になる。パラメーターを慎重に選ばなければ、ＤＣＦの計算をしても無意味だ。

さらに、企業評価の方法はたくさんある。ＤＣＦの計算はその一つにすぎない。しかも、これは売上高と利益が予測できる少数の企業にしか適用できない。ＤＣＦ法であれ、ほかの計算法であれ、それらを使う目的はその株式の適正な株価を大まかに知るためだ。常に安全域を持つようにしよう。

買うだけの価値がある優良企業の株式が見つけられない時期もときどきある。そういうときには準備に時間を割き、市場に機会が現れるまで待とう。そして、どんな計算をするときにも、覚えておこう。投資家は常に企業の事業内容を見て、一つの問いに答える必要がある。これは自分が買いたいと思える優良企業なのだろうか、と。

優良企業の株式だけを妥当な株価で買おう。

第6章　優良株を買うためのチェックリスト

「たどる道が申し分なければ、どこに向かうかは尋ねないでおこう」――アナトール・フランス

これまで三つの章を費やして、優良企業と適正価格について検討してきた。その考え方そのものは単純だが、細かい点に踏み込むと複雑だ。そこで、この考え方と過程を簡単なチェックリストにまとめておきたい。

どういう投資をするかに関係なく、すべての投資家は自分のチェックリストを作るべきだ。アトゥール・ガワンデが彼のベストセラー『アナタはなぜチェックリストを使わないのか？』（晋遊舎）で詳しく説明したように、[1]チェックリストは医療と航空業界で広く使われてきた。それがあれば、複雑な手続きが単純化できるので、医者とパイロットが落ち着きと規律を保つのに役立つからだ。

ラガーディア空港からシャーロットに向かって離陸したＵＳエアウエーズ一五四九便が鳥の

大群に衝突して、両エンジンが停止したとき、サリー・サレンバーガー機長の体験記『機長、究極の決断』（静山社文庫）によると、彼が最初にしたことはチェックリストを取り出すことだった。[2]人間である以上、間違いは避けられない。チェックリストを使うことで誤りが見つかり、規律を保ちながら踏むべき手順を設定して、損失を防ぐことができる。

ヘッジファンドのマネジャーで、**『ダンドー』**（パンローリング）の著者のモニッシュ・パブライは株式の購入を飛行機の離陸に例える。多くの成功した投資家は呼び方はさまざまだが、投資プロセスの指針に使う自分用のチェックリストを持っている。例えば、ベンジャミン・グレアムの著名な弟子であるウォルター・シュロスは、四五年間に複利で年平均一五・三％のリターンを達成している。この期間のS＆P５００のリターンは一〇％だった。そして、彼は投資の際には自分で決めた一六のルールに従っていた。それにはバリュエーション、規律、確信、レバレッジが含まれる。[3]成長株投資の父のフィリップ・フィッシャーは興味を持った企業について、必ず一五の質問を自分にする。彼は著書の**『株式投資で普通でない利益を得る』**（パンローリング）で、これら一五の質問について詳しく述べている。それらには市場の潜在需要、経営陣、研究開発の効率性、利益率、労使関係、自社株買いが含まれる。[4]ピーター・リンチは各企業について問う多くの質問をリストにしている。それは企業の置かれている状況の違いに応じて異なることもある。[5]

妥当な価格で優良企業を買うためのチェックリスト

ここでは、私たちが適正価格で優良企業に投資する際に問う質問をまとめた。これらはこれまでの章で詳しく検討してきたものだ。

1. 私はこの事業を理解しているか。
2. 企業を守る経営上の堀があるおかげで、今後五年から一〇年間、同じか類似した製品を売り続けることができるか。
3. この業界は変化が激しいか。
4. この企業には多様な顧客基盤があるか。
5. 固定資産が少ない事業か。
6. 景気循環に大きく影響される業界か。
7. この企業にはまだ成長の余地があるか。
8. 過去一〇年間、好景気のときも不景気のときも常に利益を出し続けてきたか。
9. 営業利益率は安定して二桁を維持しているか。
10. 利益率は競合他社よりも高いか。
11. 一五％以上のＲＯＩＣ（投下資本利益率）を過去一〇年にわたって維持しているか。

12. 一貫して二桁の成長率で、売上高と利益を伸ばしてきたか。
13. 財務基盤がしっかりしているか。
14. 経営陣は自社株をかなり保有しているか。
15. 経営陣の収入は似た規模の他社と比べてどうか。
16. インサイダーはこの企業の株式を買っているか。
17. 内在価値やＰＥＲ（株価収益率）で測った株価は妥当か。
18. 歴史的に見て、現在のバリュエーションはどうか。
19. これまでの不況期に株価はどうだったか。
20. 自分の調査にどれくらいの自信があるか。

最初の一九の質問では、事業の性質（1～7）、業績（8～12）、財務基盤（13）、経営陣（14～16）、バリュエーション（17～19）に焦点を当てている。

最後の質問は、あなたが自分の調査についてどう思っているかについてだ。これは調べている企業と直接は関係ないが、自分自身を分析しておくのは極めて重要だ。株式を買ったあとに株価が突然、五〇％下落したとき、どう動くかはそれで決まる。どれくらい自分の調査に自信があるかで、同じ五〇％の下げが正反対の行動の引き金になる。自分の調査に自信があれば、五〇％の下げは半値で株式を買い増す願ってもない機会になる。自信がなければ、恐れをなして五〇％の損をしてでもおそらく売るだろう。

信じてほしい。こういうことが起きるのは自分が意中の株式を買ったあとであり、矛盾するようだが、自分が買ったあとにしか起きないのだ。だから、心の準備が必要なのだ！

警告シグナル

家を買うときには場所や広さ、ベッドルーム数や浴室数など、チェックリストの条件を満たしているかを確かめるだけでなく、基礎、電気系統、空調、配管に隠れた問題がないかも確かめておきたい。そう考えて、人々は不動産の査定をする。銘柄選びでも、条件を満たす銘柄を選び出すためのチェックリストに加えて、自分の望まない点がないかも調べておきたい。グルフォーカスでは警告シグナルの機能も開発した。ここでは、企業の財務基盤と業績について徹底的に査定をする。これらは企業ごとに示される。この機能は、見落とした可能性がある警戒すべき点について注意を促すためのものだ。これらの警告が出ているからといって、必ずしもその銘柄を買わないようにと言いたいのではない。投資をする前に、警告に気づいてそれを受け入れておくべきだと言いたいのだ。

この機能は次の点について検討している。

●財務基盤の強さ

企業の財務基盤についてはインタレスト・カバレッジ・レシオ、売上高借入金比率、アルトマンZスコアで測った債務負担率で並べられて、一から一〇までランク付けをする。八以上の評価は財務基盤が強いことを表す。アルトマンZスコアについてはあとで取り上げる。

アメリカ企業の財務基盤の分布は図6－1に示している。当然ながら、企業の大部分は平均的な強さだ。評価が七以上の企業は財務面では強いと考えられる。

評価が四以下であれば、投資家は破産リスクに気をつける必要がある。この評価になると警告シグナルが点灯する。

●収益性のランク

企業の収益性は営業利益率、ピオトロスキーのFスコア、営業利益率の傾向、一貫して利益を出しているかに基づいてランク付けをしている。ピオトロスキーのFスコアについては、あとで説明する。

アメリカ企業の収益性ランクの分布は、図6－2に示している。四以下の評価の企業は収益性について警告シグナルが点灯する。

●一〇年、五年、三年、一年間の売上高と利益の成長率

図6-1　財務基盤の強さの分布

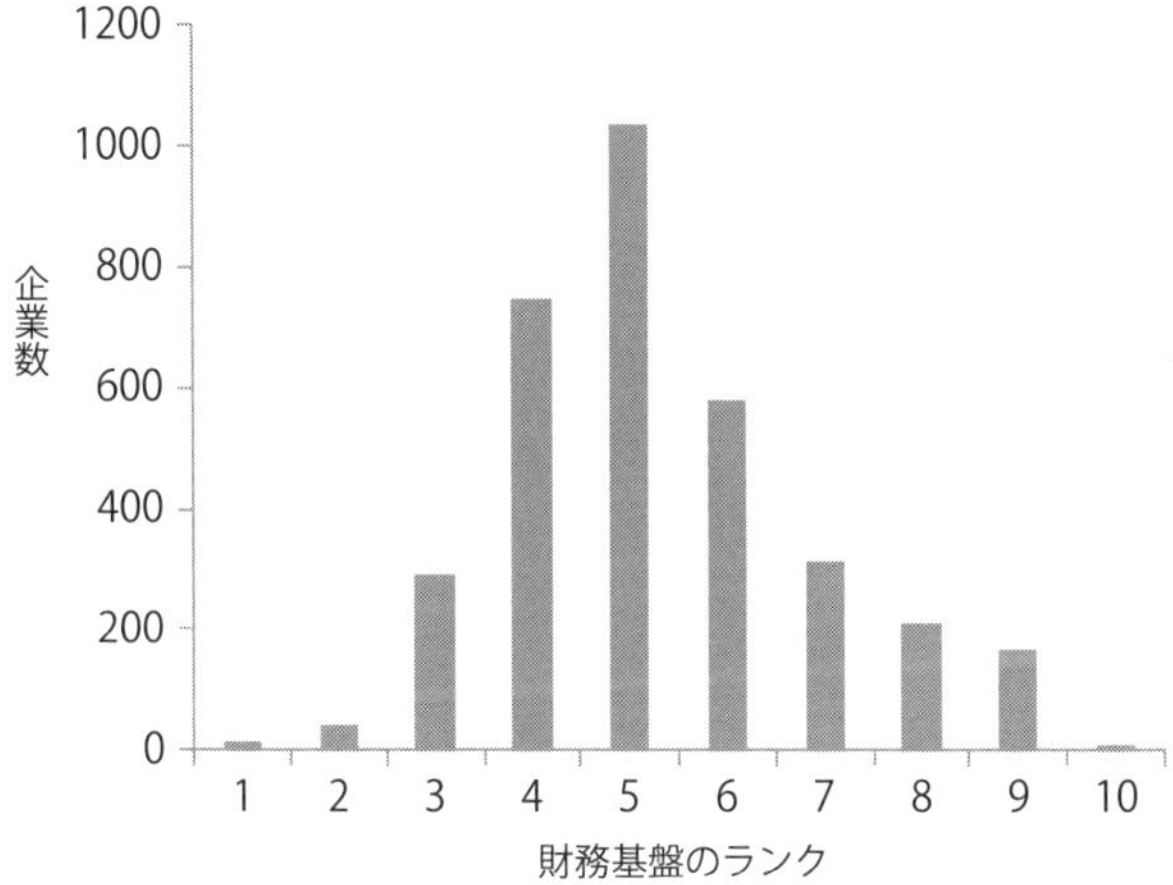

これは特定の期間に、企業の売上高か利益が減っているかどうかを調べるものだ。減っていれば、警告シグナルが点灯する。

●営業損失

これはその企業が過去一〇年間に営業損失を出したかどうかを見るものだ。損失を出していれば、警告シグナルが点灯する。

●売上総利益と営業利益の成長率

これは売上総利益と営業利益の成長率が下がっているかどうかを見る。どちらかの成長率が下がっていれば、警告シグナルが点灯する。

図6-2　収益性の分布

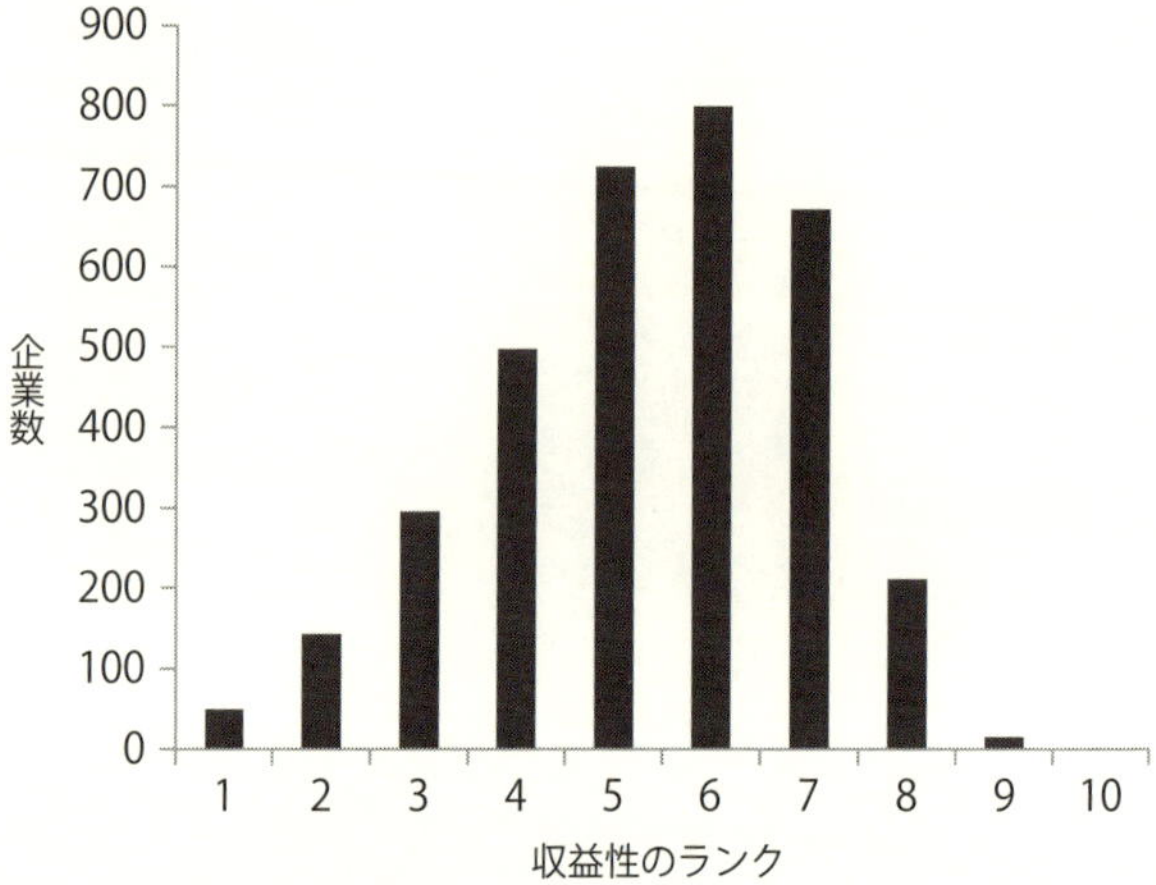

●固定資産が売上高よりも速く増えている

固定資産が売上高よりも速く増えていれば、特に固定資産の増加が借り入れによるものならば、企業の効率性が落ちていることを意味する。二〇〇八年五月に、GMOのファンドマネジャー、ジェームズ・モンテールは、投資機会を見つけることができなかった。彼は空売りについて、『マインド・マターズ（Mind Matters：Joining the Dark Side：Pirates, Spies and Short Sellers）』という記事を書いた。そして彼の研究で、理想的な空売り候補の企業には次の三つの特徴があることを発見した。[6]

1．高PSR（株価売上高倍率）の株式
2．低Fスコアの企業

3．固定資産が二桁で増えている企業

彼はこれらの特徴のいずれかを持つ企業の株式は市場平均を下回ることを発見した。これが警告シグナルが点灯する理由だ。

●売上債権回転期間

売上債権回転期間は商品の販売後にどれだけ早く売上金を回収できているかを測る。これは売掛金の管理がどれほどうまくいっているかを示す比率だ。ここでは、過去一二カ月の売掛金回転日数の平均を過去五年の平均と比べる。過去よりも日数が長ければ、警告シグナルが点灯する。売上債権回転期間が長いということは、販売後の売上金の回収が遅れているか、掛け売りをしていることを意味する。

●棚卸資産回転率

棚卸資産回転率は在庫をどれだけ素早く販売しているかを測る。回転率が遅くなっていれば、販売に苦労していることを意味する。ここでは、過去一二カ月の棚卸資産回転率の平均を過去五年の平均と比べている。回転率が遅くなっていれば、警告シグナルが点灯する。

連休には通常よりも売り上げが伸びるため、小売業者は普通、連休前に在庫を増やす。そのため、回転率は前年同期と比べる必要がある。

●決算報告書の利益とオーナー利益との差

オーナー利益とは、ウォーレン・バフェットが一九八六年の株主への手紙で導入した概念だ。[7] これによって企業が既存の事業から株主のために稼ぐ真の利益を測る。これは決算書から推定される数字だ。オーナー利益と決算書の利益との間に長期的に開きがあれば、警告シグナルが点灯する。

●純利益とフリーキャッシュフローとの差

オーナー利益と同様に、フリーキャッシュフローは事業から得られるネットキャッシュを測る。両者の間に長期的に開きがあれば、警告シグナルが点灯する。

企業が急成長しているときには通常、利益を事業に再投資するため、フリーキャッシュフローが減る。だからといって、必ずしもその企業に問題があるわけではない。

●ROICよりも資本コストのほうが大きい

これまで、ROICについてはたびたび言及してきた。ROICが資本コストよりも大きいときにのみ、企業は本当にリターンを生み出している。チェックリストでは、資本コストがR

ＯＩＣを上回れば、警告シグナルが点灯する。

●社債の発行

企業が社債を発行し続けているのならば、それはおそらく事業に必要な資金を十分に生み出せていないことを意味する。これはもちろん、警戒すべき兆候だ。負債を増やせば、企業の売り上げは伸びるかもしれないが、債務負担は重くなり、財務基盤は弱くなる。

●新株の発行

同様に、企業が新株を発行し続けるということは、おそらく事業に十分な資金を振り向けるだけのキャッシュを生み出せず、借り入れもできないことを意味する。これも警戒すべき兆候だ。発行株数が増えるほど、既存株主の持ち株比率は低下する。

株価が非常に割高であれば、新株の発行は既存株主の利益になる。この警告シグナルでは、企業が新株を発行するときの株価については考慮していない。

●アルトマンＺスコア

アルトマンＺスコアは一九六七年に、ニューヨーク大学経営大学院のエドワード・アルトマン教授が考案した。[8] 彼の研究によると、このスコアで二年以内の破産リスクが正確に予測できることが明らかになった。そのため、これは企業の財務基盤の尺度にもなるので、私たちは企業の財務基盤のランク付けに使っている。これは企業の運転資金、内部留保、時価総額などから計算される。この計算と説明の詳しい例は次のリンク先「http://www.gurufocus.com/term/zscore/WMT/Altman-Z-Score/Wal-Mart-Stores-Inc」で見ることができる。

このスコアがあまりにも低ければ、警告シグナルが点灯する。

●ピオトロスキーのFスコア

ピオトロスキーのFスコアは二〇〇〇年にシカゴ大学ジョセフ・ピオトロスキー教授によって考案された[9]。これは九つの指標を使って、企業の収益性、収益性の変化、財務レバレッジ、効率性、利益の質などを測るものだ。企業ごとに〇から九までのスコアが付けられる。スコアが高いほど良い。スコアが低すぎると、警告シグナルが点灯する。

Fスコアの計算の詳しい例は、「http://www.gurufocus.com/term/fscore/WMT/Piotroski-F-Score/Wal-Mart-Stores-Inc」で見つかる。

●ベネッシュのMスコア

ベネッシュのMスコアは決算書の利益の質を調べて、企業が利益操作をしているかどうかを見る指標だ。これは一九九九年にインディアナ大学のメソッド・ベネッシュ教授が考案した[10]。そして、売掛金、売上高、総利益、流動資産、減価償却、流動負債などの関係を見て、利益の質を判断する。高いスコアは企業が利益操作をしている可能性があることを示す。

Mスコアの計算の詳しい例は「http://www.gurufocus.com/term/mscore/WMT/Beneish-M-Score/Wal-Mart-Stores-Inc」で見つけることができる。

●スローンレシオ

スローンレシオは元ミシガン大学研究員のリチャード・スローンの一九九六年の研究から生まれた[11]。彼は企業の利益に現金以外の利益がかなり含まれていれば、株式のパフォーマンスが市場平均を下回ることを発見した。スローンレシオは営業資産に対する未実現利益の比率だ。したがって、スローンレシオは利益の質を測るのに用いることができる。このスコアが高ければ警告シグナルが点灯する。

スローンレシオの計算例は「http://www.gurufocus.com/term/sloanratio/WMT/Sloan-Ratio/Wal-Mart-Stores-Inc」で見つけられる。

●インタレスト・カバレッジ・レシオ

インタレスト・カバレッジ・レシオについてはすでに詳しく説明した。これは借入金の支払利息に対する営業利益の比率と定義される。この値が高いほど、債務負担比率は低い。したがって、これは財務の健全性の尺度でもある。この値が低ければ、警告シグナルが点灯する。

●配当性向

配当性向は一株当たりの年間利益に対する一株当たり年間配当の比率だ。配当とは株主に利益を現金で分配することだ。これは利益から支払われるものであり、利益で支えられる必要がある。企業の配当が常に利益の大部分（例えば、八〇％）を占めていたら、それは持続不可能かもしれない。

●浮動株の空売り比率

その企業の株式の空売り比率が高いと、警告シグナルが点灯する。第4章で、フェアファクス・フィナンシャルに対する空売り筋による攻撃の例を出した。そこでは空売り筋によって株価操作が行われた。しかし、空売り筋が正しいことも多い。企業は実際にウソをつく。そして、空売り筋は彼らの行為を監視できる。元シカゴ大学の研究員オーエン・ラモントは二〇〇三年の研究で、一九七七～二〇〇二年の空売り筋による攻撃後の三年間を見た。すると、企業が売り崩しか陰謀によるものだと示唆するか、空売り筋がウソをついていると言って無実を主張しても、株価は平均して四二％下げていた。[12] 空売り筋はたいてい正しかった。しばしば、ウソをついて投資家をだまそうと企んでいたのは企業のほうであり、空売り筋ではなかった！　空売り筋はほかの人々が知らないことを知っている可能性がある。

もちろん、空売り筋が必ず正しいというわけではない。二〇〇〇年代半ばのフェアファクス・フィナンシャルに対する空売り筋の攻撃や二〇一〇年代半ばのイービックスとハーバライフに対する注目を集めた空売り筋による攻撃例では、政府の調査によってこれらの企業は何も不正行為をしていないことが分かった。ただしどういう状況でも、空売り筋が言い、望んでいた額よりもはるかに少なかった。政府との和解金は空売り筋の主張を理解することは大切だ。彼らの多くは企業を攻撃して、短期的な利益を得るためにも株価操作をしてきた。いずれにせよ、空売り比率が高ければ、警戒すべき兆候だ。

●過去のレンジと比べた配当利回り

ここでは、過去一〇年、五年、三年、一年のレンジと比べた現在の配当利回りを見る。現在の配当利回りが過去最低の利回りに近ければ、警告シグナルが点灯する。通常は配当利回りが低いほど株価は高い。

●過去のレンジと比べた株価

ここでは、過去一〇年、五年、三年、一年のレンジと比べた現在の株価を見る。株価が過去の最高値に近ければ、警告シグナルが点灯する。

●過去のレンジと比べたバリュエーションの各比率――PER、PBR、PSR

この項目では、PER、PBR（株価純資産倍率）、PSRという各バリュエーションの比率が、過去一〇年、五年、三年、一年のレンジと比べてどの位置にあるかを見る。通常は、過去の値と比べて非常に高いときには、その株式を買わないほうがよい。これらの指標のいずれかが過去の最も高い値に近づけば、警告シグナルが点灯する。

●高い予想PER

予想PERは、現在の株価をアナリストが予想した来年度の利益で割って求める。予想PERが現在のPERよりも高ければ、ウォール街のアナリストは利益が下がると考えていることを意味する。これは警戒すべき兆候だ。もちろん、アナリストの予想が大きく外れる可能性もある。

●自社株買いと業績

企業が自社の株式を買っていれば、それは通常、良い兆候と考えられる。この項目では、過去の自社株買いと企業の業績を照合する。業績が良くなければ、警告シグナルが点灯する。これは企業の自社株買いの時期が適切でないことを意味する。

●**インサイダーのだれもが自社株を売り、彼らによる買いがないこと**

企業の重役たちが自社株を大量に売却していて、彼らの買いがまったくなければ、警告シグナルが点灯する。

●**税率**

原則として、企業が低い税率で支払うのなら、それは株主にとって良いことだ。しかし、利益が良いと言いつつ、低い税率で支払っているのであれば、投資家はその理由を知る必要がある。それはタックスヘイブンを利用しているせいなのか、利益の質が悪いからか、それともほかに理由があるのか。企業の支払う税率があまりにも低ければ、この警告シグナルが点灯する。

■　■　■　■　■　■

私たちは年に一回、定期健康診断を受けるように、以上の質問で企業を徹底的に診断する。どの企業でも、警告シグナルがまったく点灯しないということはあり得ない。これらの警告シグナルが点灯しても、その株式を買うかもしれない。しかし、買うときにはそれらを考慮に入れておく必要がある。

診断のための各問いは企業の財務データに基づいている。そのため、事業を自分で理解することや、その企業の製品、顧客、サプライヤー、競合他社、あるいは社員について知る代用として、これらの問いを用いるべきではない。警告シグナルは、自分が現在どの位置にいるかを確認する役割を果たすものだ。これらを自分で事業を理解する代わりに使うべきではない。数字とシグナルだけに注意を払って、事業そのものを無視すれば、次のジョークの経営コンサルタントに似た存在になるだろう。

熱気球で飛んでいる男性が突然、どこにいるか分からないことに気づいた。彼が高度を下げると、下に男がいるのを見つけた。そこで、熱気球をもっと下げて、「すみません。ここはどこですか」と叫んだ。

下の男は、「あなたは熱気球に乗ってこの野原の九メートルぐらい上に浮かんでいます」と言う。

「あなたはコンサルティング業界で働いているんでしょうね」と、気球に乗った男性は言う。

「そうです。どうして分かったのですか」

「まあ、あなたが話したことはすべて間違ってはいませんが、だれの役にも立ちませんから」

下の男性は言う。「あなたは経営者の方でしょう」

「そうです。でも、どうして分かったのですか」
「あなたは自分がどこにいるかも、どこに行こうとしているかも分かってませんが、私に助けてもらえると思っているからです。あなたは私たちが会う前と同じところにいますが、これは私のせいです」

事業をしっかりと理解すれば、これらの数字とシグナルは今、自分がどこにいて、どこに向かいそうかを理解する役に立つ。事業の理解が質を見ることを意味し、数字の理解が量的に見ることを意味するとすれば、調査に自信を持つためには両方が必要だ。

良い兆候

警戒すべき兆候とは逆に、企業が事業を改善しているか経営陣が自信を持っていることを示す良い兆候もある。これらの兆候は、株式を買いたいと思う優良企業に見られる特徴である財務基盤の強さ、利益率の高さ、売上高と利益の伸びの大きさを補う役目を果たす。

●利益率の上昇

長期にわたって利益率が着実に上昇していれば、それは経営が順調であることを強く示唆する。売上高を伸ばすにつれて、事業の運営がうまくなり、生産性が上がる。また、顧客の獲得コストはそれほど急速には増えないかもしれない。その場合は、売上高の伸びよりも利益の伸びのほうが速いので、利益率が上昇する。

長期にわたって着実に利益率が上昇すれば影響は大きい。例えば、自動車部品の小売業のオートゾーンは売上総利益率を二〇〇五年の四八・九%から、二〇一五年には五二%以上にまで伸ばすことができた。これは主として製品の仕入れ費用と経費の削減によって達成された。三%の差はたいした違いには見えないが、この売上総利益率の上昇のほとんどが営業純利益率の向上につながった。二〇〇五年に一七・〇八%だったのが、二〇一五年には一九・一七%まで伸びた。二〇〇五年を基準にすると、売上総利益率は一〇年で六・三%、伸びた。これは一見すると小さいと思えるが、それによって営業利益率の一二%という大幅な伸びにつながった。このため、過去一〇年間にオートゾーンの利益は売上高の伸びよりも速かった。ROICは二〇〇五年の三〇%から、二〇一五年の四六%に上昇した。この期間に株価は七〇〇%以上も上昇した。

どんな事業であれ、たとえ事業に変化がなくても、インフレになれば給料や賃貸料や維持管理費用が上昇するため、営業費は次第に増える。長期にわたって持続可能であるためには、売上高は少なくともインフレ率よりも高い伸び率でなければならない。

利益率の上昇には二つの要素がある。小売チェーンの例を使って、この点を説明しよう。新規出店で成長するチェーン店では、在庫管理、マーケティング、一般管理といった費用は店舗数ほど速くは増えない。新規に出店をするほど、利益率は上昇する。これは成長による利益率の上昇だ。チェーン店が新規に出店をしなくなっても、既存店の売り上げが伸びれば利益を増やせる。これは生産性の向上による利益率の上昇だ。

この二種類の利益の伸びは併存できる。企業は経費を抑えつつ成長しなければならない。生産性の向上によって利益率が上昇していれば、その事業に競争力と価格決定力があることを示唆する。

●自社株買い

企業は株主価値が希薄化する新株の発行ではなく、自社株の買い戻しを行う。通常、自社株買いは株主に価値を返す行為と考えられる。現在よりも少ない株数に対して利益を配分することになるため、自社株買いで株価は上がるかもしれない。

バフェットが指摘したように、自社株買いはどれも同じというわけではない。株式の内在価値を下回るときに自社株買いをする場合にだけ、企業の自社株買いに価値がある。内在価値を超えて自社株買いをすれば、長期的には既存株主の価値を損なう。だから、バフェットはバークシャー・ハサウェイで自社株買いをする際に、帳簿価額の一・二倍という上限を設けたのだ。

私たちは企業の自社株買いに関するあらゆる種類の行動を観察した。オートゾーン、ウォルマート、ムーディーズなどの企業は二〇〇〇年以降の毎年、自社株を買っている。これらの企業はバリュエーションにかまわず自社株買いをしている。また、ネットフリックスなどの企業はときどき自社株買いをしたが、ほかの時期にもっと多くの新株発行を行っている。現在のように金利が最低水準になっていると、自社株買いの資金を手当てするために、社債を発行する企業もある。

自社株買いをすれば、バランスシートの悪化は避けられない。自社株買いで株価は支えられるが、投資家は長期的な影響を見ておく必要がある。二〇〇〇年からの五年間に、当時は最大だった貯蓄貸付組合（S&L）のワシントン・ミューチュアルは数十億ドルを使って、自社株買いを行った。二〇〇八年に金融危機が発生すると、この企業は破綻して、資産を政府に差し押さえられ、株主は投資したお金をすべて失った。この企業がキャッシュを内部に留保していたら、はるかに良かっただろう。シアーズは二〇〇六年から二〇一三年までに五〇億ドル近く費やして自社株買いを行った。この企業は今となっては経営不振を乗り切るために借り入れに頼るしかない。時価総額は自社株買いに費やした金額の五分の一以下になっている。自社株買いによって得をしたのは、そのときにすべてを売却した人たちだけだった。ほかの株主は貧乏くじを引かされた。

●増配

配当額を引き上げている企業があれば、それはその企業が収益性に自信を持っていることを意味する。それは良い兆候だ。しかし、自社株買いと同様に、配当金を払えばバランスシートは悪化する。投資家は長期的な影響について考えておく必要がある。

●債務の返済

債務の返済はいつでも企業にとって良いことだ。ただし、財務レバレッジが下がるので、ROE（自己資本利益率）は落ちるかもしれない。

●インサイダーによる自社株の購入

リンチも指摘したように、インサイダーが自社株を買う唯一の理由は株価が上がると思っているからだ。学術的な研究でも、インサイダーのほとんどは長期のバリュー投資家であることが明らかになっている。彼らは自社が長期投資にふさわしいと思ったときに、自社株を買う。[13]

チェックリストは投資家が銘柄選びで規律を維持するのに役立つツールだ。警告シグナルと良い兆候は、投資家が企業をより深く理解して、自分の将来の行動をコントロールするのに必要な自信を築く役に立つ。

リンチはかつて提案したことがある。すなわち、投資家は自分が調査をして買うすべての銘柄についてノートを付け、それらを時間をかけて企業の業績と比較して、最初の投資アイデアがまだ有効かどうかを確かめるべきだ、と。[14] この章で説明したチェックリスト、警告シグナル、良い兆候も調査ノートに含めたほうがよい。

これらすべての手順を踏めば、判断の誤りや失敗が減り、多くのバリュー投資家が引っかかるバリュートラップ（割安のワナ）を避けられるだろう。

第7章 失敗、判断の誤り、バリュートラップ

「理由があって起きることもあれば、ある特定の時期に起きることもある」

――アナ・クローディア・アンツネス

これまで多くのページを割いて、優良企業の株式だけを買ったほうがよい理由を詳しく述べてきた。優良企業の株式を買えば、時間はあなたの味方になる。割安で買えたら、大きなリターンが得られる。適正価格で買っても、リターンは企業の成長とともに増えていくので、まだうまくいく。高値で買っても、事業価値の成長によって、やがては当初の費用を埋め合わせることができる。リターンは市場平均を下回るだろうが、それでもいつかお金を取り戻すことはできる。

一方、価値が下がっている企業の株式を買えば、永久に資金を失うリスクに直面する。だから、私は望ましくない企業の株式を格安で買うよりも、適切な会社の株式に少しだけ余分に支払いたいのだ。

株式市場では損の仕方もさまざまだ。投資の初心者は人気株に賭けて損をする。成長株に投資をする人は推測に基づく成長が長く続くと考えて、あまりにも高値で買ってしまう。バリュー投資をする人は格安な株式に引きつけられて、事業そのものの質を見落とす。株式市場はとにかく奇妙なところだ。だれかが売るたびに、ほかのだれかが買い、両者とも自分が正しいと思っているのだ！

投資にふさわしくない企業

市場が浮かれて楽観的なときに買い、動揺が広がってパニック状態に陥ったときに売れば、あっという間に多額のお金を失いかねない。あるいは、オプション、先物、信用取引でもそうだ。これらに手を出せば、ほとんどの銘柄で損をする可能性がある。たとえあなたが長期投資家で、市場が緩やかな上げ相場であっても、不適切な企業――破綻に向かっているか、生き残れたとしても、買値を正当化できるほどにはけっして成長しない企業――の株式を買えば損をする可能性がある。

次に、不適切な企業の兆候をまとめておこう。これらの警戒すべき兆候は前の章で述べたこととは異なる。以降では、企業の事業活動に焦点を当てる。事業運営に関するこれらの兆候のいずれかに気づいたら、どんなに安くても買うのはやめたほうがよい。

人気製品のおかげで前途有望そうな企業

これらはたいてい、はやりの業界の新興企業だ。それらの製品はたいてい革新的な技術に関連していて、画期的で社会に非常に大きな影響を及ぼすことがある。多くの野心的で若い企業家がこの分野で起業するのは、その技術が有望だからだ。それは人々の生活に変化をもたらすため、投資家は明るい見通しにわくわくして、技術の将来性を買う。

その技術が成熟すると、それが人々の生活を変えたことが明らかになる。しかし、その分野に参入する企業はあまりにも多い。ほとんどの企業は利益を出せないため、生き残れない。生き残った企業は投資家に膨大な富をもたらすが、ほかの大部分の投資家は投資先の企業が利益を出せないために損をする。利益と言えるほどの利益を一度も出せない企業も多いかもしれない。

初心者や一般投資家は私が投資を始めたばかりのときのように、この状況に簡単に陥りやすい。私が光ファイバー株を買ったのは、技術が非常に有望で、将来性が極めて大きいことを示していたからだ。その技術によってインターネットの速度は劇的に上がり、ビデオストリーミング、モバイルインターネット、オンラインゲームなど、多くのアプリケーションが使えるようになった。しかし、参入企業が多すぎて利益を出せないため、それらの企業の当時の株価はけっして正当化できなかった。

こうしたことは新しい分野で数年ごとに起きる。そして、現在のほうが技術革新のスピードが速いため、頻繁に起きるようになっている。二〇世紀には、航空、自動車、半導体、デジタル腕時計、コンピューターのハードウェアとソフトウェア、インターネット、ドットコム企業、光ファイバーでそれが起きた。今世紀はこれまでのところ、太陽光技術、バイオテクノロジー、ソーシャルメディア、電気自動車などで起きている。

二〇〇〇年代半ばに始まった太陽光技術は、アメリカから中国に至るまで、政府の支援と奨励によって急成長した。この技術は有望だった。クリーンで枯渇する恐れがないうえに、石油とガスは枯渇しそうだと思われていたからだ。技術進歩によって、コストは経済的に見合う水準まで下がっていた。それは革命的だ。トマス・エジソンでさえ、「私は太陽エネルギーにお金をつぎ込みたい。なんて素晴らしいエネルギー源だ！　石油と石炭が尽きる前に、私たちがそれに取り組むことを願う」と、言ったことがある。

ソーラーパネル企業は世界中で何百社も現れた。それらの多くは上場されていて、投資家にとっては急成長している新技術に乗る絶好の機会に思えた。投資家たちは株価を競り上げていき、新たな富を創出した。中国の太陽光発電企業、サンテック・パワーの創設者であるシー・チェンロンはその当時に中国最大の富豪になった。サンテックはＮＹＳＥ（ニューヨーク証券取引所）に上場して、時価総額が一二〇億ドルになったため、彼の資産は二〇億ドル以上に達した。アメリカの太陽光発電企業であるサンエジソンやファーストソーラーやサンパワーの時価総額は三社とも、一〇〇億ドルを超えていた。

しかし、情け容赦のない競争が全世界で繰り広げられる。どんな新技術でも同じだが、新たな投資が押し寄せて競争は激化した。当時のこの技術の進展はめざましく、過当競争に陥ったこの分野では、市場の需要を大幅に超える供給能力を持つに至った。ソーラーパネルの価格は暴落した。勝者はいなかった。サンテック・パワーとサンエジソンはすでに破綻している。ファーストソーラーとサンパワーの株価は二〇〇八年から八〇％以上も下げた。サンパワーはいまだに赤字を垂れ流している。ソーラーシティは住宅の屋根にソーラーパネルを設置する比較的若い企業で、同社の会長兼筆頭株主の企業家であるイーロン・マスクは先見の明があるが、この企業を単独で成功させることはできず、彼のもうひとつの企業のテスラ・モーターズに買収された。テスラ自体も問題を抱えている。この企業もこれまで一度も利益を出したことがなく、累積赤字は巨額だ。この分野も人気化して、多くの企業が新規参入をしている。アップルでさえ自動車を製造するといううわさが流れている。これはまさに私が苦痛を味わった光ファイバーのバブルにそっくりだ。

誤解しないでほしい。太陽エネルギーには明るい未来があったし、今でもある。コストは下がってきていて、市場シェアは拡大している。元科学者であり発明者としての私は新技術や革新には反対しない。新技術や革新は人々の生活を向上させる。ただし、それらは良い投資対象にはならない。

だれもが買っている人気商品を販売する企業

ほぼすべての子供たちがクロックスをはいていたころを覚えているだろうか。あるいは、一〇代の若者たちがエアロポステールのTシャツを着ていたころを。それらはかっこよくて、子供たちの大のお気に入りだった。クロックスの二〇〇六年の売上高は前年の三倍になり、二〇〇七年にはさらに二倍以上になった。エアロポステールは二〇〇四年から二〇〇九年まで毎年、売上高を二〇％以上伸ばした。両親たちは靴とTシャツを買う一方で、株式も買った。クロックスの時価総額は六〇億ドル以上に達していた。エアロポステールのほうは三〇億ドル近かった。

だが、それらの靴は今ではダサいと言われ、胸にＡＥＲＯとプリントされたTシャツを着たがる子供はだれもいない。クロックスは他地域に販売網を広げることに成功して、以前よりも多くの靴を売っている。しかし、株価は八〇％以上も下げて、時価総額は一〇億ドルを下回っている。エアロポステールはかっこよいという評判を取り戻すことができずに、破産を申し立てた。

あなたがこれらの製品が気に入っているのなら、株式を買っても構わないが、成長が持続可能で利益を出していることを確認してからにしたほうがよい。私たちが少なくとも一〇年間、利益を出し続けている企業だけを優良企業とみなすのはこういう理由からだ。投資アイデアは少なくとも相場サイクルが完全に一周して、それがうまくいくと証明される必要がある。私たちは一時的な流行にはかかわりたくない。

景気循環のピークにある企業

利益が多く、株価は割安に思える。だが、実はそれは景気循環に大きく左右される事業であり、景気循環のピークにある。自動車メーカー、航空会社、耐久消費財メーカーのような景気循環に左右される企業はピーク時には利益が多く、ＰＥＲ（株価収益率）は低くて、株式は魅力的になる。過去のレンジと比べたＰＳＲ（株価売上高倍率）とＰＢＲ（株価純資産倍率）は、バリュエーションがどの辺りに位置するかを見るのに役立つ指標だ。その企業が石油、石炭、鉄鋼、金などの一次産品を生産しているのなら、一次産品の価格が過去のレンジに比べてどれくらいかを見ておくことも必要になる。過去のレンジの高値に近ければ、それらの価格は下がる可能性が高い。景気循環型企業への投資については、第9章でさらに説明する。

私たちはこれらの企業で業績回復を果たした多くの話を聞いてきた。しかし、それは通常、経営陣に特別な才能があったからではなく、単に市場が回復したからだ。再び不況に見舞われたら、経営陣はおそらく、「業績を変えることはできたが……、方向が逆だ」ということに気づくだろう。

景気循環株は避けたほうがよい。しかし、買うと決めているのなら、最も良い時期は景気の底にあって、悪いニュースが流れていて、赤字に陥っているかもしれないときだ。これらの企業の多くは不況を乗り切れずに、破綻する。財務基盤が最も強固で、悪い時期を乗り切れる企業の株式を買うべきだ。また、多額の利益を再び出して、事業が好調に見えるときに、忘れずに売ろう。常に黒字を維持する企業とは異なり、景気循環型の企業は業界が下降サイクルに入ると、再び苦境に陥る。

急成長をしている企業

成長企業の株式は買ったほうがよいが、成長が速すぎる企業の株式は避けたほうがよい。成長が速すぎると、製品や顧客サービスの質を維持できるほどの従業員を十分に雇えない恐れがある。これは二〇〇〇年代前半のクリスピー・クリームと、二〇〇〇年代半ばのスターバックスに起きたことだ。スターバックスは九〇〇以上の赤字店舗を閉めて、中核事業に集中しなければならなかった。

さらに、そうした企業は急成長を支えるために生み出す利益よりも多くの資金が必要になって、資金繰りがつかずに借り入れを強いられる場合もある。景気か事業そのものがちょっと悪化すると、負債を返済できずに破産リスクに直面する可能性もある。

テスラは急成長していて、モデル3の納期は三年と言われている。この企業は生産能力の拡大のために多額の出費をしている。一方、自動車が売れれば売れるほど、損失は増えている。これまでのところ、テスラの株式を二〇一三年以前に買った人々は報われている。しかし、思い出そう。テスラはソーラーシティを買収した。この企業も急成長企業で、さらに深刻なキャッシュフローの問題に直面している。テスラには累積赤字と負債があり、もっと業績が悪い企業を買収したことを考えると、私はこの企業に近づく気にはなれない。

成長が速すぎるのは危険だ。成長が速い企業に関心があるときは、キャッシュを調べよう。

積極的に次々と買収を進める企業

企業は買収という手段で成長することもできるが、それはもっと危険だ。他企業の買収によって成功した企業よりも、経営難に陥った企業の例のほうがはるかに多く見つかる。野心的なCEO（最高経営責任者）に率いられた多くの企業が競合他社を買収することで成長してきた。これらの企業は買収に多額の資金を投じて、深刻な負債を抱える。これはカナダの製薬メーカーのバリアントに起きたことだ。マイケル・ピアソンが二〇一〇年にCEOに就任すると、この企業は買収をしまくった。毎年、複数の企業を買収して、売上高は二〇〇九年には一〇億ドルに満たなかったが、二〇一五年には一〇〇億ドルを超えた。かなりの期間、バリアントはアメリカとカナダで最大の人気株だった。投資家は成長を歓迎して、株価を二〇倍以上も押し上げた。ピアソンは有能だとみなされていて、世界で最も年俸が高いCEOだった。一方、長期負債は三億八〇〇〇万ドルから三〇〇億ドルにまで急増した。その後、この企業は命運が尽きて、SEC（証券取引委員会）の調査を受けた。買収による成長モデルは崩壊して、ピアソンは追放された。株価は最高値から八五％下げた。バリアントは依然として赤字で、債務不履行の恐れがある。

買収に積極的すぎる企業であれば、負債を注視しよう。

競争が激しすぎる事業

どんな事業でも競争は免れない。高品質、低コスト、ブランド認知、ネットワーク効果を利用した顧客の囲い込みなどで経営上の堀を築く必要があるのはこのためだ。競争の方法や規模は業種によって異なる。レストランは主に同じ地域のほかのレストランと競争する。ハイテク企業の競争相手は世界中のどこから現れても不思議ではない。

コモディティ化した商品を売っている企業は製品で差別化することはできない。そうした企業は価格競争をするしかない。そうなると、コストが最も低い企業が勝つ。コモディティ化した商品には、石油、ガス、農産物、航空券、保険が含まれる。また、多くのハイテク製品も次第にコモディティ化していく。テレビやコンピューターを考えれば分かる。今や、スマートフォンでさえコモディティになりつつある。

小売業は特に厳しい事業だ。店で売っているほぼすべてが、ほかのどこかで見つかるし、商品はすべて競争相手に簡単にまねされることがあるからだ。かつては、小売店の競争は地域に限定されていたが、今では世界やオンラインを相手に競争しなければならない。高コストの企業は生き残れない。私たちは閉店に追い込まれる店をたくさん見ている。サーキットシティやスポーツオーソリティ、Kマートをまだ覚えているだろうか。なかでもデパート事業は競争が激しい。どういうわけか、デパートは常に多すぎる。ウォーレン・バフェットは一九七七年にボルネードというデパートで損失を被った。彼は、「この業界は店舗数が多すぎて、ボルネードやそのほかのディスカウントショップはKマートとの競争に敗れていった」[1]と、書いている。Kマートですら、ずっと前に破綻した。この業界は四〇年前と変わらず、店舗数が多すぎる。

消費者がオンラインショッピングに移り、デパートの業績はさらに悪化している。私たちは今後もJCペニーやメイシーズ、シアーズのような事業を行う企業の苦闘を見続けるだろう。熾烈な競争を繰り広げるこれらの業界では、勝者はいない。

市場シェアの拡大に必死の企業

顧客数が多いほうが必ずしも良いとは限らない。企業は顧客を選ぶ必要がある。また、製品価格は競争力を持ちつつ利益が出るものにする必要がある。利益をもたらしてくれる得意客に焦点を合わせなければならない。価格設定を安くして市場シェアを拡大しようとすれば、倒産の危機に陥りかねない。

市場シェアを奪うために何でもすれば、銀行や保険会社などの金融機関は致命的になることがある。悪影響は通常、数年たたないと表面化しない。だからこそ、顧客が適格かどうかや潜在的損失を考慮して価格を設定しているかどうかを厳しく審査する必要があるのだ。銀行が審査基準を甘くして、通常なら審査に通らない低所得の借り手に融資をしたのは最近のことだった。銀行は、「頭金ゼロ、金利ゼロ、初回の支払いゼロ」の住宅ローンをうたい文句に価格競争に入った。サブプライムローンに端を発した金融危機はやがて、世界の金融システムを崩壊の瀬戸際に立たせた。また、融資比率が最も高かった銀行は最も痛手が大きかった。それらの多くは破綻して忘れ去られた。

リスクをしっかり評価せずに、あまりにも多くの顧客を引き受けると、保険会社は深刻な経営難に陥ることがある。一九七〇年代初期にＧＥＩＣＯは市場シェアを拡大しようとして、あやうく自滅しかけた。自動車保険をあまりにも安く販売したのだ。この企業は破産寸前になって、保険料を引き上げて、利益が出ない州から撤退した。そのため市場シェアは落ちたが、再び黒字化した。二〇〇〇年に初めて家を買ったとき、私はテキサス・セレクトという保険会社を通して保険をかけた。補償内容が同じ保険で比べると、保険料は他社よりもかなり安かった。しかし、二〇〇六年にこの企業は倒産して、私は保険料が高い別の業者に乗り換えるしかなくなった。テキサス・セレクトの安い保険料は厳しい審査に通ったごく少数の顧客向けだったのかもしれない、だが、価格設定をあまりにも低くすると、保険会社は破綻しかねない。

二〇〇四年の株主への手紙で、バフェットはバークシャー・ハサウェイの子会社であるナショナル・インデムニティ・カンパニーを「規律正しい保険会社」と呼んだ。一九八六年から一九九九年まで、この企業は「最も楽観的な競合他社」とは価格競争をしようとせず、収益性を維持するために進んで顧客を失ったからだ。[2] 利益を無視して顧客を獲得しようとする企業があれば、近づかないことだ。

規制による状況の変化に直面する企業

長年、営利目的の教育事業は正式の大学に入れない人々に職業訓練と大学レベルの教育を提供してきたため、儲かる事業だった。売上高と利益は何十年にもわたって大幅に伸び続けて、これらの企業の株式は今世紀の最初の一〇年間では最もパフォーマンスが良かったものの一つだ。

しかし、突然、すべてが止まった。学生たちは就職口を見つけられず、学生ローンの返済に苦しんでいた。政府は何十億ドルもの資金援助をしていたため、学生ローンの不良債権化で損失を被っている。営利目的で教育を行う企業は政府による調査を受けていて、新入生の受け入れを大幅に制限する新しい法律が制定された。この業界は崩壊して、株主たちは大損した。

投資先の企業に規制リスクがないか必ず検討しておこう。二〇〇八年の金融危機後に、銀行業界を規制する法律が新たに制定された。多くの収入源が消えた。オバマ大統領の医療保険改革が法制化されると、病院と医療保険業はビジネスのやり方を変えなければならなかった。これらが、規制がある業界に投資する際のリスクだ。

時代に取り残された企業

時代に取り残された企業とは、必ずしも長年、事業を続けている企業という意味ではない。業界の変化に対応できない企業という意味だ。製品に魅力がなくなり、新しい技術にその座を奪われているのだ。かつて新聞はニュースの提供と広告の分野で支配的な地位を占めていたが、現在ではインターネットに取って代わられた。ブロックバスターはビデオやDVDをレンタルする伝統的な店舗だが、ネットフリックスがその座を奪った。コダックのフイルムはデジタルカメラに取って代わられた。そして、小売店はオンラインショッピングに地位を奪われた。

カナダのスマートフォンメーカーのブラックベリーはかつて世界中の企業で支配的地位にあり、市場シェアの五〇％以上を握っていた。ビジネス界の重役たちはだれもがブラックベリーを持っていた。私ですら、ブラックベリーの電話を二台使っていた。だが、この企業はタッチパネル式の電話に対応するのが遅すぎた。また、顧客を囲い込むために企業間で連携を進めることもけっして行わなかった。私はブラックベリーで電子メールを一括削除するためのキーの組み合わせがまったく覚えられなかった。今では、ブラックベリーはスマートフォン市場で忘れられた存在だ。

時代に取り残されたこれらの企業の困るところは、それらが不動産、特許、ブランド、子会社など、多くの資産を保有しているため、株価が大幅に下落すると、バリュー投資家にとって魅力的に見える点だ。しかし、それらは実際にはバリュートラップ（割安のワナ）であることが多く、ここでバリュー投資家は大半のお金を失うのだ。バリュートラップについては、次の第8章で詳しく説明する。

■　■　■　■　■　■

前の第6章の警告シグナルが不健全さの兆候だとすれば、この第7章で説明したことは不健全さをもたらす内部の問題だ。第6章の警告シグナルが点灯している企業は必ずしも傾きかけているわけではない。それらの兆候の背後にある理由が分かっていて、それを株価に反映できれば、それらの企業の株式を買っても構わない。しかし、企業がここで説明した問題を抱えているのなら、その株式は避けるべきだ。

やっかいなのは、これらの企業が必ずしもすぐに倒産するわけではないという点だ。ヘッジファンドマネジャーのスコット・フィアロンが同名の優れた本で名付けたように、それらは実際には「死を待つ企業」なのだ。しかし、特に市場が急成長していて、資金提供先がすぐに見つかるときには、それらは長い間生き残ることができる[3]。それらは格安銘柄を探している人々には魅力的に見える。しかし、ピーター・リンチが言ったように、「業績が振るわないというだけで、さらに悪くならない保証はない[4]」。これらの企業の株式に手を出せば、悲惨な目に遭いかねない。

バリュートラップ

経験豊かなバリュー投資家は、本章の前半で述べたまずい企業行動のほとんどを認識できる。しかし、残念ながら、バリュー投資家にとって、割安というのは非常に魅力的であることが多いため、事業価値の長期的な将来性を見ることができなくなる。この割安さは、事業価値が損なわれ続けるバリュートラップの可能性がある。バリュー投資家は株式の高値づかみよりも、バリュートラップに引っかかったときのほうがはるかに大損をする。最も有能なバリュー投資家でさえ、このワナに引っかかることがある。バークシャー・ハサウェイは、バフェットが買ったときにはバリュートラップだった。この企業で、彼と彼のパートナーは最終的に一〇〇〇億ドルの損失を被った。[5]第2章で詳しく説明したシアーズもバリュートラップで、ブルース・バーコウィッツと彼が運用していたフェアフォルム・ファンドの株主は何年も市場平均に負け続けた。

バリュートラップの株式では、株価はたいてい、利益やキャッシュフロー、そして特に資産に比べて割安に見える。これらの資産には不動産、特許、ブランド、収集品、あるいは企業が持つ事業が考えられる。しかし、企業は競争優位性を失っていて、収益力は絶えず低下し続けている。たとえ企業がまったく利益を出せなくても、保有資産に比べると株価はまだ割安に見えるかもしれない。だが、現実には企業をすぐに清算させる材料はめったにない。経営陣が最初に試みるのは常に業績の改善だ。その過程はダラダラと何年も続くことがあり、その間に事業価値は低下し続ける。たとえ投げ売りが始まっても、資産がその価値に近い評価をされることはめったになく、資産の売却益のかなりの部分が清算に伴う費用で消えることもある。

私は前節でブラックベリーについて触れた。バリュー投資の大手のプライムキャップ・マネジメントとフェアファクス・フィナンシャルが過去数年にわたってブラックベリーにかかわってきたことは、バリュートラップに引っかかったバリュー投資家の典型的なケースだ。これらの投資会社は何十年もこの業界にいて、うらやましいほどの実績を残してきた。両社とも株価が割高だった急成長期にはブラックベリーを買わなかった。二〇〇八年に株価は一五〇ドルで天井を付け、時価総額は八〇〇億ドルに達した。株価が最高値から五〇％近く下げて、割安に見えた二〇一〇年に両社は買い始めた。しかし、株価は下げ続け、両社は買い増しを続けた。二〇一二年には株価は一七ドルになり、企業の保有資産と比べてさらに割安に見えた。投資の根拠は、この企業には次のような貴重な資産と申し分ない事業があったからだ。

……ブランド名、他社に負けないセキュリティシステム、世界の通信会社六五〇社の販売網、七九〇〇万の加入者、フォーチュン五〇〇社の九〇％を占める顧客企業、カナダ、アメリカ、イギリス政府による使用をほぼ独占、大量の原特許、QNXによって開発された非常に優れた新OS、借金はなくキャッシュは二九億ドル。[6]

二〇一三年に、ブラックベリーは事業を立て直すために、トシュテン・ハインズを新CEOとして雇った。だが、うまくいかなかった。一年足らずで、会社はハインズの代わりにジョン・チェンを雇った。カリフォルニア工科大出身のチェンには、ハイテク企業を経営してきたという輝かしい経歴があった。[7]だが、彼が加わって以来、ブラックベリーは「約八〇億ドルの売上高と二六億ドルのキャッシュがあり、負債はゼロ」から、「一五億ドル以下の売上高と一二億ドルのキャッシュに、六億ドルの負債」にまで業績が落ちた。一株当たり有形純資産は二〇一二年二月の一二・五ドルから、二〇一六年一一月現在の一・七二ドルにまで減った。過去四年は毎年、赤字を出している。[8] 現在の株価は七ドルだ。有形純資産に対する株価で測ると、二〇一二年に一七ドルだったときよりも、現在の七ドルのほうが割高だ。

ブラックベリーの四〇〇〇件以上の特許だけでも一株当たり一・七二ドルの現在の純資産額よりも価値があると主張する人もいるだろう。それは本当かもしれない。二〇一一年にアップルとマイクロソフトが破綻したノーテルの特許を買ったときや、二〇一三年にグーグルが特許を手に入れるためにモトローラ・モビリティを買収したとき、両社は一特許につき七〇〇〇ドル以上を支払った。とはいえ、特許の評価は難しい。私がまだ科学者として会社で働いていたときに顧問弁護士から聞いた話では、特許訴訟の間、双方は自社の特許を印刷して法廷に持ち込み、積み上げた高さを比較する。そして、それが高いほうが勝訴するそうだ。特許クレームの詳細に立ち入ると、費用がかかりすぎるからだ。しかも、特許書類を読むのは恐ろしく退屈な仕事だ。グーグルは当初、ノーテルの特許一件につきわずか一五〇〇ドルしか払おうとしなかった。ところが、時がたつにつれて、特許の多くは二〇年の保護期間に達して、無価値になった。価値の低下とはこのことだ！

バリュートラップを見極めるカギは、その企業にまだ競争優位性があり、価値を伸ばすことができるかどうかを確かめることだ。事業が競争優位性を失って業績が落ち始めたら、収益力を失って資産も価値が大幅に下がる。投資家は常に次のことを自問する必要がある。その事業はかつてと同じやり方で利益を出しているか。現在、その企業がやっていることをもっとうまくやっている競合他社はいるか。他社は類似製品やサービスをより安く提供して利益を上げているか。

手痛いバリュートラップのもう一つの例はウエート・ウォッチャーズだ。二〇一一年の株価は八〇ドルを超えていて、時価総額は五〇億ドル以上あった。インターネット上や無料の携帯電話用などの体重管理ソフトや、電子機器による体重管理手法は費用がはるかに安く、ウエート・ウォッチャーズの事業と競い合った。この企業の利益率は長期的に減少傾向を示している。利益率に注目した投資家はこの株式から手を引く機会がいくらでもあった。今日では、株価は一〇ドルをわずかに超える程度だ。

アマゾンのジェフ・ベゾスCEOは、「あなたの利益率は私にとって好機だ」と言ったことで有名だ[9]。事業の収益性を守るために経営上の堀を築くことができなければ、利益率は競争によって落ちる運命にある。

バリュートラップの状態にある企業の業績低下には四段階がある。

●第一段階　売上総利益率と営業利益率の低下。企業が競争優位性を失うと、たいていは利益率が最初に落ちる。この段階では売上高と利益は伸び続けるかもしれない。そして、それはその企業の問題点を覆い隠す可能性がある。これは二〇〇〇～二〇〇六年のウエート・ウォッチャーズの状況だ。

●**第二段階**　売上高の伸びが緩やかになり、利益の伸びは止まる。これは二〇〇六～二〇一二年のウエート・ウォッチャーズの状況だ。

●**第三段階**　売上高の伸びがさらに緩やかになり、利益は落ち始める。これは二〇一二～二〇一三年のウエート・ウォッチャーズの状況だ。

●**第四段階**　売上高も利益も落ちる。これは二〇一三年以降のウエート・ウォッチャーズの状況だ。

スマートフォンのように変化が激しい業界では、売上高や利益の低下は非常に速く、各段階はウエート・ウォッチャーズよりも短い。株価にとって打撃が最も大きいのは、企業の利益と利益率が落ち始めて、赤字に向かっているときだ。株式は割安に見えるかもしれない。しかし、割安かどうかよりも、事業の競争力のほうを気にかける投資家はこの種の状況には手を出さない。二〇一五年一〇月に、オプラ・ウィンフリーがウエート・ウォッチャーズの株式を一〇％買ったことが報告されると、株価はそのニュースで三〇〇％も急騰した。彼女は現在、この会社の広告に出ていて、彼女自身の経験を会社の減量プログラムで公開している。しかし、重要なのは、彼女のファンがあとを追って有料会員になるかどうかだが、それはまだ分からない。ウエート・ウォッチャーズの競争相手は費用がはるかに安い。その事実は彼女でも変えることはできない。優れた船長でさえ沈みつつある船を救うことはできない。まして、有名人のことなど気にしないでおこう。

バリュートラップに陥った企業の多くはやがて完全に失速する。事業を再編して、製品をほかに集中させて、低い水準で安定する企業もある。このケースは業績回復と見られて、株価はわずかに回復するかもしれない。だが、過去の栄光を取り戻せる企業はめったにない。いずれにせよ、株価が下落し続けているときに割安という理由で株式を買った人は、いつまでたっても損失を取り返せない。

オプション、信用取引、空売り

私はこの章の初めで、オプション、信用取引での買い、それに空売りをすると確実に損をすると言った。優良企業の株式を買えば、時間はあなたの味方をしてくれる。しかし、その企業のオプションを買っても、同じことは言えない。オプションでは、一定期間の株価の動きを予測する。たとえ企業価値の方向について正しく予想していても株価が逆行して、オプションが無価値になることもある。

信用取引での買いでも似たことが起きる。信用取引をすると損益が拡大する。相場が極端に変動する時期には、たとえ自分が買った企業に対する見方が正しくても、投資したお金をすべて失うかもしれない。

株式を空売りしても利益は最大で一〇〇％だが、損失は最大だと無限になる。多くの企業が破綻して、株価は無価値になるが、長期間、株式を空売りして儲けることができる人はほとんどいない。長期的には景気と事業は成長するし、株式市場は下げるよりも上げることのほうが多いからだ。ある企業が苦境に陥っているので、いつか破綻するという見方が当たっていても、株価が下がるまでには長くかかることもある。また、自社の株価が下げるのを見たがる経営陣はほとんどいない。彼らは株価を上げるために自社株買いや配当の引き上げといった手を使うかもしれない。株式市場がバブルになると、赤字企業の株価ですら急騰することがある。一方、空売りをすれば、株式を貸してくれた相手に貸し株料と配当分を支払う必要がある。ジョン・ケインズが、「市場は私たちの支払い能力が尽きるよりもはるかに長く不合理であり続ける」と言ったことを覚えているだろうか。時間が自分にとって不利に働き、けっして損を取り戻せない可能性がある状況は避けたほうがよい。

オプションを利用することを検討したほうがよい唯一の場合はおそらく、買うつもりの株式のプットオプションを売って、株式の購入費用を節約することを望むときだろう。プットオプションとは、オプションを売ってプレミアムを得る人が、権利行使日前に権利行使価格で株式を買う義務がある取引だ。行使日に株価が行使価格よりも安ければ、プットの売り手は市場価格よりも高い価格を支払うことになる。株価が行使価格よりも高ければ、プットの買い手は権利を行使しないので、オプションは無価値のまま満期日を迎える。一九九三年にコカ・コーラ株を、そして二〇〇八年にBNSF（バーリントン・ノーザン・サンタフェ）の株式を買おうと考えたバフェットは、プットオプションを売って株式の購入費用を下げた。

私たちはバフェットがBNSFのプットを売ったときの詳細を見ることができる。次のページの表は、プットを売ることで株式の購入費用をどうやって節約するのかを理解するためのものだ。

バフェットがBNSFのプットを売ったのはすべて短期のもので、満期日まで約二カ月だった。二〇〇八年一〇月六日の株価は八四・九八ドルだった。バフェットはその日の株価で株式を直接買うこともできた。しかし、彼は満期日が二カ月後で行使価格が八〇ドルのプットを売り、一株当たり七・〇二ドルのプレミアムを得た。二〇〇八年一二月八日の満期日には、株価は七六・五五ドルになっていた。バフェットは八〇ドルで株式を買わなければならなかった。しかし、一株当たりの本当の費用は、行使価格からオプション価格（＝プレミアム）を引いた七二・九八ドルになる。そのため、バフェットはオプションの取引日に現金で株式を買う代わりにプットを売ることで、株式の購入費用を一株当たり一二ドル節約できた。バフェットは二〇〇八年一二月までこのような取引を何度か行って、BNSFの株を七八〇万株買い、バークシャー・ハサウェイは七五〇〇万ドルを節約できた。これは株式購入にかかったすべての費用の

取引日	市場価格（ドル）	権利行使価格（ドル）	売った株数	権利行使日	オプション価格（ドル）	オプション行使後の株式購入費用	行使日の価格（ドル）	１株当たり節約された金額（ドル）	取引日に株式を買うのに比べて節約できた総額（ドル）
2008/10/6	84.98	80	1,309,524	2008/12/8	7.02	72.98	76.55	12	15,714,288
2008/10/8	81.44	80	1,190,476	2008/12/9	7.03	72.97	75.2	8.47	10,083,332
2008/10/8	81.44	77	761,111	2008/12/9	5.78	71.22	75.2	10.22	7,778,554
2008/10/10	80.16	75	1,217,500	2008/12/12	7.09	67.91	74.68	12.25	14,914,375
2008/10/16	80.47	76	1,000,000	2008/12/19	6.2	69.8	74.68	10.67	10,670,000
2008/12/3	75.5	75	2,325,000	2009/1/30	6.35	68.65	66.25	6.85	15,926,250
								節約できた総額	**75,086,799**

一三・七％にも相当する。

もちろん、世の中はそれほど甘くない。このケースがバフェットの思惑どおりにいったのは、彼がプットオプションを売ったあとの数カ月間、BNSF株が下げたからだ。もしも逆に上げていたら、バフェットは株式を手に入れられなかった。彼は五一〇〇万ドルのプレミアムを得るだけで終わっていた。そして、バークシャー・ハサウェイが二〇一〇年二月に一株一〇〇ドルでBNSFを買収したとき、それらの株式を入手するために、一億五〇〇〇万ドルを余分に払うことになっただろう。したがって、オプション取引日の株価で株式を買えない可能性は常にある。そして、もっと高値で買いたくなければ、投資機会を逃すことになる。

バフェットがBNSFのプットを売ってうまくいったもう一つの理由はタイミングだ。バフェットは市場でタイミングを計ることはないと言ったが、彼はいつオプションを売るべきかを間違いなく知っている。二〇〇八年第3四半期から二〇〇九年第1四半期までの株式市場は、一九八七年のブラックマンデーを除く三〇年以上で、ボラティリティ（価格変動率）が最も高い時期だった。ボラティリティが高いと、プレミアムは高くなる。満期日が二カ月後で、権利行使価格が株価よりも五％安いプットを売ると、九％近いプレミアムが得られた。現在、同様のプットを売っても、たった一％ほどのプレミアムしか得られない。

プットを売ると、満期日に株式を買うことになる可能性が常にある。そのため、自分で長期的に保有したい株式のプットを売るようにすることと、株式を買うための現金を必ず用意しておく必要がある。株価が行使価格よりも安くなれば、株式を買うことになる。あなたがプレミアムは手に入れたいが、株式は保有したくないのであれば、とても困ったことになる。私はノーテル株のプットを売った人を個人的に知っている。彼女はプレミアムを得たが、ノーテル株を買うことを強いられた。そして、この株式は紙くずになった！

まとめると、プットの売りは株式の購入費用を減らす効果的な方法になることがあるということだ。しかし、次のことは覚えておこう。

●満期日までが短期のプットオプションを売ること。
●市場のボラティリティが高いときにうまくいくこと。
●自分が株式を買いたい企業で、株式を買えるだけの現金を持っているときにだけプットを売ること。
●株価が上昇すれば、投資機会を完全に逃す可能性があること。

これ以外の場合にはオプション、信用取引、空売りは避けよう。

■　■　■　■　■　■

第3章と第4章では優良企業の株式を買うことが簡単であるかのように説明したが、第6章とこの第7章では優良企業の株式を買うことは複雑だと思われる説明をした。もちろん、これは簡単なことではない。チャーリー・マンガーは、簡単だと思う人は愚か者だと言った。とはいえ、私たちはわりと単純な状況や、理解しやすい事業を行う企業、変化が比較的に緩やかで規制リスクがほとんどない業界を探すことはできる。バフェットは、投資をするときにいくら思考を巡らしても報われることが増えるわけではない、と言った。彼はそれぞれの投資機会を判断するときに、「良い」「悪い」「難しすぎる」という三つのつぼを使う。大部分の投資アイデアは「難しすぎる」というつぼに入る。

これでもまだ難しすぎると感じても、がっかりする必要はない。数十社の優良企業にまとめて投資すれば、優れた事業の長期的な成長に乗って十分なリターンを得ることができる。しかも、それは実に単純だ。

第8章 パッシブ運用、キャッシュの水準、パフォーマンス

ここまで読み通した読者ならおそらく、投資に特別な秘法などないと気づいているだろう。私はたまに、ウォーレン・バフェットが投資の秘法を公開してくれたらなあ、と言う人に出会う。だが、バフェットは株主への手紙やインタビュー、講演や文書で過去六〇年にわたって投資の秘訣を繰り返し明らかにしてきた。それらはだれでも入手できる。ただ頑張って学ぶ気持ちが必要なだけだ。

しかし、投資について調べることに興味がないか、あっても時間がない人でも、S&P500に連動するファンドか良い投資信託、あるいは数十銘柄の優良企業にまとめて投資するだけでも、優良企業の成長から利益を得ることができる。第3章で明らかにしたように、S&P500の構成銘柄はほかの全企業の株式の平均よりもリターンが比較的良い。サンガーデン・インベストメント・リサーチによる慎重で生き残りバイアスのない調査によれば、一〇年間で見

ると、S&P500指数に連動するファンドがアクティブ運用型の投資信託の六〇%に勝っている。[1] バフェットでさえ、自分が死んだら、妻はインデックスファンドに投資するべきだと言った。インデックスファンドへの投資について、一九九三年の株主への手紙で、バフェットは、「『ダム（愚かな）』マネー（一般投資家）が自分の限界を認めるとき、愚かでなくなる」[2]と書いている。S&P500指数ファンドは手数料が安く、ポートフォリオの入れ替えが少ない。手数料が安いのはインデックスファンドが市場に勝った大きな理由の一つでもある。そして、ポートフォリオの入れ替えが少ないほうが節税効果がある。

長期投資で最も良い成果を出すためには、市場でタイミングを計って買おうとするのではなく、市場の動きに関係なくインデックスファンドを定期的に買うほうがよい。また、常にリスクをとれる限度いっぱいまで投資しておく必要がある。そうすれば、長期では非常にうまくいくだろう。妥当な価格で複数の優良企業にまとめて投資すれば、さらに良い成果が得られる。長期で見れば優良企業はほかの企業よりも高利益なので、それをうまく利用できるからだ。

優良企業への一括投資

私は第3章で、常に利益を出していて、投資リターンが高い優良企業に集中的に投資すれば、損をする確率が下がり、長期で見れば市場平均を上回るリターンが得られると強調した。バリ

年	S&P500	安定した利益成長が見込まれる企業で株価が割安の25銘柄
2009	23.45%	55.72%
2010	12.78%	20.17%
2011	0	−3.32%
2012	13.41%	5.29%
2013	29.6%	24.81%
2014	11.39%	11.38%
2015	−0.73%	−0.17%
2016	9.54%	21.08%
累積リターン	148%	220%
年率換算したリターン	12.0%	15.7%

ユエーションが妥当なときにそれらの銘柄を買えば、リターンはさらに良くなるはずだ。個別企業を詳しく調べる時間も意欲もない人は、これらの優良企業をまとめて買えばよい。長期的に見れば、そのほうが株価指数に投資するよりもリターンが良くなるはずだ。

グルフォーカスでは、二〇〇九年からそうした銘柄で構成したポートフォリオを追跡し始めた。このポートフォリオは過去一〇年間に利益を出し続けていて、ＤＣＦ（割引キャッシュフロー）法で割安と評価された二五社の株式から成る。上の表は二〇〇九年一月から二〇一六年九月までのこのポートフォリオのパフォーマンスだ。

ポートフォリオは毎年、最初の取引日にリバランスを行う。ポートフォリオの価値は毎日計算されている。年の中途では、ポートフォリオの入れ替えはしない。ポートフォリオ内の企業が買収された場合は、買収時の条件に合わせて現金か買収企業の株式に変更する。二〇〇九年一月二日にポートフォリオを組んで以来、年率換算で一五・七％のリターンを達成した。同じ期間のS&P500の上昇率は年率一二％だった。したがって、常に利益を出し続けた企業のポートフォリオは二〇〇九年以降、市場平均を年率で三・七％上回った。すべての数字に配当は含まれていない。

私たちは二〇一〇年一月にポートフォリオを二つ組んだ。それらは常に利益を出している企業のうちで、PSR（株価売上高倍率）とPBR（株価純資産倍率）がそれぞれ過去一〇年で最低水準にある銘柄から成るものだ。二〇一六年九月までのそれらのパフォーマンスは次のページの表のとおりだ。

これらはポートフォリオを組んでから現在までで、市場平均を年率二・五％ほど上回った。どちらのポートフォリオも、市場平均を毎年上回ったわけではないが、長期で見ると市場平均をかなり上回ったということは指摘しておくべきだろう。当初はポートフォリオの四％ずつを各ポジションに配分した。リバランスは年に一回行った。リバランスをするときには再びスクリーニングを行う。そこで残った銘柄は入れ替えない。残らなかった銘柄は売って、新しい銘柄を買い、同じウエートで入れ替える。ポートフォリオの回転率は一年につき約二五％だった。

年	S&P500	PSRが最低水準の上位25企業	PBRが最低水準の上位25企業
2010	12.78%	19.05%	16.39%
2011	0	−2.01%	−1.87%
2012	13.41%	17.79%	17.62%
2013	29.6%	29.60%	33.18%
2014	11.39%	15.09%	20.01%
2015	−0.73%	−3.75%	−4.63%
2016	9.54%	19.55%	16.6%
累積リターン	101%	136%	139%
年率換算したリターン	10.5%	13.0%	13.2%

ヘッジファンドマネジャーのジョエル・グリーンブラットが考案したマジック・フォーミュラが企業の最新の業績を見る[3]のに対して、グルフォーカスの手法では長期の業績を見る。グルフォーカスの手法で見る企業の質は、グリーンブラットのマジック・フォーミュラ・スクリーンで選別された銘柄よりも質が高い。このポートフォリオは下げ相場の時期でも、パフォーマンスは比較的良いと私は考えている。

もっとも、これら三つのポートフォリオは、下げ相場での検証はしていない。グルフォーカスで追跡しているモデルポートフォリオのなかで、上げ相場でも下げ相場でもパフォーマンスが良かったのはブローデスト・オウンド・ポートフォリオだ。これは選ばれた投資家グループのなかで最も幅広く保有されている二五銘柄から成るポートフォリオだ。このポートフォリオも年

年	S&P500	最も幅広く保有されているポートフォリオ
2006	13.62%	15.18%
2007	3.53%	–5.47%
2008	–38.49%	–29.98%
2009	23.45%	30.70%
2010	12.78%	14.63%
2011	0	0.54%
2012	13.41%	16.99%
2013	29.6%	30.85%
2014	11.39%	12.30%
2015	–0.73%	6.07%
2016	9.54%	0.38%
累積リターン	79%	129%
年率換算したリターン	5.5%	7.8%

に一回、リバランスを行う。このポートフォリオの最新のパフォーマンスはリンク先「http://www.gurufocus.com/model_portfolio.php?mp=largecap.」で見ることができる。このポートフォリオの一年ごとのパフォーマンスは上に載せているとおりだ。これはS&P500指数を年平均で約二・四%上回った。二〇〇六年一月にポートフォリオを組んでから二〇一六年末までの一一年のうち九年で、S&P500指数を上回った。

過去一一年で、このポートフォリオの累積リターンは株価指数を五〇%上回ったことが分かる。これは長期で富を蓄積しようと試みている投資家にとって重要だ。

質が高い複数の企業にまとめて投資する手法はインデックスファンドに投資するよりも少し複雑だ。この手法では一ポジションではなく、二五ポジションを持つ必要がある。しかし、これは年に一回だけリバランスをする必要があるだけで、ほとんどの場合は二五銘柄のうち七銘柄ほどを入れ替えるだけで済む。市場平均を年率で二％上回れば、実行する値打ちがある。

配当狙いの投資

質が高い企業から成るポートフォリオでパッシブ運用をする手法は年金資金の運用にも使える。投資家は質が高い企業の株式で年金用のポートフォリオを組み、それらから支払われる配当で生活すれば、ポートフォリオの元本に手をつけずに済む。

年金用のポートフォリオでは、構成銘柄の企業が不況期を乗り切り、配当を払い続けることができるように、財務基盤がしっかりしていて、常に利益を出していることがとても重要だ。さらに、投資家の配当収入がインフレ率よりも大きく伸びるためには、企業が配当を長期にわたって増やしていける必要がある。たとえどの業界が低迷しても悪影響が抑えられるように、ポートフォリオは異なる業界に幅広く分散しておくべきだ。

配当収入を得ることが目的のポートフォリオで必要な条件は次のようにまとめることができ

る。

1．企業は財務基盤がしっかりしている必要がある。これは企業が生き残って、配当がきちんと支払われるために欠かせない。グルフォーカスの財務基盤ランクの尺度一から一〇まででは、六以上の必要がある。

2．企業は収益性が非常に高い必要がある。利益を出しているときにしか、配当を支払いながら、しっかりした財務基盤を維持できるほどのキャッシュを生み出せないからだ。グルフォーカスの収益性ランクの尺度一から一〇まででは、七以上の必要がある。

3．企業は過去の業績と収益性に一貫性がある必要がある。これはグルフォーカスのビジネス・プレディクタビリティ・ランクが二・五以上あれば保証される。

4．企業はＲＯＩＣ（投下資本利益率）がかなり高い必要がある。グルフォーカスでは一〇年間のＲＯＩＣの中央値が一〇％以上を条件としている。これは質が高い企業にとって必要な条件だ。

5．企業は過去一〇年間、黒字を維持していて、一〇年間の営業利益率の中央値が一〇％以上の必要がある。

6．企業は適切な成長力を示す必要がある。売上高と利益の成長率は五％以上でなければならない。

7. 企業は一〇年以上、配当を増やし続ける意志を示している必要がある。
8. 配当性向は七〇％以下でなければならない。配当を今後も増やせる余地があるためには、配当性向が低いほうが望ましい。
9. 現在の配当利回りは二％以上でなければならない。配当利回りが市場平均を上回るためにはこの数字が必要だ。
10. 購入株価に対する五年後の配当利回りは二・五％以上であるべきだ。この比率は現在の株価に対する五年後の配当と定義される（過去の配当の増額率から推定）。この条件を満たしていれば、企業が配当を早いうちに増やして、五年以内に配当収入が現在よりも増える可能性が高い。

1～6は質の高い企業の株式だけを買うための条件だ。7～10は企業が配当についての条件を満たすために必要だ。私はグルフォーカスのオールインワン・スクリーナーで、これらの条件に基づく銘柄スクリーニングツールを作った。https://www.gurufocus.com/ のメニューの項目から「All-In-One Screener」、Dividend Income Screener」とたどれば見つけることができる。

このスクリーニングでどれだけの企業が残るかは、市場のバリュエーション次第で大きく変わる。株価が割高なときには、配当利回りは平均的に低くなり、このスクリーニングで残る銘柄は少なくなる。株式市場では現在、強気相場が七年半続いていて、平均株価が史上最高値から三％以内にある。今、このツールを使えば、一六銘柄しか残らない。そして、それらの平均配当利回りは二・四％だ。これはS＆P500指数の利回りよりも二〇％ほど高い。市場がもっと安かった二～三年前なら、同じスクリーニングではるかに多くの銘柄が残っていただろう。二・四％の配当利回りでポートフォリオが一〇〇万ドルならば、年間の配当収入は二万四〇〇〇ドルになる。それでも、一六銘柄の購入株価に対する五年後の配当利回りは平均で五・四％だった。これは、企業が過去五年と同じくらいの速さで配当を増やしていけたら、投資家の配当収入が今後五年間で二倍以上になることを意味する。

現金で保有

配当狙いのポートフォリオでは、配当利回りを最低二％に設定した。これは過去の水準から見れば低い。株式市場は史上最高値に近く、配当利回りは最低水準だ。もっと高い配当利回りを条件にすれば、配当狙いのポートフォリオでは銘柄を十分に分散できない。資金を現金のままにして、もっと良い投資機会を待つしかない。

これは株価が割安か割高かに敏感な投資家が現在、直面しているジレンマでもある。相場の上昇で、ほとんどの株式は割安ではなくなっている。安全域の条件を満たす銘柄はあまりない。安全域の条件を緩めるのには大きなリスクが伴う。やはり、もっと良い投資機会が現れるまで、現金にしておくしかない。

経験豊かで規律を守る投資家はそれを選ぶことで、長期的なリターンを向上できるかもしれない。しかし、相場の上昇がずっと続いているときに、資金を現金のままにしておくのは極めて難しい。特に現金に利息がほとんど付かず、「現金ではバカバカしい」ときに資金を現金のままにしておけば、ポートフォリオの長期的なパフォーマンスは落ちる。しかし、相場はときどき下降サイクルに入るし、必ず将来下げるときが来る。そのときのために現金で保有しておけば、投資の保護になり、はるかに安値で株式を買う機会が得られる。だからこそ、ヤックマン・ファンドは二〇〇八年の下げ相場で一一%、二〇〇九年の相場の回復期に三三%、S&P500を上回ることができたのだ。下げ相場では「現金が最高だ」。

現金を保有して流動性を維持しているときでも、多少のリターンは得たい。その場合、トレジャリーダイレクトを通じてTビルを買うか、iシェアーズ米国国債一~三年ETF（上場投資信託）のような短期国債ETFを買ってもよい。ただし、ETFには金利に関するリスクが多少ある。

合併アービトラージを行えば、現金からのリターンを増やす機会がときどきある。バフェットは若いころ、この戦略をよく使った。[4]

合併アービトラージ

バフェットは投資に使える以上の現金を持っていたとき、Tビルよりも高いリターンを得るために合併アービトラージ取引を行った。チャーリー・マンガーの言葉では、そのおかげで彼は長期投資の基準を緩めずに済み、「酒浸りにならずに済んだ」。彼は少なくとも一九九〇年代半ばまでこの戦略を使い続けた。[5]

合併アービトラージでは、A社がB社を買収しようとしているとき、投資家はA社の株式を売ると同時にB社の株式を同数買う。合併が承認されると、株価は相殺され、仕掛けたときの価格差が投資家の収入になる。

合併は現金で行われることもときどきある。つまり、A社は現金でB社を買収する。この場合、A社の株式を売る必要はない。投資家はB社の株式を、発表された買収株価よりも安く買う必要があるだけだ。

合併アービトラージで最大のリスクは、合併が流れるときだ。合併の際、A社はB社の株式を市場価格よりも大幅に高値で買う提案をする。合併が発表されるとすぐにB社の株価は急騰して、提案された株価に近づいている。合併が流れると、B社の株価はすぐに元の株価かそれ以下にまで急落する。二%程度の価格差を狙っている投資家は、四〇%以上の損失を被るかもしれない。ここの例では、投資家は短期投資の失敗を長く引きずらないために、B社の株式を大幅な損を出してでも売るしかなくなる。したがって、二〇件の合併アービトラージのうちの一つが流れるだけで、投資家の利益は消えてしまう。

時には思いがけず、喜ばしいこともある。合併の発表後に別の企業がB社の買収に名乗りを上げることがある。彼らはより高値での買収を提案する必要がある。この買収合戦によって、B社の株価はさらに上がることさえある。そのため、リターンはほんの二〜三%ではなく、極めて短期間に二〇%以上得られるかもしれない。これは合併アービトラージで「ついてる」と感じる瞬間だ。

しかし、思いがけず喜ばしいことよりも合併が流れることのほうがはるかに多い。利益と損失とではリスクに大きな差があるため、合併アービトラージで成功するためには悪い案件を避けることがカギになる。バフェットもヘッジファンドマネジャーのジョン・ポールソンも、合併アービトラージで大成功を収めた。[6]二人とも流れそうな案件を避けるために厳密なルールに従った。次はポジションをとる前に考慮すべきことの一部だ。

- 買収の提案をしたのは大企業か。
- 買収側の企業は案件を成立させた実績があるか。
- 合併について最終的に合意したのか。
- 案件の成否は資金調達の条件次第なのか。

●案件は精査の結果次第なのか。
●業績がしっかりしている企業が買収を提案しているのか。
●株価評価はどの程度、妥当なのか。
●政府による規制リスクはどれくらいあるか。
●法人税などへの影響はどれくらいあるか。
●別の企業も買収に意欲を見せて、案件の魅力を高める可能性はどれくらいあるか。

これらを考慮していても、市場の状況、金利、政治、別の企業が買収に名乗りを挙げるなど、多くのことがほかに起きて、案件が流れることもある。投資家はこの取引を異なる業界に分散させる必要がある。

合併アービトラージは専門知識を持つ投資家だけが行える取引だ。関心がある投資家はバージニア・レイノルズ・パーカーが編集した『実践ヘッジファンド投資——成功するリスク管理』(日本経済新聞社)の「リスクアービトラージ戦略におけるリスク」の章を読むとよい。[7]

パフォーマンスの見方

株価が割高なときにポートフォリオの現金比率を高めて、割安なときに現金比率を下げたからといって、必ずしも長期のリターンが大きくなる保証はない。市場の過大評価がいつまで続くか知ることは不可能だからだ。強気相場のときに現金比率を高めるのが早すぎて利益を取り損ない、現金比率を下げるべきときには遅すぎて利益を取り損なうこともある。

投資戦略のパフォーマンスを見るとき、投資家が犯す最大の過ちは、バックミラーを見るような見方をしがちなことだ。彼らは最近の戦略のパフォーマンスに基づいて判断を下し、最近の動きが良かった投資対象に資金をつぎ込みやすい。ほとんどの投資家が投資信託やETFを見るときも同じだ。一九九〇年代末に多くの投資家がハイテクセクターに投資先を変えた。ハイテクに投資するファンドの業績が過去数年よりもはるかに良くなったからだ。問題はハイテクセクターのパフォーマンスが良いために、そのセクターのバリュエーションが上がり、将来のリターンが下がることだ。これは特定のセクター、地域、資産クラスに集中投資するすべてのファンドや戦略にも当てはまる。

あるファンドや戦略のパフォーマンスを検討するときに、投資家は少なくとも一回は相場サイクルの始めから終わりまで見て、うまくいっているのかどうか判断すべきだ。これは特定のセクターや地域に特化したファンドにも当てはまる。また、特定の業界や資産クラスに焦点を合わせたファンドや戦略にも言える。上昇相場が続けば、リスク限度いっぱいまで投資しないファンドは市場平均を下回る。しかし、相場が下げると、これらのファンドは市場平均を上回る。相場の調整局面で株価が下落するのを利用して、手持ちの現金で投資できるからだ。前にも触れたサンガーデン・インベストメント・リサーチによると、過去二回の上げ相場でS&P500指数はそれぞれ、ファンドの八〇%と六三%に勝った。しかし、下げ相場に入ると、この指数はアクティブ運用型ファンドのそれぞれ三四%と三八%にしか勝てなかった。

ここで相場サイクルとは相場の天井から天井か、谷から谷までを指す。過去二回の天井から天井までの一サイクルは、二〇〇〇年第1四半期から二〇〇七年第3四半期までと、最近の二〇一七年第1四半期までだ。二〇〇九年三月に始まった現在の上げ相場は今後も続くかもしれないが、天井にかなり近いはずだ。

■　■　■　■　■　■

まとめると、たとえ企業について調べる時間や興味がなくとも、優良企業の数十銘柄にまとめて投資すれば、優れた事業の長期的な成長から利益を得ることができる。しかし、何かひとつの戦略に従って、常にリスクをとれる限度いっぱいまで投資し、ドルコスト平均法で買う必要がある。インデックスファンドよりも、この戦略のほうが長期的にはかなり良い成績を収められるだろう。

事業や企業の調査ができる人は、投資対象を少数の優良企業に絞ることで、さらに良い成績を収めることができる。特別な秘訣など何もない。いったん適正価格で優良企業の株式を買う戦略に従うと決めたら、その企業について真剣に調べさえすればよいのだ。

第9章 企業をどう評価するか

第2章では企業の資産に基づく評価法を検討した。第5章では収益力が予想できる企業について、フリーキャッシュフローと利益に基づく評価法に焦点を合わせた。この章では企業の評価一般についてや、業界や状況が異なる企業にさまざまな評価法が使えるのか、あるいは使えないのかを説明したい。

この章では評価法とそれらをどのように使うかについて一般的な説明をする。前にも述べたように、優良企業だけに投資することを目指す投資家には避けるべき業界がある。だが、この章ではそれらの業界についても触れることがある。この章でそれらについて触れたからといって、それを優良企業の株式だけを買う投資哲学と混同しないでほしい。

評価法は三つに分類できる。①割安・割高度の指標、②内在価値、③投資利回り――である。この章ではそれぞれについて詳しく説明する。

割安・割高度の指標を用いる手法

株価の割安・割高度の指標を用いる手法は最も一般的だ。これらのなかで最も広く使われているのはPER（株価収益率）だ。ほかには、PSR（株価売上高倍率）、PBR（株価純資産倍率）、株価キャッシュフロー倍率、EV／EBIT（営業利益倍率）、EV／EBITDA倍率など、数多くある。

PER

PERは、投資家が株式を買うために支払ったお金を取り戻すのにかかる年数と見ることができる。例えば、企業が一年に一株当たり二ドルの利益を出していて、株価が三〇ドルであれば、PERは一五倍になる。したがって、今後一五年間の企業の利益が変わらないと仮定すれば、投資家が株式を買うために払った三〇ドルを企業の利益で取り戻すには一五年かかる。

現実のビジネスの世界では、利益が一定であり続けることはけっしてない。企業が利益を伸ばせば、株式の購入費用を取り戻せる年数は短くなる。利益が落ちれば、その年数は長くなる。株主としては、自分が払ったお金を企業ができるだけ素早く取り戻してくれることを望む。そ

図9-1　ウォルマートのPER

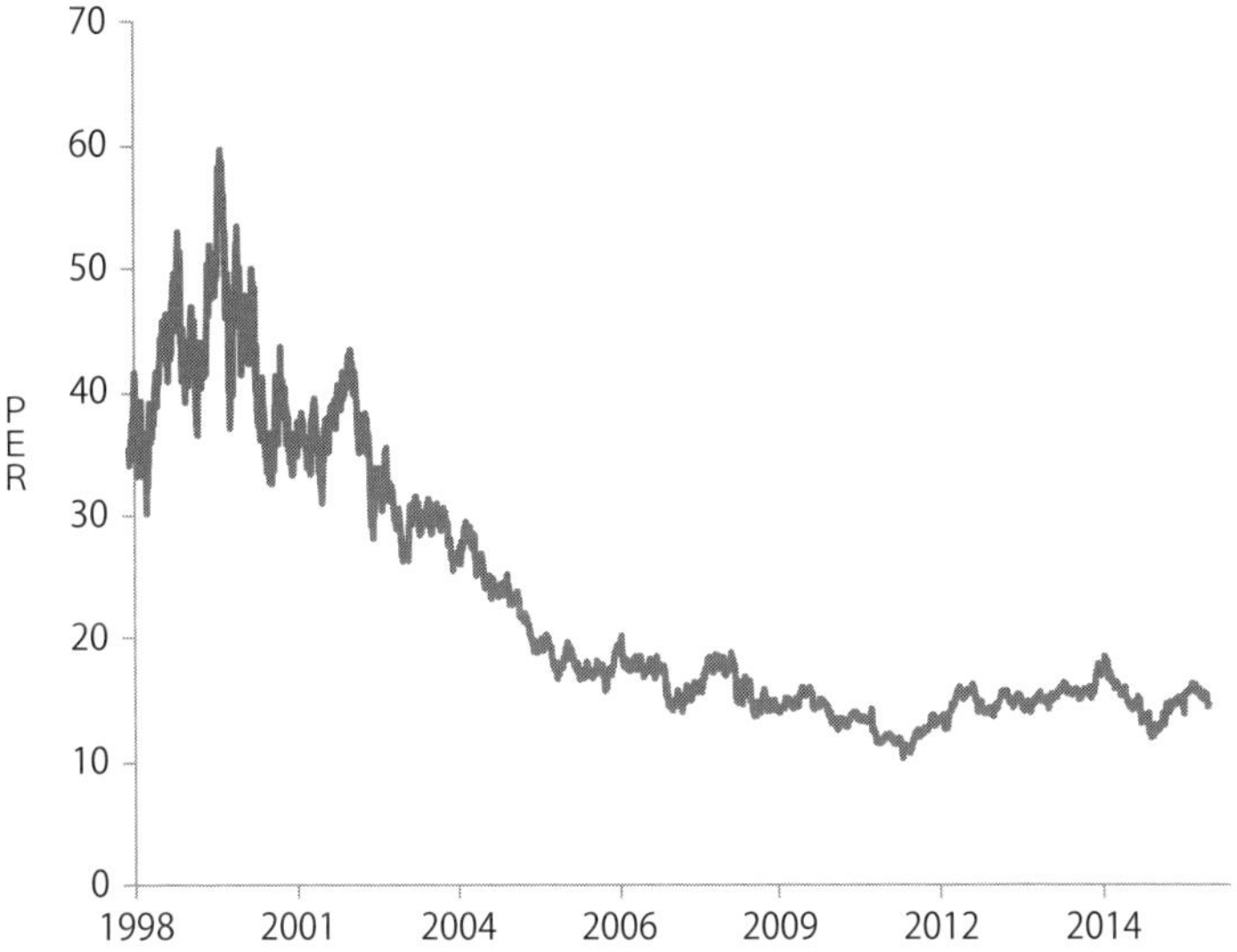

のため、ＰＥＲがプラスであるかぎり、低ＰＥＲの株式のほうが魅力がある。また、ＰＥＲが同じであれば、成長率が高い企業のほうが魅力的だ。

　ピーター・リンチによると、株式の適正ＰＥＲは企業の成長率と線形の関係にある。[1]私は第5章で、適正ＰＥＲのときには、成長企業の株価はほぼ適正価値にあり、適正価格は金利に影響されることを説明した。

　ある企業の過去のＰＥＲの変動幅を見て、現在のＰＥＲが過去のバリュエーションと比べてどの辺りに位置するかを確かめておくのは役に立つ。例えば、**図9－1**は一九九八年以降のウォルマートのＰＥＲを表している。ＰＥＲが六〇倍で最も高かった二〇〇〇年にウォルマートの株式を買った投資家は、一二年後に一株当たり利益が四倍近くになるまで含み損を解消できなかった。しかし、二〇一一年にＰＥＲが一一倍と最低になったときに買った投資家はわずか一二カ月で四〇％の利益が得られた。

企業が赤字に陥ると、ＰＥＲは無意味になる。第３章で指摘したように、赤字企業を避ければリターンを増やすことができる。

成長率が異なる企業の株式を比較するために、リンチはＰＥＧという比率を考案した。これはＰＥＲを成長率で割った値と定義される。ＰＥＧが一のとき、株式は適正価値とみなせる。それでも、彼は成長率が年率一〇％でＰＥＲが一〇倍の企業よりも、成長率が二〇％でＰＥＲが二〇倍の企業の株式を買いたいと言った。[2]

ＰＥＲは投資家が払ったお金を取り戻すのにどれだけの年数がかかるかを測るので、業界が異なる銘柄のバリュエーションを比較するのにも使える。だから、ＰＥＲは株価評価のなかで最も重要で、広く使われている指標なのだ。

ＰＥＲは事業の一部売却、一度かぎりの資産評価の切り下げなどの経常外項目に影響されることがある。これは当年または当四半期の決算報告書の利益に大きな影響を及ぼす恐れがある。しかし、これは繰り返し起きることではない。企業の評価にＰＥＲを使うときはこの点に注意を払う必要がある。

また、景気循環型の事業や利益予想ができない事業を評価しようとすると、ＰＥＲは誤解を

図9-2　サウスウエスト航空のPER

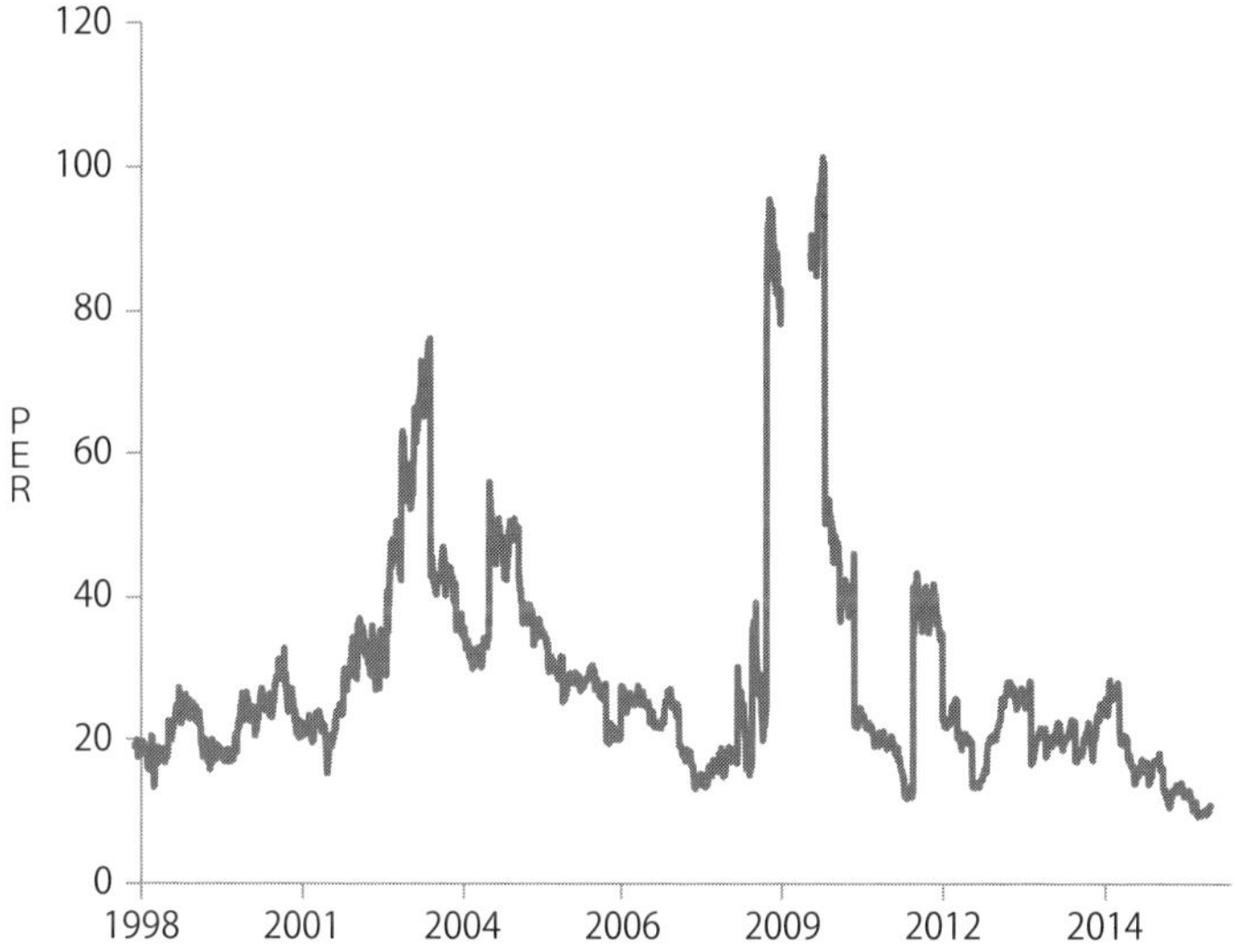

招くことがある点も意識しておく必要がある。この指標は着実に利益を出している企業の分析をするときに最もうまくいく。景気循環型の業界は、景気循環の天井で利益率が高くなり、底では利益率が下がるか赤字に陥ることすらある。そうした企業の利益は景気循環の天井で大きくなるので、PERは不自然なほど低くなる。時価総額で二番目に大きな航空会社、サウスウエスト航空がその良い例だ。**図9―2**は一九九八年から二〇一六年までのPERを示している。

明らかに、サウスウエスト航空のPERは二〇〇三年と二〇〇九年の景気循環の谷で最も高かったが、株価は前回の高値から五〇％下げていた。二〇

図9-3　サウスウエスト航空のEPS

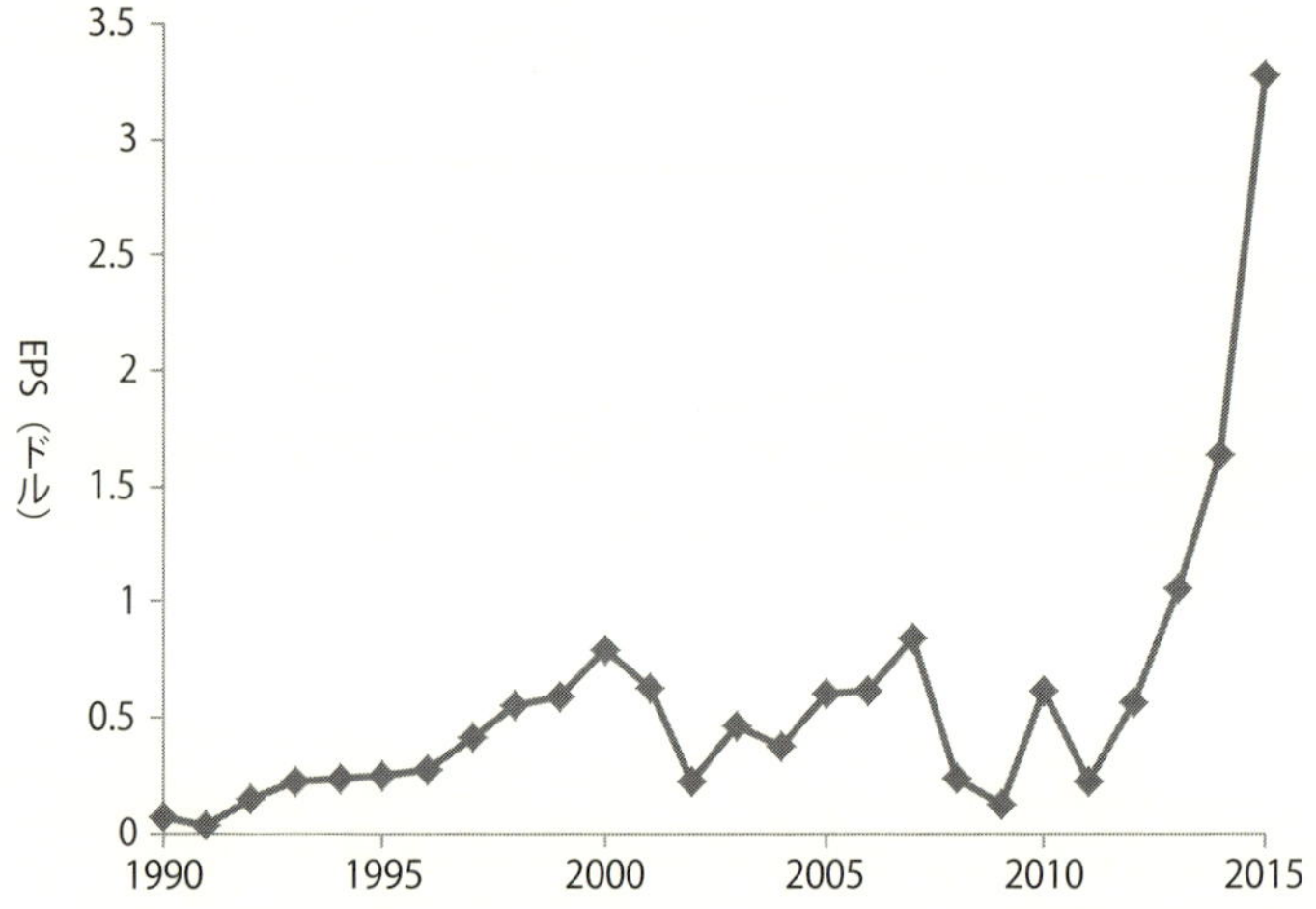

一六年九月現在はＰＥＲが一〇倍以下で、割安に見える。しかし、最近の利益は石油価格の下落と好景気によって底上げされている。そのため、石油価格が上昇するか景気が減速すると、この利益は維持できないかもしれない。**図９－３**はＥＰＳ（一株当たり利益）を示したものだ。

　石油価格が下げ始めた二〇一四年以降、利益は明らかに過去のトレンドから極端に外れている。利益が異常に増えているため、株価は最高値に近いのに、ＰＥＲは低くなっている。景気循環に左右される業界を評価するのにもっと適切な指標はＰＳＲだ。

　ＥＶ／ＥＢＩＴとＥＶ／ＥＢＩＴＤＡはＰＥＲの変化形だ。ＥＶは企業価値を、ＥＢＩＴは利息・税引き前利益を、ＥＢＩＴＤＡは利息・税金・減価償却前利益を表す。

これらはおそらくＰＥＲよりも良い評価指標だ。株主は企業のキャッシュを保有しているが、負債に対する支払い義務も負っていると仮定すると、企業価値は投資家が支払う本当の代価を表すからだ。しかも、ＥＢＩＴは企業の会計操作に影響されにくい。

ピーター・リンチのアーニングスライン

ＰＥＲに関連して、リンチは過去一二カ月の利益に基づきＰＥＲ一五倍で計算した株価の線を株価チャート上に引き、株価ラインとの関係を見ることを好んだ。彼はこの線をアーニングスライン（収益線）と呼んだ。これは今ではピーター・リンチのアーニングスラインという名前でよく知られている。この株価ラインとアーニングスラインを組み合わせたチャートは、https://www.gurufocus.com/ が取り上げて一般的になり、現在ではピーター・リンチのチャートとして知られている。優れた著書『ピーター・リンチの株で勝つ』（ダイヤモンド社）で、彼は株式の評価を示すために、これらのチャートをたくさん使っている。彼は次のように書いている。

株価が高すぎるかどうかを簡単に知る方法は、株価ラインとアーニングスラインを比較することだ。ショニーズ、ザ・リミテッド、マリオットのようなおなじみの成長企業の株式

図9-4　ゼネラル・ダイナミックスに関するピーター・リンチのチャート

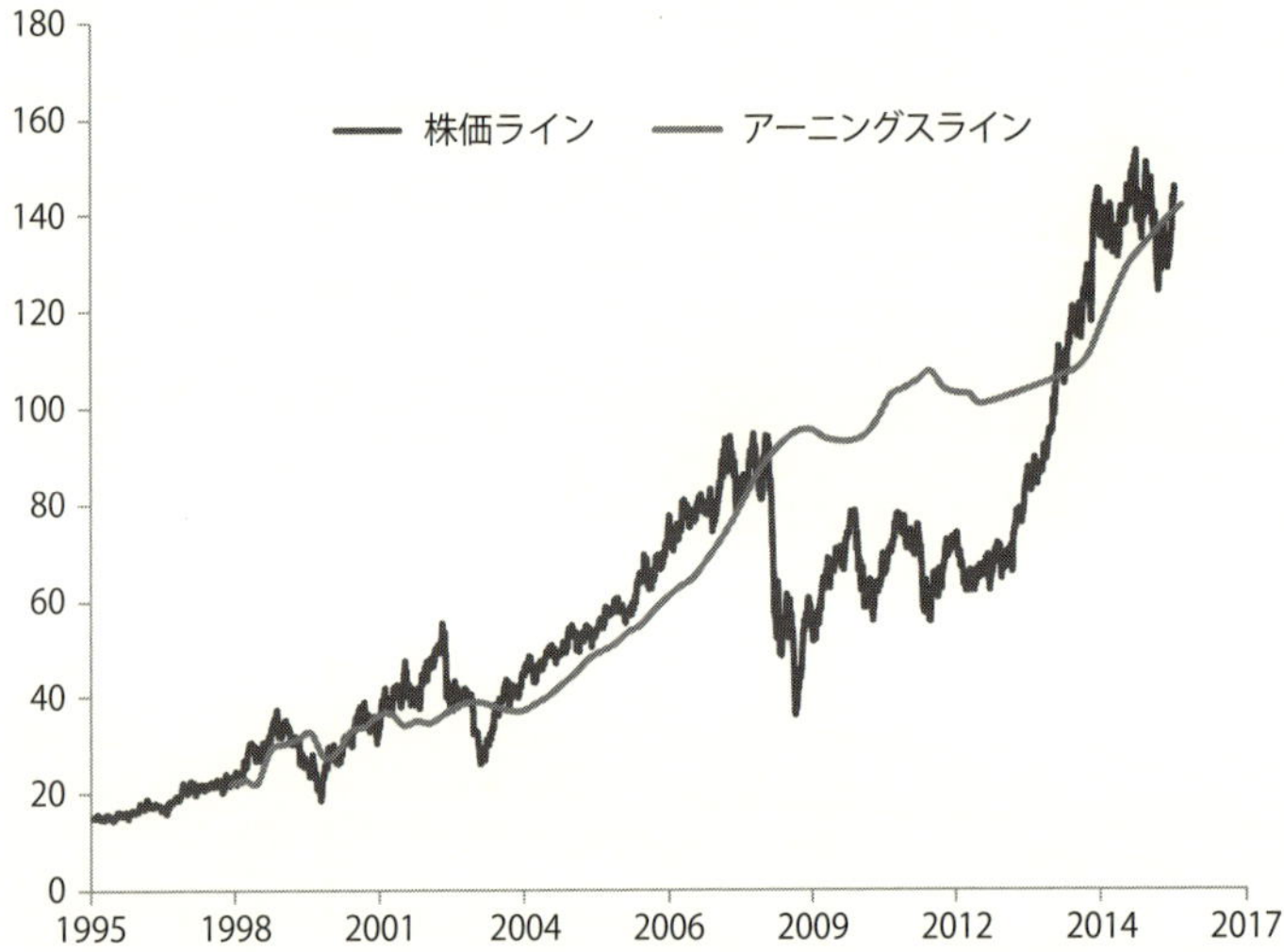

を、株価がアーニングスラインを大きく下回ったときに買って、株価がそのラインを大きく上回ったときに売れば、かなり良いリターンを得られる可能性が高い。[3]

ピーター・リンチのチャートをゼネラル・ダイナミックスを例にして、**図9－4**に示した。

歴史的に見ると、株価がアーニングスラインを下回ったとき、その後に必ずそのラインを上にブレイクしたことが分かる。リンチが言ったように、株価がアーニングスラインを下回ったときにこの株式を買い、上回ったときに売っていたら、かなり良いリターンを得られただろう。このテクニックは多くの企業、特に利益の長期トレンドが安定している企業の株式で使える。

ピーター・リンチのチャートはＰＥＲを一五倍に固定してアーニングスラインを引いているため、たしかに限界があり、ＣＶＳヘルス、ペプシコ、ジョンソン・アンド・ジョンソン、プロクター・アンド・ギャンブルのような優良株でさえうまくいかない。もっと良いアーニングスラインはＰＥＲを一五倍に固定するのではなく、過去のＰＥＲの中央値で引くものだ。ＰＥＲの中央値は銘柄ごとに異なる。例えばＣＶＳの場合、適切なアーニングスラインは一八・六倍のＰＥＲで引いたものだ。一五倍のＰＥＲで引くと、アーニングスラインはほとんど常に株価ラインを下回る（**図9－5**を参照）。

こうなる理由は、おそらく彼がフィデリティで働いていた当時よりも最近一〇年の金利のほうがはるかに低いからだろう。金利が下がったせいで、すべての株式の名目上の評価が上がったのだ。

適正なＰＥＲで引いたアーニングスラインのほかに、過去のＰＥＲの最大と最低の値でアーニングスラインを引くこともできる。例えば、**図9－6**のチャートもＣＶＳのものだが、二〇〇四年以降のＰＥＲで最低の一〇・四倍と最高の二七・四倍でアーニングスラインを引いている。明らかに、ＰＥＲが最低のアーニングスラインに株価ラインが近づいたときに買って、ＰＥＲが最高のアーニングスラインに近づいたときに売れば、非常にうまくいく。

ところで、グルフォーカスのウェブサイト、https://www.gurufocus.com/ のインターアクテ

図9-5　CVSヘルスに関するPERの中央値のチャート

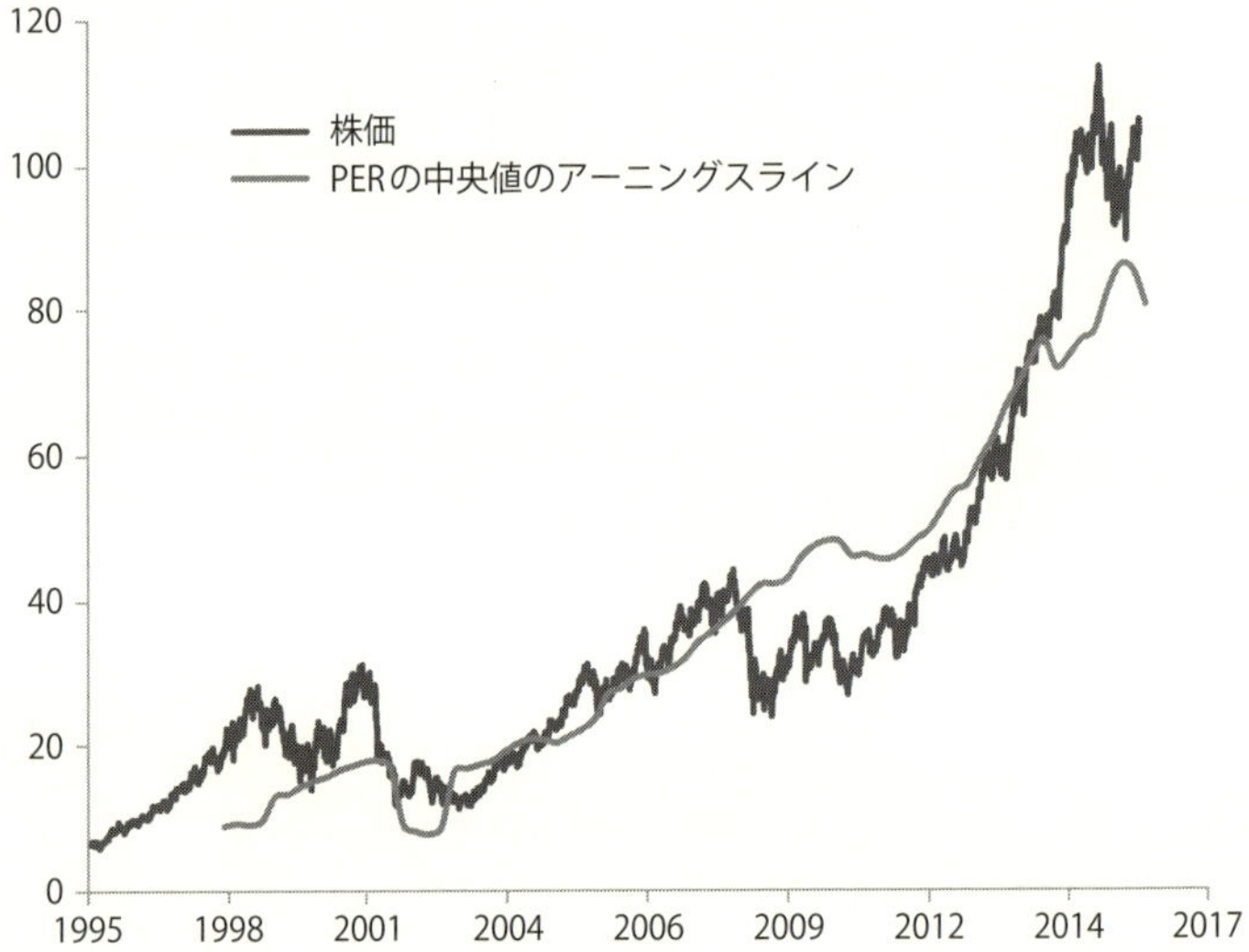

イブ・チャート機能を用いれば、過去のPER、EPS、ピーター・リンチのチャートやほかにも多くの指標が入手できる。

繰り返しになるが、ピーター・リンチのチャートやPERの中央値を使ったアーニングスラインのチャートは、利益と利益成長が着実に上昇傾向にある企業、すなわちリンチの言う優良株に当てはめるときにうまくいく。[4] これらの企業は生活必需品、ヘルスケア、公共事業のように、製品やサービスの消費が景気にあまり左右されないセクターで見つかる。

ピーター・リンチのチャートは資本財、化学製品、耐久消費財などの景気循環セクターではうまくいかない。サ

図9-6　PERが最高と最低のCVSヘルスのチャート

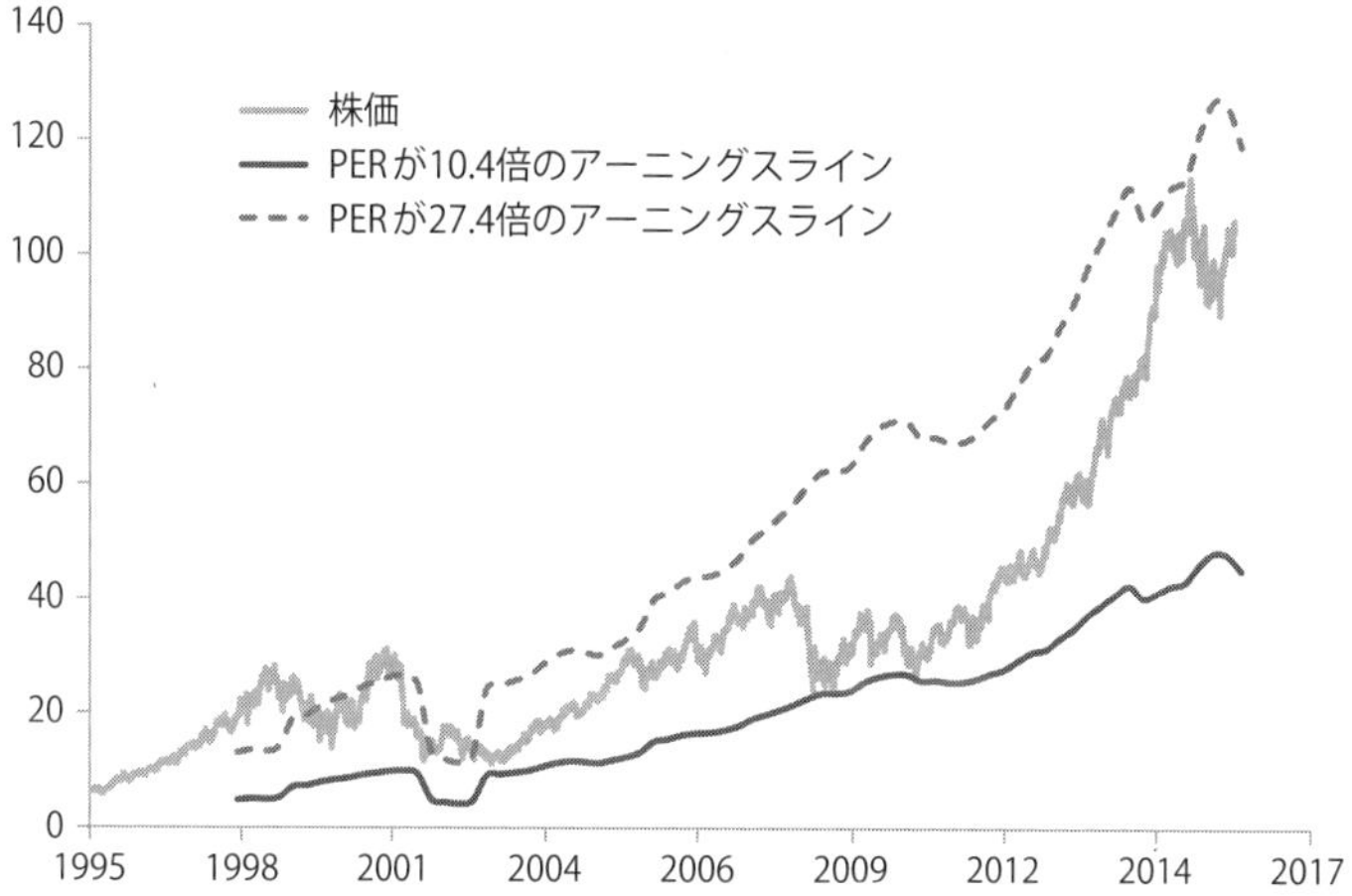

ウスウエスト航空を例に取ると、この企業の株価には上昇余地があるように見える。**図9－7**で示されているように、現在の史上最高値の株価は過去のＰＥＲの中央値の二三・二五倍で引いたアーニングスラインを大幅に下回っているからだ。しかし、石油価格が上がるか旅客数が落ち込むと、このアーニングスラインはすぐに下がるかもしれない。景気循環型の企業の過去の株価について評価をする場合、ＰＳＲを使うほうがより正確になる。

ＰＳＲ

ある銘柄をそれ自身の過去のバリュエーションと比べるか、同業他社と比べたいときには、ＰＳＲは優れた指標になる。これ

図9-7　サウスウエスト航空のPERの中央値のチャート

は相対的な割安度や割高度だけを見るもので、ＰＥＲのように投資家が資金を回収するのに何年かかるかを測るものではない。景気循環に左右される業界のために、ＰＥＲが役に立たない銘柄を評価するのにＰＳＲは非常に役に立つ。この指標は景気循環型の企業で、利益率が長期的に見て平均に戻るときに役に立つ。再び、サウスウエスト航空を例に取ると、利益はジェットコースターのように浮き沈みが激しかったが、売上高は比較的着実に伸びてきた。ピーター・リンチのチャートでＰＥＲの中央値で引いたアーニングスラインを、ＰＳＲの中央値で引いた売上高ラインと入れ替えると、**図9－8**で

示されるように、株式をいつ買って、いつ売るのが良いかがはっきりと分かる。二〇〇〇年代初めに株価はＰＳＲの中央値を大きく上回っていた。二〇〇〇年にこの株式を買った人は、損益ゼロに戻すまでに一四年以上かかった。二〇〇九年と二〇一一年に株価がＰＳＲの中央値を下回っているときにこれを買った人は、その後の五年で多くの利益が得られた。ＰＥＲの中央値でアーニングスラインを引いた前のチャートでは、これほど明確な方向性を判断することはできない。過去のＰＳＲの中央値で測ると、サウスウエスト航空は現在、適正価値であるように見える。

アーニングスラインのときと同様に、過去の一定期間でＰＳＲが最高の場合と最低の場合で売上高ラインを引くこともできる。これらのラインによって過去のＰＳＲの帯ができるので、その株式がいつ割安で買い時かを示してくれる。

このＰＳＲ帯を用いる手法は、着実に業績を上げている企業でも景気循環型の企業でも役に立つ。**図9－9**と**図9－10**のチャートはジョンソン・アンド・ジョンソンとアマゾンのＰＳＲ帯を示している。製薬業のジョンソン・アンド・ジョンソンの株価は一株当たり売上高のおよそ三・五倍辺りを動いていて、ネット通販のアマゾンの株価は一株当たり売上高のおよそ二・二五倍辺りを動いていた。

ＰＳＲ帯を用いる手法は売上高が落ち続けていて、ＰＳＲがゼロになる恐れがある企業ではうまくいかない。また、石油、鉄鋼、金鉱などの素材産業でもうまくいかないかもしれない。こ

図9-8　サウスウエスト航空のPSR帯

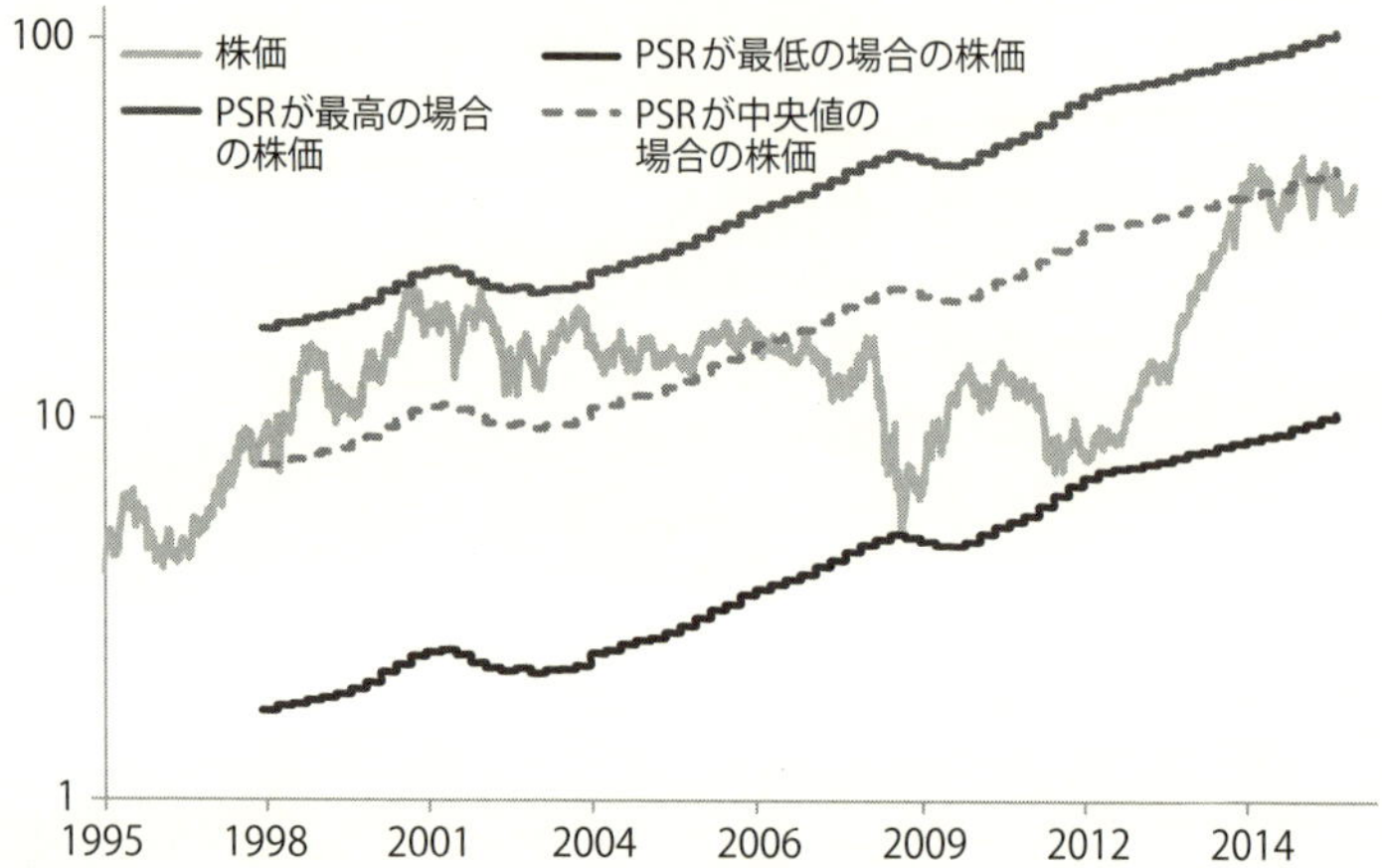

の点についてはあとで再び検討する。

ＰＳＲを全株式市場に当てはめると、全市場のバリュエーションと期待リターンを評価するのに使える。この場合、価格は取引されている全株式の時価総額で、売上高はその国のＧＤＰ（国内総生産）を用いる。これはウォーレン・バフェットが全市場のバリュエーションと将来のリターンを予想した方法だ。この点については、次の章で詳しく説明する。

ＰＢＲ

収益力に対する株価の比率を見るＰＥＲやＰＳＲと異なり、ＰＢＲは企業の資産に対する株価の割安・割高度を見るものだ。これは事業については何も示唆しない。株価と企業の資産を比べるだけだ。

図9-9　ジョンソン・アンド・ジョンソンのPSR帯

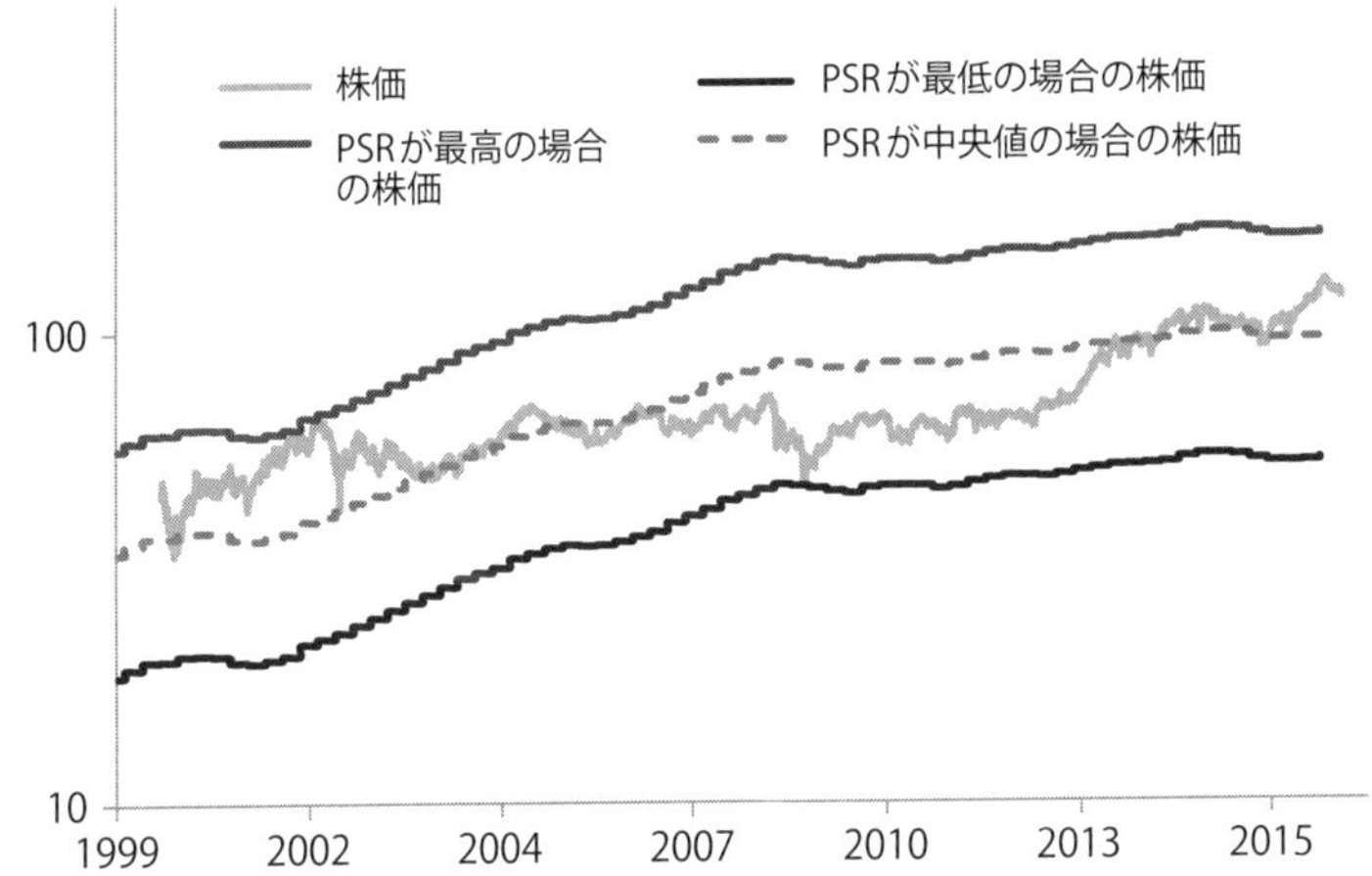

図9-10　アマゾンのPSR帯

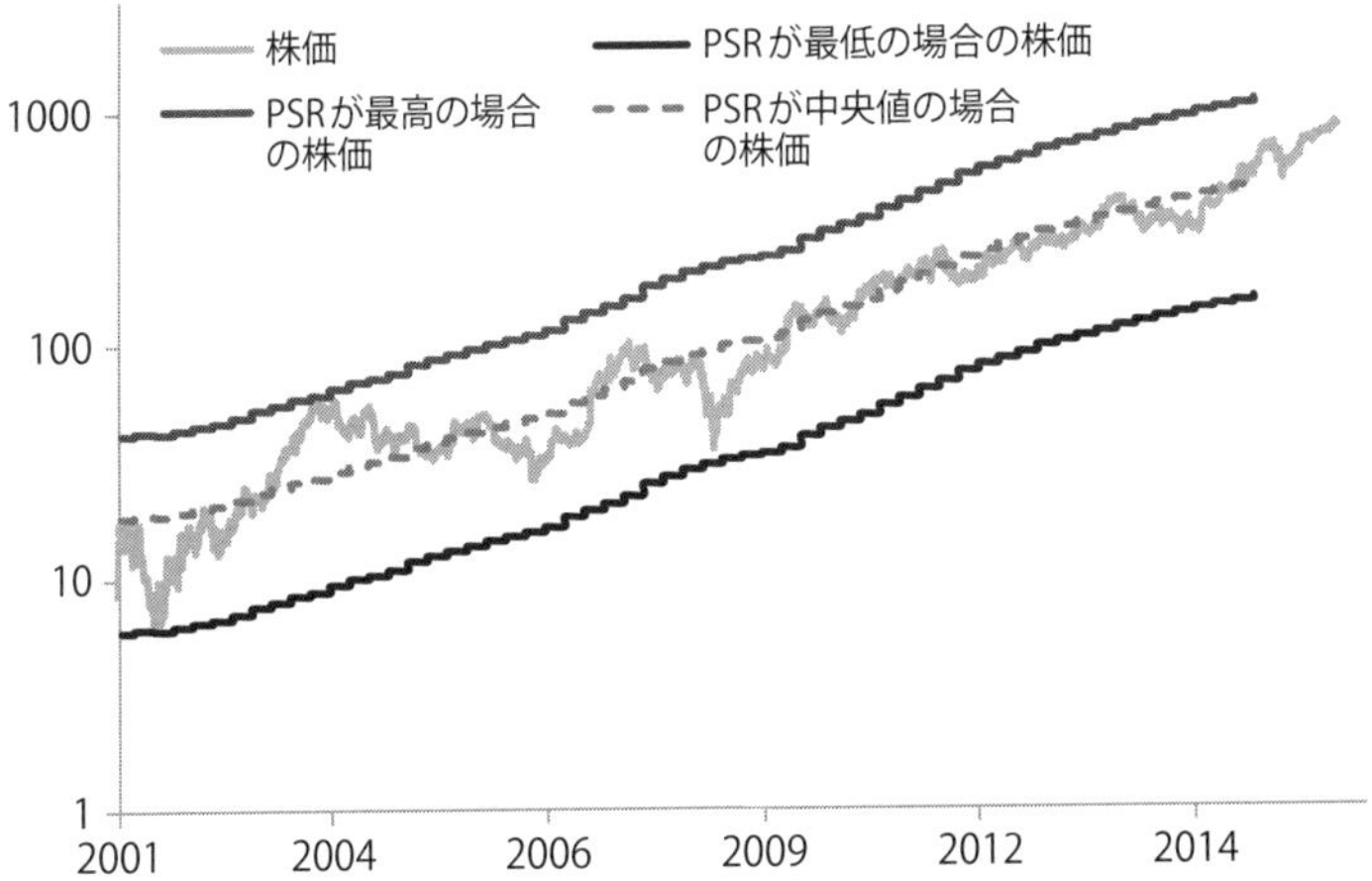

ベンジャミン・グレアムは一株当たり純資産と株価を比べて、純資産を下回る、つまり、ＰＢＲが一倍を下回る株式を買うことを好んだ。ＰＢＲは固定資産比率が高くて、収益力の源泉が主として有形固定資産である企業の場合に役に立つ。ソフトウェア開発や保険代理店業などの固定資産比率が低い企業では、ＰＢＲは役に立たない。また、ムーディーズやオートゾーンのような企業は債務超過なので、ＰＢＲは使えない。ＰＢＲは銀行や保険会社のような金融関連企業の場合に最も役に立つ。この業種はもっと詳しく検討する必要がある。

ＰＢＲと金融関連企業

銀行や保険代理店のような金融サービス業で最も役に立つ株価評価のツールはＰＢＲだ。金融関連企業は時価会計基準に従う。彼らは市場で取引されている適正価値で資産を記帳する必要がある。金融関連企業のほとんどの資産は市場で取引されているので、市場価格がある。資産や負債のような貸借対照表の項目は現在の市場価値を反映している。そのため、これらの企業の貸借対照表上の自己資本は、現在の市場で評価した企業の純資産に非常に近い。

銀行や保険会社を収益力で評価することもできる。しかし、金融関連企業では計算に必要な項目である運転資本の変動、資本的支出、負債などを区別するのは非常に難しい。さらに、銀行や保険会社の本当の損益は決算報告書の損益とは大きく異なることがある。銀行の貸倒引当金や保険会社の保険給付支払準備金は極めて主観的だが、それらは決算報告書の利益に大きく影響する。現在の事業活動から得られる本当の利益は通常、何年もたって不景気の時期に貸し倒れや保険金の支払いが発生するまで分からない。

簿価を見るだけでは金融関連企業の収益力を評価できないように見える。だが実際には、収益力は彼らの資産――債券であれ株式であれ、あるいは抵当かその他の有価証券であれ――の価格に反映されている。債券は金利や格付けの変化に応じて額面よりも高くも安くもなる。抵当はどれだけ利益を生むかを反映した価格で、銀行間で売買される。

そのため、簿価は金融関連企業の純資産をかなり正確に示している。だからこそ、バフェットは決算報告書の株主への手紙で必ず最初に、一株当たり純資産の変動について書いたのだ。特に、初期のバークシャー・ハサウェイは保険事業がかなりの比重を占めていたために、バフェットは純資産が株式の内在価値を表すのにふさわしいと考えたのだ。バークシャーがバーリントン・ノーザン・サンタフェ、イスカー、ミッドアメリカン・エナジーなどの非保険事業を行う大企業を買収するにつれて、その内在価値は純資産額から外れていった。**図9－11**はPBRが最高、中央値、最低のときの株価で作った過去のPBR帯に対して、バークシャー・ハサウェイの株価がどの位置にあるかを示したものだ。このチャートを見れば、株式のバリュエーションや買い時がいつかがはっきりと分かる。

図9-11　バークシャーのPBR帯

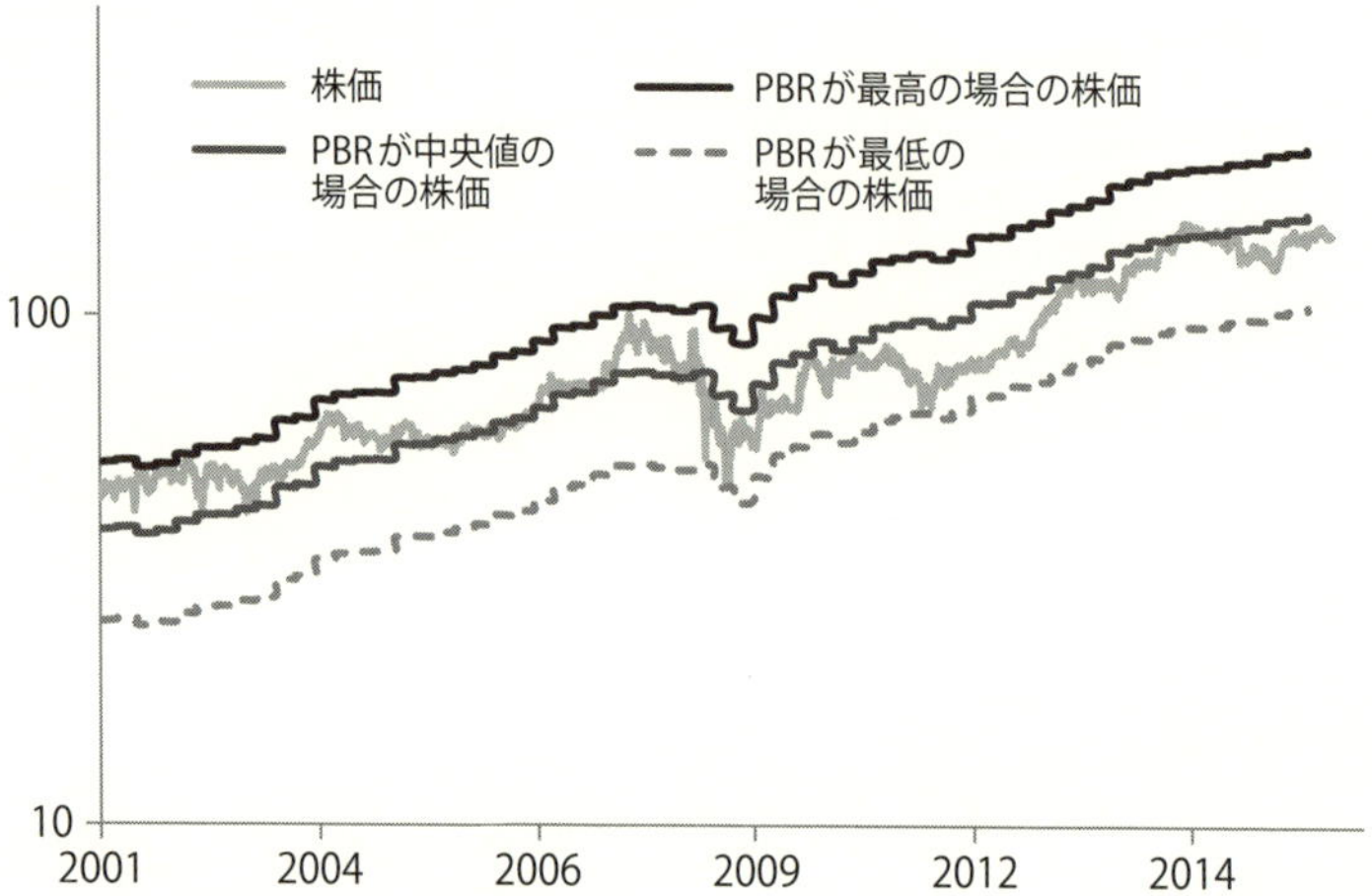

金融関連企業を簿価で評価するときには、帳簿の質について注意すべきだ。資産の簿価のほとんどは現在の市場価格とほぼ同じだが、市場は実際とは大きく異なる価格を付けることもある。銀行ローンの支払いが予想以上に滞り始めるか、保険を引き受けたときよりも保険金の支払いが増えたときには、それらの資産の市場価格は急落することもある。それが二〇〇八年の金融危機のときや、マイケル・バーリがサブプライムローンの破綻に賭けて大儲けしたときに起きたことだ。

したがって、金融関連企業の株式に投資するときに重要な点は決算報告書の数字の質、純資産の増加とＰＢＲだ。決算数字の質が高く、ＰＢＲが低い銘柄は割安だ。

素材産業

　これまでに取り上げたどの指標も素材産業に属する企業、つまり商品がほかの事業や消費者に使われる企業ではうまくいかない。これらの商品には石油、ガス、鋼鉄、銅、金などの金属が含まれる。ほかに、卵、トウモロコシ、その他の穀物も含まれる。これらの企業は通常、固定資産比率が高く、それらの資産は収益力と純資産を見るのに良い。

　素材産業のさまざまな商品は生産方法も消費のされ方もさまざまだが、共通点もある。価格は予測しづらく、乱高下することがあり、これらの企業は価格をコントロールできない。彼らの生産コストは商品価格にあまり関係なく決まっている。そのため、売上高も利益も生産する商品の価格次第で大きく変わる。

　これは一連の製品が比較的幅広く、販売網も世界に広がっているエクソン・モービルのような成熟企業にすら言えることだ。**図9－12**は四半期の純利益と原油価格を表しているが、両者は密接に関係している。

　商品価格は予測しづらいが、それによって売上高や利益は大きく変わるため、素材産業に属する企業を評価するのは非常に難しい。これらの株式に投資するのはもっとやっかいだ。商品価格のサイクルは景気や株式市場のサイクルとは必ずしも一致しないからだ。そのため、商品価格が安くて企業の利益が落ち込んでいるのに、株価は高止まりしているときもある。

図9-12　石油価格とエクソン・モービルの純利益

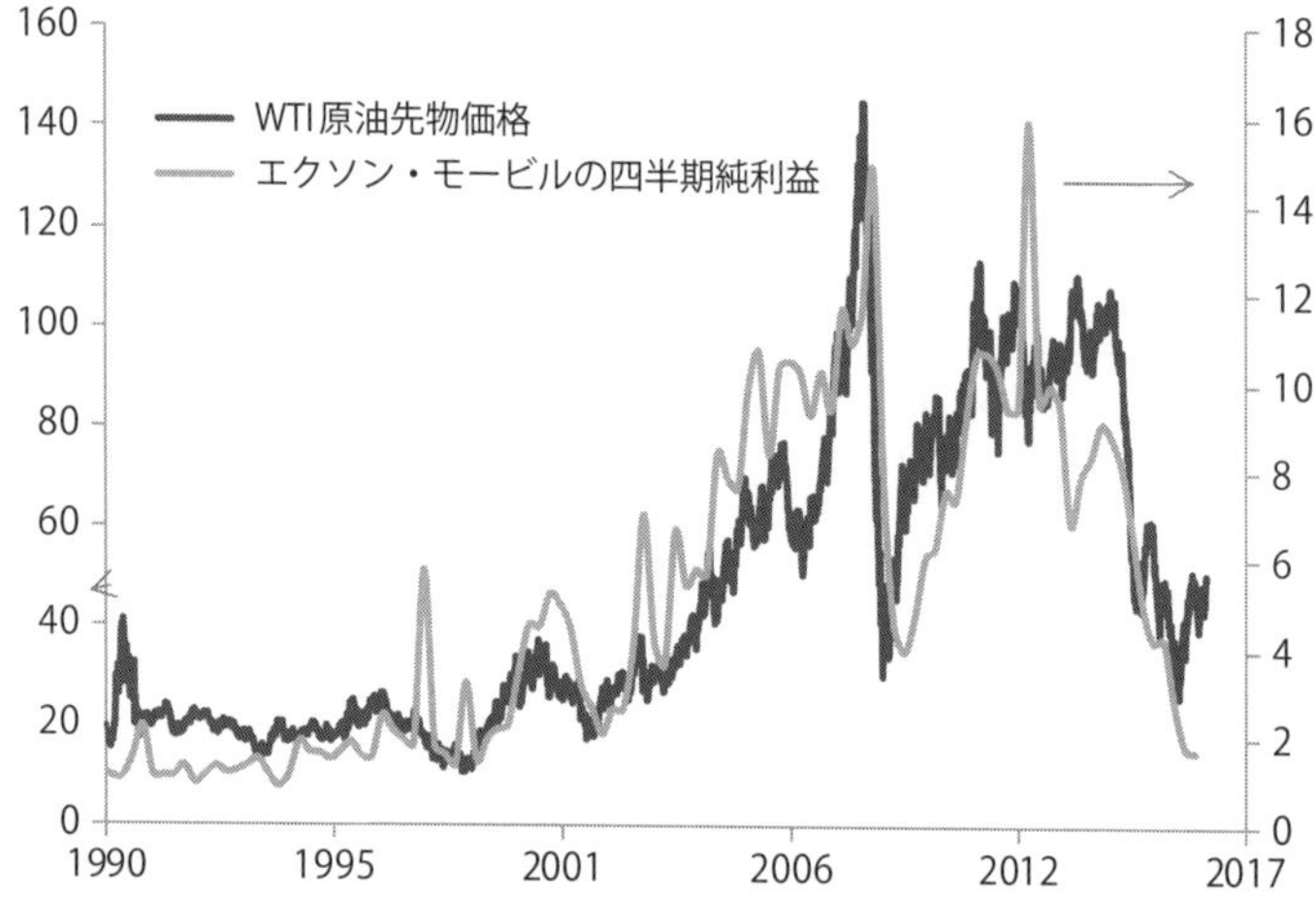

PERやPSRのような指標はこれらの企業の相対的なバリュエーションを見る場合でもふさわしくない。同様に、DCF（割引キャッシュフロー）のような評価法も意味のある正確さで内在価値を推定できない。過去と将来の商品価格によって結果が大きく変わるからだ。商品価格の前のサイクルの平均も、次のサイクルの平均を予測するのには役に立たない。内在価値をどのように推定しようと、それは将来の商品価格に応じて大きく変わる。例えば、バロンズによると、USスチールの株価が一六ドルで推移しているときに、ウォール街のアナリストたちは目標株価を三七ドルの高値から七ドルの安値まで一八通り出していた。[5]

　素材産業のバリュエーションを測るのに使える指標は株式のシラーPERだ。シラーＰＥＲはＳ＆Ｐ５００指数のバリュエーションを測るために、エール大学のロバート・シラー教授が考案した。[6] 私たちはこの手法を個別株に当てはめている。これは、過去一〇年間の利益をインフレ率で調整したあとに平均を取り、株価をこの平均利益で割って求める。これによって、商品価格のサイクル全体で価格と利益率の変動がなめらかになり、株価のバリュエーションがより現実的になる。

　ＰＢＲも、過去のバリュエーションと比較するときには素材産業株の良い指標になる。純資産は売上高や利益と異なり、比較的に安定しているからだ。一般的に、長期の商品価格は市場の需要と供給で動く。また、素材産業は商品価格や利益率が低下しても、株式の簿価に影響する減損の判定を行わない。

　図9－13はシェブロンのＰＥＲ、ＰＢＲ、シラーＰＥＲの例だ。シェブロンは現在、赤字なので、株式を通常のＰＥＲでは評価できない。赤字に転落する前は、利益が二〇一五年から大幅に落ちたので、ＰＥＲは一五〇倍まで上昇した。これは株価評価では明らかに意味をなさない。ＰＢＲとシラーＰＥＲは過去のバリュエーションの正しい尺度になる。

　一般的に、素材産業株を買うのに良い時期はＰＢＲとシラーＰＥＲが最近のサイクルの最低水準にあるときだ。買うのに良い企業は財務基盤がしっかりしていて、利益率が高く、困難な時期に備えて十分な資金を蓄えていて、過去のＰＢＲで見て割安なものだ。素材産業株で長期間、保有できるものはほとんどない。それらを売る良い時期はＰＢＲとシラーＰＥＲが最近の

図9-13　シェブロンのPER、PBR、シラーPER

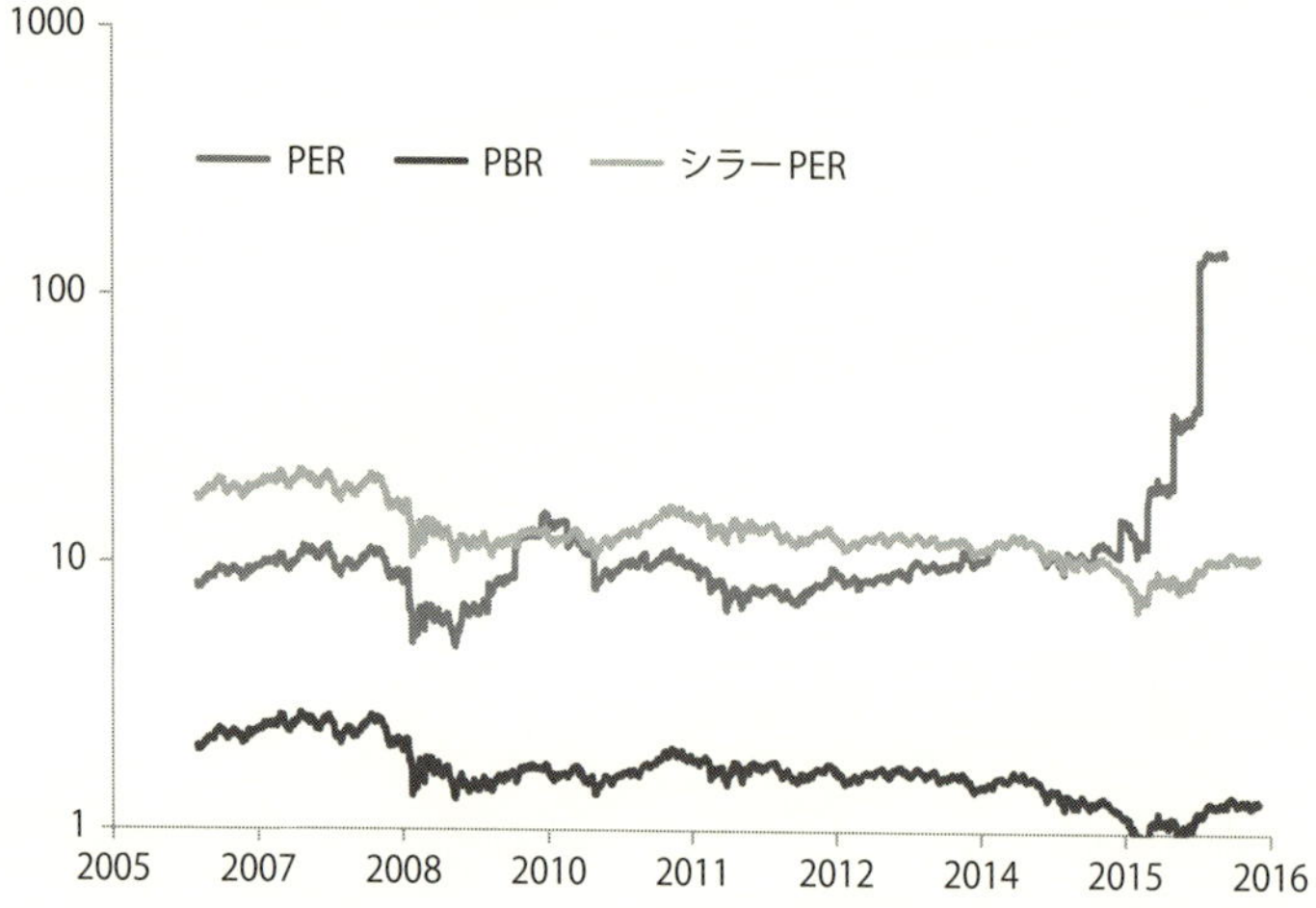

サイクルで最高水準にあるときだ。それは通常、商品価格が市況サイクルの最高水準にあるときでもある。

これはバフェットが中国の巨大石油会社、ペトロチャイナで行ったことだ。石油価格が一バレル当たり二〇ドルで、この株式のPBRがほぼ一倍だった二〇〇二年に株式を買った。そして、石油価格が七〇ドルを超えるまで上昇して、PBRが最高の四倍になった二〇〇七年に売った。二〇一六年九月現在、この株式のPBRは約〇・七倍だ。彼は完璧なタイミングで売ったのだ。ところが、彼はこのときに得た利益の一部を使って、石油価格が最高値だった二〇〇八年にアメリカの石油会社であるコノコフィリップスの株式を買った。彼はそれから数カ月後の、二〇〇八年の株主への手紙で次のように書いた。

私は石油とガソリン価格が最高値に近かったときにコノコフィリップスの株式を大量に買いました。私はその年の後半にエネルギー価格が急落するとは思ってもいませんでした……。たとえエネルギー価格が上昇したとしても、ひどくタイミングが悪いときに買ったせいで、バークシャーに数十億ドルの損失が発生しました。[7]

もっと最近の例は億万長者で物言う投資家のカール・アイカンだ。彼は石油価格が一バレル一〇〇ドルほどで高止まりしていた二〇一三年に、採掘請負業者のトランスオーシャン株を買った。石油価格の暴落によって掘削装置は放置され、売上高も急激に落ち込んだ。カール・アイカンはこの投資で資金の約八〇％を失って、すべてを売却した。市況サイクルの天井で素材株を買うと、商品市場から情け容赦ない仕打ちを受ける。

内在価値の計算

内在価値を測る手法では、投資家は企業の絶対的な価値を求めて、その価値を株価と比べようとする。第5章で説明したように、内在価値は企業の残存期間に生み出されるキャッシュフローの現在割引価値に等しい。キャッシュフローは事業活動で稼ぐ利益から得られる。また、企業の資産を売却することによっても得られる。したがって、内在価値は企業の収益力か、企業の所有する純資産か、収益力と資産の両方に基づいて推定することができる。内在価値を測る手法には次のものが含まれる。

●ネットキャッシュ
●正味運転資本
●正味流動資産
●有形純資産
●割引キャッシュフロー（または利益）
●グレアムナンバー
●ＥＰＶ（収益力の価値）
●ピーター・リンチの適正価値
●ＰＳＲの価値の中央値

最初の四つのネットキャッシュ、正味運転資本、正味流動資産、有形純資産は企業の資産だけに基づいて評価する。それらは第2章のディープバリュー投資のところで詳しく説明した。最初の三つは資産の清算価値を計算するためのもので、企業の持つほかの資産や収益力は考慮しない。

割引キャッシュフロー（または利益）は第5章で詳しく説明した。ここではほかの手法について検討する。

グレアムナンバー

グレアムナンバーはバリュー投資の創始者であるベンジャミン・グレアムにちなんで名付けられた内在価値の計算法だ。これは次のように計算される。

グレアムナンバー＝（二二・五×一株当たり純資産×一株当たり利益）の平方根

これは次のようにして計算することもできる。

グレアムナンバー＝｛（二二・五×純利益×株主資本）÷発行済株式｝の平方根

実は、グレアム自身はこのような式を発表してはいない。しかし、**『賢明なる投資家』**（パンローリング）のなかで、彼は株式を買うときの基準について次のように書いている。[8]

現在の株価は過去三年の一株当たり利益の平均の一五倍を超えてはならない。

現在の株価は前回の決算で報告された一株当たり純資産の一・五倍を超えてはならない。しかし、一株当たり利益の一五倍以下であれば、一株当たり純資産の倍率が一・五倍より高くても許容できる。経験則では、PERにPBRを掛けた数字が二二・五を超えるべきではない、と言える（この数字は一株当たり利益の一五倍と一株当たり純資産の一・五倍を掛けた数字に対応する。これはPERがわずか九倍でPBRが二・五倍の株価の株式などでも許容できることを意味する）。

DCF法のような株価評価法とは異なり、グレアムナンバーは企業の最近の業績だけに基づいている。これは企業の資産も収益力も考慮している。だが、利益の成長は考慮していない。一般に、グレアムナンバーは非常に保守的な株式評価法だ。しかし、これは企業の最近の利益と純資産だけを見るので、景気循環型の企業ではうまくいかない。景気循環型でなく、具体的な物を製造して利益を稼ぐメーカーで使うほうがうまくいく。この数字は計算に成長という要素を必要としないので、成長企業は低い評価しか得られない。債務超過の企業には使えないし、固定資産比率が低い事業の価値は過小に評価されるかもしれない。

ＥＰＶ

ＥＰＶ（収益力価値）はコロンビア大学でバリュー投資を研究するブルース・グリーンウォルド教授が考案した内在価値の計算法だ。彼は割引キャッシュフロー法が将来の収益性、資本コスト、将来の成長率の仮定に大きく依存しているので、頼みにならないと考えた[9]。ＥＰＶ法では収益力からそれに応じた資産価値を求める。企業価値は調整済み利益を資本コストで割った値に等しいと考える。そして、ＥＰＶは企業価値に純資産を足した額に等しい。

景気循環による変動を除くために、過去の利益率、売上高、税率を少なくとも一景気サイクルで平均してから、調整済み収益力を求める。成長はこのモデルでは考慮されない。

ＤＣＦ法と比べると、ＥＰＶは計算のほとんどですでに発表された決算数字を使う。成長率や成長年数を仮定する必要はない。しかし、内在価値の計算においてはどんな方法でも、計算の正確さに影響を及ぼす仮定を伴う。ＥＰＶの場合、資本コストに関する仮定は結果に大きな影響を及ぼす可能性がある。加速償却の見積もりも主観的だ。

アライアンス・データ・システムズのように負債がかなり多ければ、そのＥＰＶはマイナスになるかもしれない。この企業は売上高と利益を着実に伸ばしてきた。しかし、二〇一六年六月現在、負債は一二〇億ドルに近い。現在のように歴史的な低金利の下でさえ、負債に対する利息の支払いは営業利益の三分の一近くに達する。EPVがマイナスなのは負債が多いせいだ。一方、この企業の利益率は低下しているように見える。あなたはまだ警告シグナルを覚えているだろうか?

ピーター・リンチの適正価値

第5章で、リンチの適正なPERについての経験則を説明した。それは、成長企業の適正なPERはその利益成長と線形の関係にあるというものだ。これは成長企業の適正価格を推定するために使える。

適正なPER=利益成長率

ここで成長率を表すのに%を無視している点に気をつけてほしい。そのため、企業が年率二〇%で成長していれば、利益成長率に〇・二ではなく二〇を使っている。したがって、

ピーター・リンチの適正価値=利益成長率×一株当たり利益

この計算では長期の利益成長率を使う必要がある。私は成長率の計算にEBITDAの成長率を好んで使っている。これは事業運営の成長をより正確に反映する。また、減価償却の見積もりの不正確さや、廃止した事業や税金の支払いなどによる一回かぎりの利益の変動に影響されない。

ピーター・リンチの適正価値の計算は、年率一五～二五％の成長率で成長している企業によく当てはまる。最近はリンチが本を書いた当時よりも金利が非常に低いため、成長が緩やかな企業の適正価値は過小評価される傾向がある。

ピーター・リンチの適正価値はピーター・リンチのアーニングスラインによって示されるバリュエーションと異なる点に注意してほしい。ピーター・リンチのアーニングスラインでは、PERは常に一五倍に固定されているが、適正価値の計算ではPERは成長率に等しい。成長率は年率一五％よりも高くなることも低くなることもある。

PSRの価値の中央値

PSRの価値の中央値では、株式の適正価値は過去のPSRの中央値とみなす。景気循環の影響を抑えるために、株式の過去の長期的なPSRを調べて、その期間の中央値を見つける。グルフォーカスの計算では、一〇年を使う。

PSRの価値の中央値は次の式で計算する。

PSRの価値の中央値＝年間総売上高÷発行済株式×一〇年間のPSRの中央値

PERやPBRではなくPSRを使う理由は、企業の利益や純資産はマイナスになることがあるからだ。また、PSRは利益率に影響されないため、より広い状況で使えるからだ。また、売上高は利益や利益率ほど景気循環に左右されない。

PSRの節で説明したように、過去の株価を見ると、多くの企業で株価は売上高と強い相関関係を示している。例えば、製薬会社のジョンソン・アンド・ジョンソンの過去二三年間の株価は一株当たり売上高の三・五倍辺りを変動していた。重機メーカーのキャタピラーの場合は約〇・九五倍、ネット通販のアマゾンは約二・二五倍辺りだ。この強い相関関係は現在の株式の適正価格を推定するのに使える。

PSRの適正価値の中央値を推定すれば、利益率が安定していて着実に業績を上げている企業でも、キャタピラーのように利益率が長期にわたって一定水準辺りで変動する景気循環型の企業でも役に立つ。しかし、企業の利益率が過去と比べて長期的に外れる傾向がある場合、利益率が低下していれば、この手法は適正価格を過大評価する恐れがある。また、利益率が拡大していれば過小評価する恐れがある。例えば、アマゾンは利益率が高いクラウドサービスがほかの事業よりも速いスピードで伸び続けているので、アマゾンが利益率を伸ばせば、株価は一株当たり売上高の二・二五倍という長期的な平均を上回るかもしれない。

■　■　■　■　■　■

事業価値の評価法が無数にあることに圧倒されないでほしい。かつて、ある投資家に計算法を見せたとき、すべてに使える方法が一つだけだったらよいのにと言われた。残念ながら、それほど単純にはいかない。しかし、計算で必要なことが分かれば、それほど難しくもない。数字を見るとき、その事業と業績について考えることだ。事業価値で大きな割合を占めているのが収益力なのか資産なのか、成長はしているのか、その成長はどれくらい持続可能なのかを判断するのだ。それから、最も適切な手法を当てはめればよい。

企業に収益力がなく、景気が一循環してもフリーキャッシュフローをプラスにできなければ、それは存続可能な事業ではなく、おそらく最大でも資産の清算価値にしか評価できないだろう。利益を生み出すオーナーが理性的ならば、清算価値では売らないだろう。価値があるのはキャッシュフローを生み出す力だ。

だれもが知っている企業をこれらの手法で評価するとどういう結果が出るのか、ちょっと見てみよう。これらの価値は二〇一六年九月に計算したものだ。ＤＣＦ法の割引率は一二％、Ｅ

企業名	株価	BPS	グレアムナンバー	EPV	DCF	リンチの適正価値	PSRの価値の中央値
アップル	112	23	65	69	244	171	136
アマゾン	829	35	49	30	43	101	508
ゼネラル・ダイナミックス	156	36	0	81	101	107	111
アルファベット	775	180	292	259	709	269	736
マイクロソフト	57	9	17	32	24	0	43
ネットフリックス	97	6	6	9	0	0	44
ウォルマート	71	25	45	83	55	0	79
ウェルズ・ファーゴ	44	35	50	–8	0	0	44

ＰＶでは九％である。計算結果は上の表のとおりだ。

前節で検討したように、純資産は銀行や保険会社の株価を評価するのには適切だ。これらの企業のなかで、アメリカで最大手行の一つであるウェルズ・ファーゴの株価だけがＢＰＳ（一株当たり純資産）からあまり離れていない。予想どおり、ほかのすべての企業の株価はＢＰＳよりもはるかに高い。グレアムナンバーとＥＰＶは両方とも、純資産と収益力を組み合わせているが、どちらも成長要素は計算で考慮していない。これらの指標はアップルやアルファベットのような急成長企業や、マイクロソフトのような固定資産が少ない企業の価値は過小に評価する。ゼネラル・ダイナミックスは有形純資産がマイナスなので、グレアムナンバーは計算できない。

ＤＣＦ法は予想可能な将来まで着実に成長しそうな企業にしか使えない。表の企業のなかでは、アップル、アルファベット、ゼネラル・ダイナミックスが着実に成長してきた。アップルはＤＣＦ法では株価が過小に評価されるようだ。アルファベット、ゼネラル・ダイナミックス、ウォルマートはＤＣＦ法では株価が過大に評価される。

これらの評価法のどれを当てはめても、アマゾンとネットフリックスの株価は正当化されない。ＰＳＲの価値の中央値は過去の株価の動きに基づいているが、それでさえ株価を控えめに評価した。

これらの評価法をさらに理解するために、バークシャー・ハサウェイが二〇〇九年以後に買収した三社のためにバフェットが支払った一株当たりの価格を見ておこう。バークシャーは二〇一〇年にバーリントン・ノーザン・サンタフェを、二〇一二年にルーブリゾールを、そして二〇一六年にプレシジョン・キャストパーツを買収した。バフェットが支払ったお金と、買収が発表されたころに異なる手法で計算したバリュエーションは次の表のとおりだ。買収でバフェットが適正価値を支払ったとすれば、純資産、グレアムナンバー、ＥＰＶは保守的すぎる。優良企業の株式はそれらの価格で買うことはできない。次ページの表で示すように、ＤＣＦ法とピーター・リンチの適正価値はこれらの企業の適正価値をかなり適切に推定している。

買収発表前のこれらの企業の株式はおよそ三〇～四〇％安かった。これはＤＣＦ法の評価に対して株価を見たときに頼るべき安全域だ。前ページの表でこの考え方を当てはめると、アッ

企業名	日付	買収価格	BPS	グレアムナンバー	EPV	DCF	リンチの適正価値	PSRの価値の中央値
バーリントン・ノーザン・サンタフェ	2009年9月	100	35	68	17	91	103	69
ルーブリゾール	2011年9月	135	34	65	52	114	142	64
プレシジョン・キャストパーツ	2015年12月	250	81	31	79	249	169	210

プル以外はどの株式もDCF法の評価に対する安全域はない。

次のページの表は、これらの内在価値の計算法で考慮している項目と、それらをどういう企業に当てはめるべきかをまとめたものだ。

投資利回り

投資利回りに基づく評価は、名称が示すとおりで、投資資金に対する予想利回りを見る。比率による指標や内在価値に基づく評価ほど人気はないが、利回りは投資対象から期待できるリターンをはっきりと示してくれる。

利回りに基づく評価は投資対象の収益力に焦点を合わせる。その主な利点はCD（譲渡性預金）、MMF（マネー・マーケット・ファンド）、債券、不動産など、ほかの投資対象の利回りと比較するために使える点だ。原則として、投資家は常にリスク調整後の利回りが最も高い資産に投資しなければならない。

バリュエーションの手法	資産	収益力	資産と収益力	成長を考慮しているか	どの種の企業に適用すべきか
ネットキャッシュ	x			いいえ	赤字企業の清算価値
正味運転資本	x			いいえ	
正味流動資産	x			いいえ	
純資産	x			いいえ	銀行、保険業
割引キャッシュフロー（または利益）		x		はい	売上高と利益が予想できる企業
グレアムナンバー			x	いいえ	固定資産比率が高い企業
EPV（収益力の価値）			x	いいえ	固定資産比率が高い企業
ピーター・リンチの適正価値		x		はい	急成長企業
PSRの価値の中央値				不明	景気に左右されず平均利益率が安定している企業

株式で利回りを計算する方法は二通りある。株式益回りと将来利回りだ。

株式益回り

株式益回りはPERの逆数だ。

株式益回り＝利益÷株価

だから、ある株式のPERが二〇ならば、株式益回りは二〇分の一、あるいは五％だ。この評価法の考え方では、事業利益は株主へのリターンとみなされる。株式益回りは彼らが支払う価格に対する利回りだ。リターンは必ずしも現金ではない。それは現金配当か自社株買いを通じた株式価値の上昇、債務の支払い、事業への再投資といった形を取ることもできる。

株式益回りはときどき、ＥＢＩＴ／ＥＶ、つまり、企業価値に対する利息・税引き前利益の比率として計算されることもある。この計算はＥＶ／ＥＢＩＴ（営業利益倍率）の逆数であり、ＰＥＲのところで紹介したようにＰＥＲの変化形だ。この計算の長所は、企業価値を使って支払う本当の価格を反映しているところだ。短所は、利息と税は株主にとって本当の経費であり、計算結果は同様の実効金利と税率を持つ企業間での比較にしか役に立たないところだ。

株式益回りの計算では、企業の成長は考慮されない。成長企業は長期的にはより高いリターンを生み出すと考えられるため、もっと価値がある。この要素は将来利回りの計算で考慮される。

将来利回り

将来利回りはドン・ヤックマンが自分の投資で使った手法だ。[10] 彼は将来利回りを調整後フリーキャッシュフロー利回りに実質成長率とインフレ率を足したものと定義している。彼は株式を債券とみなすので、投資を債券のように予想利回りで評価するほうが理にかなっている。

将来利回りは次の式で計算される。

将来利回り＝調整済みフリーキャッシュフロー÷株価＋成長率

調整済みフリーキャッシュフローとは、前の相場サイクルに企業が得たフリーキャッシュフローの平均だ。成長率とは、フリーキャッシュフローが将来にどれほどの速さで成長するかだ。株価が安いか企業の成長率が高いほど、株式の将来利回りは高くなる。

■　■　■　■　■　■

アメリカの小売業でこれらを計算すると、次のページのような表になる。

三種類の計算で、株式益回りも将来利回りも高いダラー・ゼネラルがほかよりも有望に見える。

株式益回りと将来利回りの計算は株式市場全体に当てはめることもできる。その結果はＣＤやＭＭＦや債券の利回りと比較するのに用いることができる。株式への投資ではボラティリティや不確実性があるために、株式投資では通常、短期国債の無リスク金利に上乗せするリスクプレミアムが必要になる。これは予想利回りの観点からすると、株式市場の魅力が金利に影響されるということでもある。株式市場のバリュエーションについては次の第10章で検討する。

企業名	株式益回り（%）	株式益回り（EBIT÷EV）（%）	将来利回り（%）
コストコ	3.5	5.6	11.5
ダラー・ゼネラル	6.1	10.4	15.3
ダラー・ツリー	3.9	6.0	19.1
ターゲット	7.8	10.2	6.0
ウォルマート	6.5	9.0	7.8

■　■　■　■　■

この章を終える前に注意しておきたいことがある、投資家はバリュエーションの計算にとらわれすぎるべきではない。どの計算にも仮定が含まれている。計算に妥当性があるのは、検討している企業が予想どおりの業績を上げる場合に限られる。長期的には、極端に割安や割高にならないかぎり、投資リターンはバリュエーションよりも企業の業績に応じて変動する。優良企業を見つけてそれらの株式を妥当な株価で買うことに、より多くの力を注ぐべきだ。

第10章 相場サイクルと市場のバリュエーション

グルフォーカスを立ち上げて以来、私は友人やユーザーから今週、今月、あるいは今年の株式市場はどうなるだろうかとよく尋ねられる。J・P・モルガンの「市場は変動するものだ」よりもましな答えがあればよいのだが。

バリュー投資家にとって、株式市場というものはない。投資家が取引できる銘柄の市場があるだけだ。株式市場の動きは個々の銘柄の集合的な動きだ。それでも、市場参加者の多くは他人の動きを指針にしているため、彼らの動きによって株式市場が一つであるかのような流れが作り出される。また、多くの投資家は指数連動型ETF（上場投資信託）に投資するが、ETFを構成する個別銘柄にはほとんど無関心だ。そのため、それらの銘柄は同じ方向に動きやすい。それがおそらく、人々が話題にする株式市場なのだろう。

相場が短期的にどう動くかは私には分からないが、株式市場について学んだことがいくつかある。それは市場全体の動きにそれほど注意を払わないバリュー投資家にとってさえ重要と思われることだ。それは、①長期的には株式市場は常に上昇する、②株式市場には相場サイクルがある、③現在の相場が割高であれば今後のリターンは低くなり、割安ならばリターンは高くなる。これらの原則をしっかり頭に入れておけば、相場の天井圏や底値圏で役立つことがある。

長期的には、市場は常に上昇する

長期的には、株式市場は常に上昇する。これは明らかなように見える。しかし、相場が恐ろしく下げると、投資家はこのことを忘れやすい。そうした厳しい時期にこそ、投資家には確信と楽観主義が最も必要になる。株式市場がどの方向に動くかは、私たちが直接的にせよ間接的にせよ、生活で必要とするものを供給する企業をすべて合わせた市場価値の変動の結果にすぎない。長期的には人口増加と生活水準の向上によって、これらの企業はより多くの製品やサービスを提供する。彼らの製品の平均価格はインフレによって上昇する。企業全体の売上高と利益は伸びて、長期的には企業の価値が上がる。

時に株価は下げるし、大幅に下げるときもあれば、長期にわたって一定水準の近辺で小動きを続けるときもある。暴落は耐えがたいことがある。メディアは世界が終わって、すべてが無価値になるかのような報道をする。しかし、過去を振り返ると、こうした暴落はすべて、大きなリターンを得るために株式を買う好機になる。今後も間違いなく暴落はあるが、人々は長期的には今日よりも多くの製品やサービスを消費する。経済によって生み出される利益は増えて、企業価値は上昇する。投資リターンはあなたが支払うときの価格に反比例する。価格が低いほど、リターンは高くなる。株式市場の暴落とは、安くなるほど価値が上がる株式を他人が売るときであり、あなたにとっては大きなリターンを得る好機である。大衆が売っているときに買えば、投資リターンは大幅に向上する。

一八世紀にロスチャイルド男爵はこの方法で巨万の富を築いた。彼は、「たとえ自分の血であっても、町に血が流れているときが買い時だ」と言ったことで有名だ。ジョン・テンプルトン卿は、大恐慌のときにＮＹＳＥ（ニューヨーク証券取引所）に上場している企業の株式のうち、一ドル以下で売られていた銘柄を一〇〇株ずつ買って大儲けをした。

テンプルトンもウォーレン・バフェットも今世紀末までに、ダウ平均は一〇〇万ドルを超えると予測した。現在のダウは約二万ドルだ。一〇〇万ドルは天文学的な数字に思える。だが、ダウが二一〇〇年までにその水準に達するには年平均でわずか四・八％ずつ上昇すればよいのだ。これは過去一世紀のダウの平均上昇率よりもはるかに低い。

もちろん、読者のほとんどは二一〇〇年までは生きていないだろう。ジョン・ケインズが言ったように、「長い目で見れば、私たちは皆、死んでいる」。しかし、私たちは皆、ダウ平均が一〇〇万ドルに達するトレンドの一部に乗ることはできる。長期的には市場は常に上昇する。これは単純で明らかなことだが、恐怖に駆られて動きたくなったときに思い出すことがとても重要だ。

株式市場には相場サイクルがある

相場は将来、間違いなく上昇するが、その過程はなめらかではない。それはジェットコースターのように常に極端な上昇と下落を繰り返す。ただし、このサイクルは徐々により高い水準に移る。人々は暗闇がいつまでも続くように見えるときには、太陽が再び昇ることを忘れやすい。また、良い時期には、明るい日光がいつまでも照り続けるわけではないことも忘れる。だが、相場は循環する。

ハワード・マークスは株式市場を浮かれ気分と落ち込み、あるいは高すぎと安すぎの両極端の間で揺れ動く振り子に例える。[1] 物理的な振り子と同様に、市場は中間の時期が最も短い。下げ相場をＳ＆Ｐ５００指数の二〇％以上の下落と定義すると、それは第二次世界大戦以降、一〇回あった。さらに、調整局面をＳ＆Ｐ５００指数の一〇％以上の下落と定義すると、それは二四回あった。しかし、上げ相場も同じ回数あり、その期間にＳ＆Ｐ５００が調整することもなく二倍になったこともあった。

株式相場が循環する主な理由は、人間の営みに動かされて、景気が循環するからだ。図10―

図10-1　利益率とS&P500

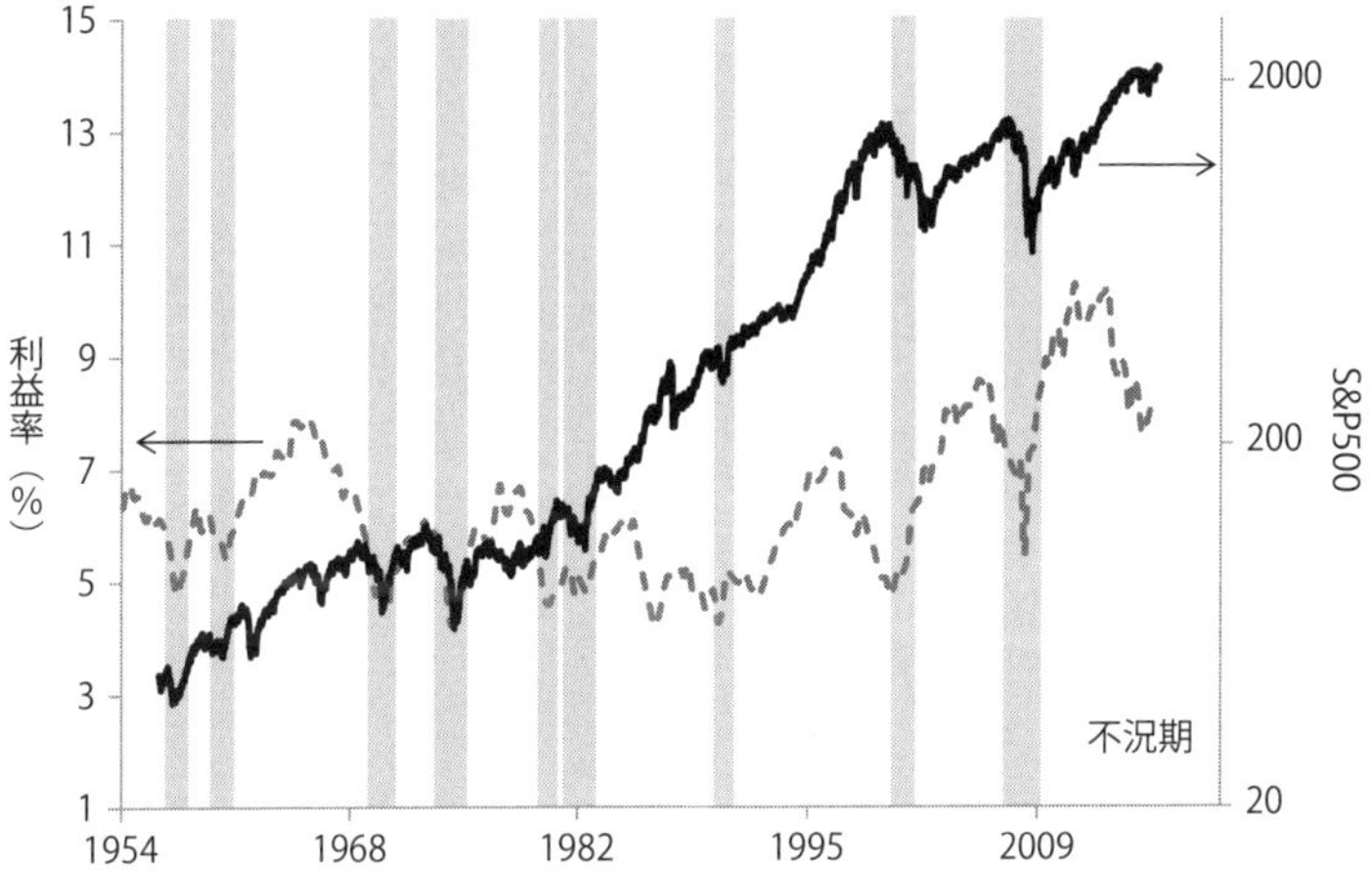

出所＝http://www.GuruFocus.com/ から2016年10月3日にダウンロード

1はS&P500、アメリカ企業の税引き後利益率、第二次世界大戦後の不況期を示している。明らかに、アメリカ企業の利益率には周期性がある。企業は利益率の拡大と縮小のサイクルを経験し続ける。利益率が減少する時期は通常、景気後退と関係していて、たいてい相場の下落につながる。第二次世界大戦以来、アメリカ経済は不況を一一回、経験している。そして、それらのほぼすべてが下げ相場を引き起こしている。不況期には利益率が落ちて、利益も減少する。弱い企業は倒産し、多くの強い企業でさえ、売り上げと利益の落ち込みを正当化するために人員削減に追い込まれる。悪いニュースが増えて、投資家は自分の経済状態がさえなくなって悲観的になり、株式を買う気にはなれなくなる。相場は下げる。

その後、相場は常に回復する。不況と下げ相場の時期に、株価は割安になり、今や投資には願ってもない好機なのに、この機会を競う投資資金は減っている。この時期の投資の期待リターンは高くなる。バリュー投資を目指す人々はこれが好機だと気づいて投資を始める。彼らに続く勇敢な人々は限られている。そして、早く投資を始めた人々が成功するのを見ると、大衆は投資をしても安全だと考えて、あとに続く。株価は上昇し続け、大量の資金がリターンを狙って流入してくる。株価が上がるにつれて、期待リターンは低くなる。リスクは過小評価される。しかし、大衆が投資によって予想外の損をしていることに気づくまで、この上昇の勢いは続く。そして、その後に下降サイクルが始まる。この相場サイクルは果てしなく繰り返される。

投資家である私たちは相場の周期性から逃れられないことを覚えておき、今がサイクルのどの位置なのかを常に把握しておかなければならない。上昇相場で高い投資リターンが期待できそうなときには、市場のバリュエーションは割高な水準まで押し上げられているかもしれない。株式市場が割高なときは通常、過度な資本投下によって企業の設備は過剰になっている。割高になっているとき、株価は悪いニュースに敏感に反応する。ビジネスに関する悪いニュースは相場下落の引き金になる。バリュエーションは平均回帰を始めて、振り子は反対方向に揺れる。

図10－1のチャートに点線で示された企業の利益率は、二〇〇九年に始まった現在の景気循環がどの辺りにあるかの良い指標だ。二〇一一～二〇一三年の利益率は一〇%を超えて天井を

付けた。二〇一六年一〇月現在の利益率は八％程度で、下降トレンドに入っている。

株式市場全体のバリュエーション

観察すべきもう一つの重要なパラメーターは市場全体のバリュエーションだ。個別株と同様に、市場全体もＰＥＲ（株価収益率）やＰＳＲ（株価売上高倍率）で測ることができる。しかし、景気循環型の企業と同様に、経済全体も循環する。不況期には利益率が下がり、利益は落ち込む。ＰＥＲは市場のバリュエーションについて誤った示唆をする。エール大学のロバート・シラー教授が考案した景気循環について調整したＰＥＲのほうが、市場のバリュエーションを測るのに良い指標になる。毎日、更新されているシラーＰＥＲは、https://www.gurufocus.com/のこのリンク「http://www.gurufocus.com/shiller-PE.php」で見ることができる。

シラーＰＥＲの過去の平均は一六・七だ。二〇一七年二月現在、この指標は二八・六で、過去の平均よりも約七一％高い。今は金融危機が始まる直前の二〇〇七年秋とほぼ同じだ。歴史的に見て、シラーＰＥＲが現在よりも高かったのは、大恐慌の前とネットバブルの時期だけだ。過去二〇年間では二〇〇九年に暴落したとき以外、シラーＰＥＲが平均値よりも低くなったことは一度もない。

バフェットが市場のバリュエーションを測るために使う指標は市場全体のＰＳＲだ。この指標では価格にアメリカの全企業の時価総額を、売上高にアメリカのＧＮＰ（国民総生産）を使う。したがって、これはＧＮＰに対する市場の時価総額の比率である。バフェットはこの指標を「おそらく、いつでもバリュエーションの最も良い尺度だ」と言った[2]。

これはＰＳＲなので、市場が割高か割安かを直接的に示すことはない。だが、これを過去のバリュエーションと比べることはできる。また、市場全体の将来のリターンを予測するために、平均回帰の計算を使うこともできる。

https://www.gurufocus.com/ の計算では[3]、売上高にＧＮＰではなく、ＧＤＰ（国内総生産）を使う。ＧＤＰのデータのほうが更新が早いからだ。これら二つの数字は異なる意味を持つが、両方とも一国の生産水準を測るので、その差は限られている。市場全体の価値については、アメリカ企業の時価総額の代わりに、上場と非上場の全企業が含まれるウィルシャー５０００フルキャップを使う。理由はこの指標のデータは毎日、入手できるが、アメリカの全企業の時価総額は四半期ごとにしか更新されないからだ。私たちの計算はＧＮＰに対する時価総額とは異なる値になる。しかし、この指標自体の過去の値と比較するときには、アメリカの全企業の時価総額を使ったときと同じような全体像や結論が得られるはずだ。

図10－2は、一九七一年以降のＧＤＰに対する時価総額の比率（バフェット指数）を示したものだ。過去四〇年間に、この比率は非常に大きく変動したことが分かる。最も低かったのは前回の深刻な不況に陥った一九八二年の約三五％で、最も高かったのはハイテクバブルが生じ

図10-2　時価総額÷GDP

出所＝http://www.GuruFocus.com/ から2016年10月18日にダウンロード

た二〇〇〇年の一四八％だ。市場は一九八二年の極端な過小評価から、二〇〇〇年の極端な過大評価まで変動した。これまでの平均は七八％だ。二〇一六年一〇月現在、この比率は一二〇％を超えている。これは平均よりも約五五％高い。二〇〇七年の暴落が起きる前よりも高い。現在よりも高かったのは二〇〇〇年に天井を付けたときだけだ。

シラーPERとGDPに対する時価総額の比率を見ると、二〇一七年二月現在の市場はかなり過大評価されている。しかし、やっかいなのは金利だ。これほどの低金利はこれまでになかったことだ。低金利がこのまま続けば、市場は見かけほど過大評価ではないのかもしれない。

利益率と市場のバリュエーションの両方のトレンドを見るかぎり、現在は相場サイクルの後期にある。しかし、これは相場がいつ下げ始めるかを何も伝えない。相場サイクルのこの段階では、投資家は極めて用心深く行動し、経済的にも心理的にも下げ相場が起きた場合に備えておく必要がある。また、自分の監視リストを忘れずに更新することだ！

株式市場の期待リターン

株式市場のバリュエーションは下げ相場がいつ始まるかや、市場が短期的にどう動くかは伝えてくれないが、将来の期待リターンについては多くのことを伝えてくれる。これまでの実績は極めて満足できるものだ。

株式市場全体の期待リターンは次の三つの要素で決まる。

1．事業の成長

特定の事業を見るときには、事業価値はその事業がいくら稼げるかで決まる。事業価値の成長をもたらすのはその事業の利益成長だ。事業価値が成長していることを市場が認識すると——最終的には必ず認識する——、その企業の株価は上昇する。経済全般を見れば、株式市場全体の価値が成長するのは企業収益が成長するからだということが分かる。長期的には、企業全体の収益は経済そのものと同じ速さで成長する。

2．配当

配当も投資リターンの重要な一部だ。配当の原資は事業で稼いだキャッシュだ。ほかのすべてが同じであれば、配当性向が高ければ、原則として利益成長率は低くなるはずだ。そのため、企業が配当を支払いつつ、利益も伸ばしているのであれば、配当は事業価値の上昇に加えて株主の追加リターンになる。

3．市場全体のバリュエーションの変化

事業価値は一夜にして変わることはないが、株価はそうなることがよくある。ＰＥＲで測ろうと、ＰＳＲかＰＢＲ（株価純資産倍率）で測ろうと、長期的には株式市場のバリュエーションは平均に回帰する。現在のバリュエーションが高ければ、将来の長期的なリターンは確実に低くなる。逆に、現在のバリュエーションが低ければ、将来のリターンは高くなる。

では、市場は現在のバリュエーションの水準からどれほどのリターンをもたらすと期待できるだろうか。三つの要素をすべてまとめると、投資リターンは次の式で推定できる。

投資リターン（％）＝配当利回り（％）＋事業の成長（％）＋バリュエーションの変化（％）

この式の最初の二つはすぐに計算できる。検討している期間（T）の最初と最後のバリュエーションが分かれば、三番目も計算できる。最初の値をRb、最後の値をReとすると、バリュエーションの変化は次の式で計算できる。

$$(Re \div Rb)^{1 \div T} - 1$$

すると、投資リターンは次と等しい。

$$投資リターン(\%) = 配当利回り(\%) + 事業の成長(\%) + (Re \div Rb)^{1 \div T} - 1$$

この式から、株式市場が現在のバリュエーションの水準（Rb）で生み出しそうなリターンを計算できる。計算で使った期間（T）は八年だ。これはほぼ一景気循環の長さだ。八年を使うことで、私たちは市場のバリュエーションが一相場サイクルの過去の平均（Re）に回帰すると仮定している。市場全体のバリュエーションを測るのにGDPに対する時価総額の比率を使う場合、この比率の平均値は約七八％だ。

期待リターンは**図10－3**に示されている。このモデルを検証するために、過去の実際のリタ

図10-3　期待リターンと実際のリターン

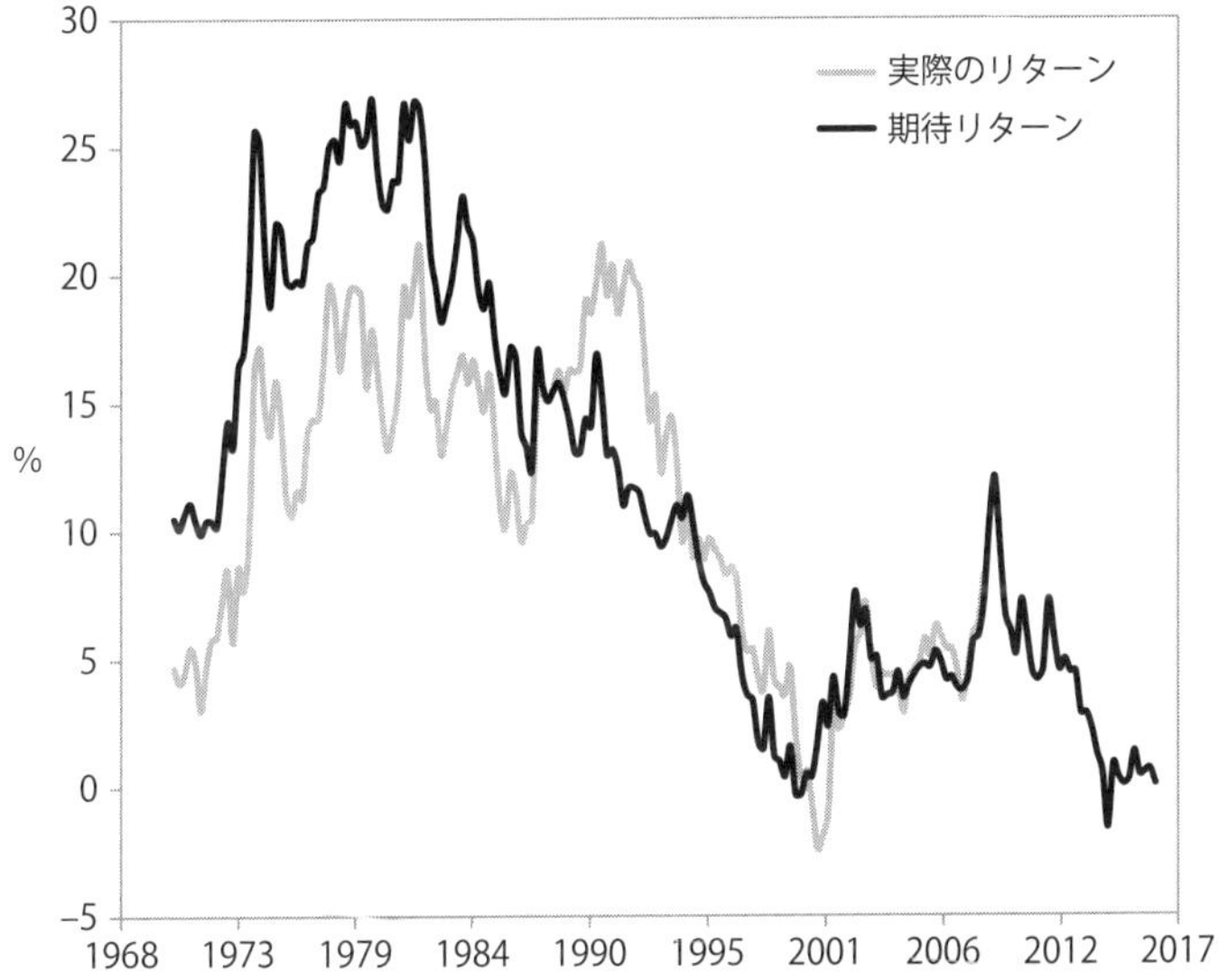

出所＝http://www.GuruFocus.com/ から2016年10月7日にダウンロード

ーンも示している。実際のリターンはウィルシャー五〇〇〇フルキャップのデータから計算した。例えば、一九九〇年の実際のリターンには、ウィルシャー五〇〇〇フルキャップの一九九〇～一九九八年の複利での年率リターンを計算する。二〇一六年のウィルシャー五〇〇〇が利用できる最新のデータなので、実際のリターンは現時点では二〇〇八年までしか計算できない。

図10－3を見ると、この計算で株式市場のリターンのトレンドをおおよそ推定できていたことが分かる。一九七〇年代と一九八〇年代初期には、実際の市場リターン

よりも計算で出したリターンのほうが高かった。一九八〇年代後半と一九九〇年代では、計算で出したリターンのほうが低かった。この差は金利の変動のせいかもしれない。金利は一九七〇年代には急上昇していて、株式市場は逆風にさらされていた。一九八〇年代になると金利が下がったので、株式市場は追い風に乗り、実際のリターンは期待リターンよりも高くなった。一九九〇年代半ば以降、一〇年債で測った長期金利は六％以下になった。実際のリターンは予想したリターンに非常に近かった。

二〇一七年二月現在の計算によると、株式市場の期待リターンは今後八年で配当を含めて年率マイナス〇・五％と予想される。これは将来の市場リターンにとって非常に暗い予想だ。期待リターンがこれほど低かったのは、二〇〇〇年にハイテクバブルが天井を付けたときだけだ。

この計算は保守的にすぎる可能性もある。私は市場のバリュエーションの比率が一九七〇年以降の平均値である七八％に回帰すると仮定しているが、実際のリターンと期待リターンとを比べると、その兆候は見られないからだ。低金利がこのまま続けば、市場バリュエーションの比率は高い水準にとどまり続けるかもしれない。このGDPに対する市場の時価総額の比率が今後八年で現在の水準の一二〇％のままで推移するならば、期待リターンは年率五％と、ずっと高くなる。この比率が過去の平均と現在の値の中間であれば、期待リターンは二％を少し上回る。これは計算から配当を引くと、今後八年の市場は横ばいになることを暗示している。

しかし、これは株式市場に投資機会がないという意味ではない。株式市場は過去と同様に今後も上昇と下降のサイクルを繰り返すだろう。現在はおそらく天井に近いと思われる。相場は平均的な投資家が下落に備えるよりも素早く底に向かって反転するかもしれない。この間に相場サイクルを理解してよく準備をしている人々にとって、これは願ってもない投資機会となる。二〇〇〇年のネットバブルの天井圏では、計算で得られる期待リターンはゼロに近かった。そして、実際にそうなった。しかし、その後の一〇年間に景気と市場は二度の下降サイクルを経験した。これらの下降サイクルのせいで市場のバリュエーションが大幅に下がったため、期待リターンはかなり高い水準まで上がった。その後のリターンは再び期待どおりになった。今後一〇年でも市場には間違いなく下降サイクルが訪れる。相場サイクルが止まることはけっしてない。市場が今よりもはるかに高いリターンを生む水準まで下げる時期が来るだろう。

もちろん、株式市場が暴落したときに株式を買うことに興味を持つ人は大幅に減る。バリュエーションは現在よりも魅力的になり、期待リターンは上がるものの、悪いニュースが流れて下降トレンドが続くかもしれない。あなたが買う気になっていて、もう少し確信を持ちたいときには、インサイダーの動きを見るとよい。

インサイダーの傾向

集団で見れば、経営陣や取締役などの企業のインサイダーは相場が暴落したときに一般投資家よりもはるかに理性的に振る舞う。これは驚くべきことではないかもしれない。彼らはビジネスに精通していて、公開情報をうまく利用して、さまざまな事業を分析することができる。もっと重要なことだが、彼らはそのとき、自分のお金を動かしている。以前の調査で、インサイダーのほとんどがバリュー投資家であることが明らかになった。彼らはPERが比較的低い株式を買い、PERが比較的高い株式を売る。そして、市場のバリュエーションが高いときに多く売り、相場が急落しているときに多く買う傾向がある。一九八七年一〇月一九日のブラックマンデーの直後にダウが二二・六％下げたとき、インサイダーは大きく買いに片寄った（買いが九〇％）。一九七五～一九八九年に関する調査によると、一九八七年一〇月二〇日はほかのどの日よりもインサイダーの買いが多かった。[4] インサイダーが自社についてよく知っていることを考えると、この買いは、ブラックマンデーの暴落がそれまでの二週にわたる下落に対する過剰反応だったことを示唆する。インサイダーは素早く動いて、好機をとらえた。

過去一〇年のデータによると、インサイダーの動きは三〇年前と変わっていない。インサイダーは暴落時に大衆には加わらない。**図10－4**は二〇〇四年以降にインサイダーが売った月ごとの総株数を表す。これらは市場取引による売りだけを示している。売りの株数にも金額にもデータに重みづけはしていない。

比較のために、S&P500もチャート上に示している。興味深いことに、インサイダーの売りのチャートの外形はS&P500と非常に似た形をしている。彼らは二〇〇七年の天井圏

図10-4　インサイダーの売り

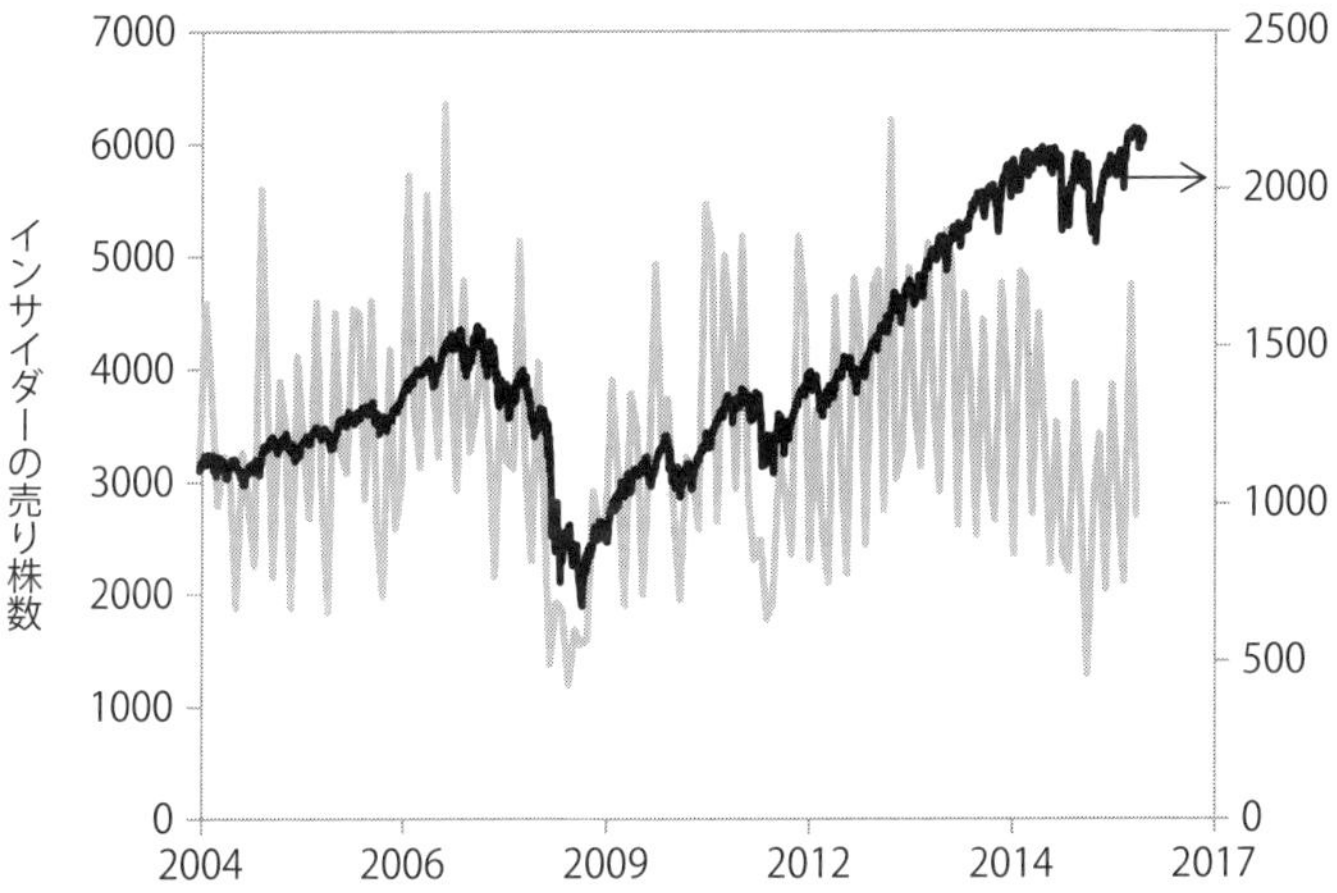

で最も多くを売った。また、金融危機が起きた二〇〇八年九月から二〇〇九年四月までと、政府機能が停止する恐れがあった二〇一一年八月、そして相場の調整局面だった二〇一五年後半から二〇一六年前半の最悪の時期には売りが最も少なかった。

インサイダーは底値圏で売らない傾向があるだけでなく、下げているときに多く買う。これは市場全般の動きとは正反対だ。**図10－5**は二〇〇四年以降のインサイダーの市場での買い株数を月ごとに示したものだ。二〇〇七年後半に相場が下げ始めると、彼らは買いを増やして、金融危機の時期に最も売りを減らすと同時に最も多く買った。同様の動きは二〇一一年に政府機能が停止する危機に直面したときと、二〇一五年後半から二〇一六年前半の相場の調整局面でも見られた。

図10-5　インサイダーの買い

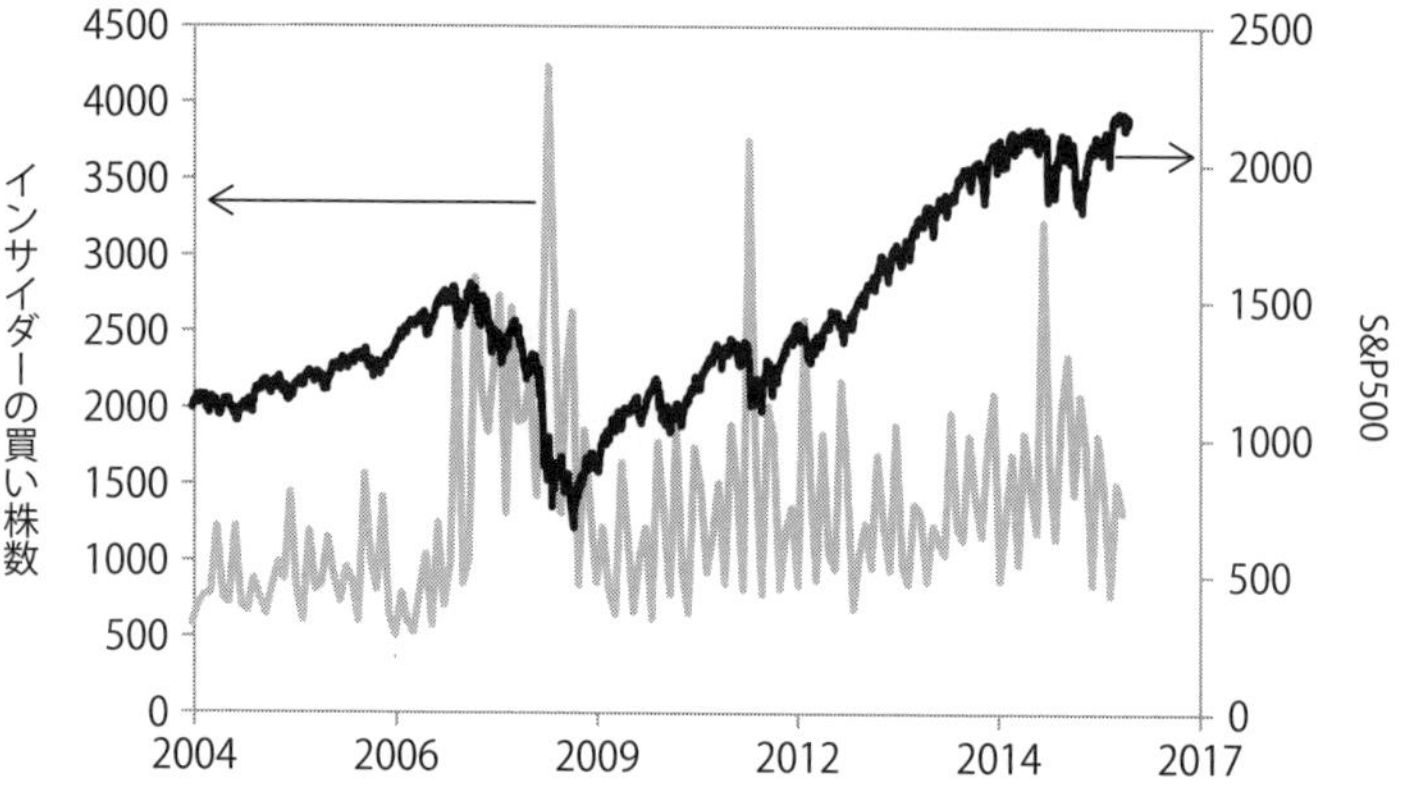

これは明らかに、市場に動揺が広がり、無差別に売られているときに、インサイダーはまさに正反対の行動を取っていたことを示す。彼らは自社を信頼し続けていて、自社株を通常よりも多く買い増していた。それらの買いによって、彼らはその後、大いに報われた。

インサイダーの月ごとの売り総数に対する買い総数の比率をチャートで示すと、**図10－6**のようになる。この比率はたいてい〇・五を下回っている。それはインサイダーの買いが売りの五〇%以下だということを意味する。しかし、相場が下げると、この比率は高くなり、二〇〇八年一〇月には一になった。そして、一一月には二・四と最も高くなった。また、株式市場が大底を打った二〇〇九年三月にも再び最高になった。ほかに最高になったのは二〇一一年八月と、二〇一五年八月から二〇一六年一月までの二回

図10-6　インサイダーの売買比率

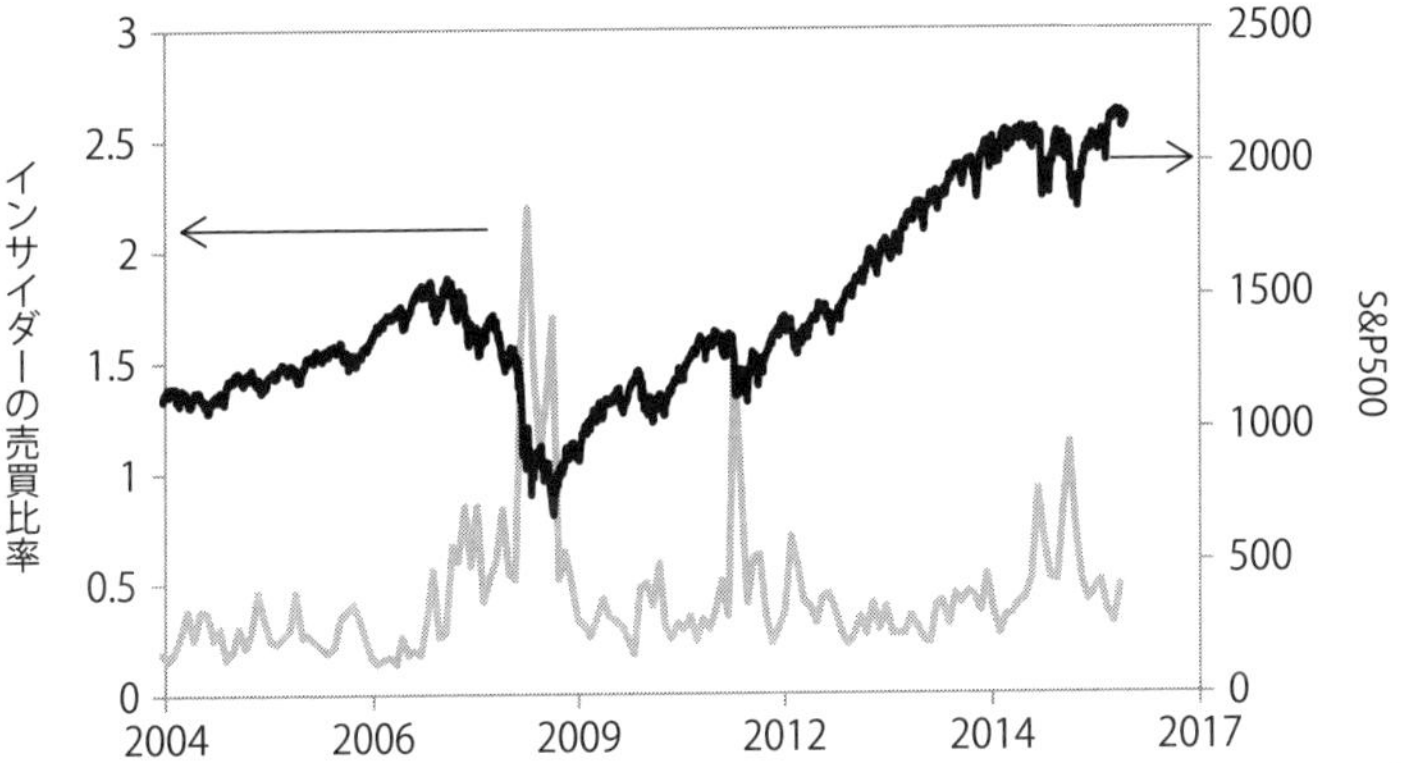

出所＝S&P500とウィルシャー5000

だ。比率が最高に達したどのときも、相場が大きく下げたときだった。下げ幅が大きいほど、インサイダーの買いは多かった。

　インサイダーを集団として見た場合、彼らは暴落時に理性的に行動したことをこのデータは示している。彼らの売り数に対する買い数の比率を見ると、相場の下降サイクルには株式の割安度が増すことの良い示唆にもなっている。

　ところで、この章で取り上げた市場のバリュエーション、期待リターン、インサイダーの売買比率の全データは、https://www.gurufocus.com/で利用可能で、毎日更新されている。

■　■　■

　景気循環と市場のバリュエーションを理解しても、短期はもちろんのこと、一年か二年という中期的な相場の方向性を予測するのでさえ役に立たない。しかし、それらを理解しておけば、投資家は過去の市場の動きに振り回されずに済む。彼らは将来についてもっと明確な見解を持ち、市場が浮かれ気分になるか、再び恐怖にとらわれるときにでも合理的でいられる。

個々の企業を分析する場合、景気循環と市場の将来の期待リターンについてよく知っておけば、経営陣の資本配分の決定や強引な会計処理、年金基金の予想運用益に関連した利益の質を評価に役立つことがある。

バフェットはボトムアップ手法のバリュー投資家を名乗り、市場全体について話すことはめったにない。しかし、彼は景気循環や金利の役割、市場のバリュエーション、将来の期待リターンとリスクについて極めて深く理解している。この主題について特にお勧めの本はハワード・マークスの『投資で一番大切な20の教え』（日本経済新聞出版社）だ。[5]

私たちは長期的には常に楽観的でなければならない。景気循環の現段階では、投資家は防御的であり続けて、次の下降サイクルに備えておく必要がある。投資対象は不景気の時期の試練に耐えられるだけでなく、より強くなれる優良企業に絞るべきだ。

現在は過去一〇年のどの時期よりも優良企業だけに投資することが極めて重要だ。

終わりに

長年にわたってピーター・リンチとウォーレン・バフェットの著書を読んだあとでさえ、私は株式投資で多くの間違いを犯して、株式投資の多くで損をした。私が最もぞっとした間違いは、二〇〇七年に株価が一七〇ドルだったシアーズを極めて割安だと考えて買ったときだ。それから数カ月後に、私はシアーズがさえない小売業企業で、妻が何かを買いにシアーズに行くことは一度もないことに突然気づいた。私は買ったときとほぼ同じ株価で何とか売り抜けた。私はシアーズでは損をしなかったが、今でもそのときのことで悪い夢を見ることがある。三カ月前に第2章を書いていたとき、シアーズの株価は一四ドル以上あった。それが、現在では七ドル以下になっている。このことで私は事業の質についていっそう考えさせられた。そして、どれほど割安に見えようと、質の低い企業の株式は二度と買わないと固く決心した！

また、私は優良企業でも間違いを犯した。私はスターバックスやダナハーのような優良企業の株式を十分長く保有しなかったため、得られたはずの利益を逃した。

しかし、バークシャー・ハサウェイ、チャーチ・アンド・ドワイト、イービックス、オートゾーンやほかの数銘柄では本当に適切に動くことができた。

私は過去一二年の間、自分が学んだことを元に、グルフォーカスのバリュースクリーニングツールやチャートやデータ、それにほかの調査ツールを作ってきた。私がこの本を書いたのは、自分が得た教訓を分かちあうためだ。株式分析を毎日しない人でさえ、それらの教訓が役立つことを願っている。私は自分の子供たちが投資の正しい基本的枠組みから外れないことを願っている。彼らには大学でぜひとも会計学の授業を受けてほしい。

最後に、本書の主な考えをまとめておきたい。

1. たとえどんなに割安に見えても、業績が良くない企業の株式を買えば、永久に損を取り返せないリスクがある。
2. 優良企業とは、常に黒字を維持していて、営業純利益率、ＲＯＩＣ（投下資本利益率）、利益成長率がいずれも二桁の企業だ。
3. 優良企業だけの株式を妥当な株価のときに買うこと。
4. バリュートラップ（割安のワナ）に注意しよう。
5. 景気や相場のサイクルを忘れないようにしよう。

読者がこの本から得るべき点が一つあるとすれば、それは「優良企業だけを買うように！」ということだ。優良企業だけにこだわり、妥当な株価のときにそれらの株式を買い、学び続けよう。そうすれば、本当にカリスマ投資家のような投資をすることができる。

注

はじめに

1. ピーター・リンチ著『ピーター・リンチの株式投資の法則』（ダイヤモンド社）
2. ジョン・ケネス・ガルブレイス著『バブルの物語』（ダイヤモンド社）
3. John O'Farrell, An Utterly Impartial History of Britain ― Or 2000 Years of Upper Class Idiots in Charge, Doubleday, 2007
4. Warren Buffett, Berkshire Hathaway shareholder letter, 2007, http://www.berkshirehathaway.com/letters/2007ltr.pdf
5. Andrew Bary, "What's Wrong, Warren?" Barron's, 1999, http://www.barrons.com/articles/SB945992010127068546
6. Steven Romick, "Don't Be Surprised – Speech to CFA Society of Chicago," June 2015, http://www.fpafunds.com/docs/special-commentaries/cfa-society-of-chicago-june-2015-final1.pdf?sfVrsn=2
7. ピーター・リンチ著『ピーター・リンチの株で勝つ』（ダイヤモンド社）

第1章

1. Charlie Munger, USC Law Commencement Speech, 2007, https://www.youtube.com/watch?v=u8lI7rM2yl8
2. ピーター・リンチ著『ピーター・リンチの株式投資の法則』（ダイヤモンド社）
3. ピーター・リンチ著『ピーター・リンチの株で勝つ』（ダイヤモンド社）
4. 同前
5. Oplink Communications, 10K, 2001, https://www.sec.gov/Archives/edgar/data/1022225/000101287001502073/d10k.txt
6. ピーター・リンチ著『ピーター・リンチの株で勝つ』（ダイヤモンド社）
7. "Track Companies, Not Markets [Final Edition]," USA Today, p. 04.B, McLean, Virginia, March 7, 1989
8. ピーター・リンチ著『ピーター・リンチの株で勝つ』（ダイヤモンド社）
9. Warren Buffett, Berkshire Hathaway shareholder letter, 1989, http://www.berkshirehathaway.com/letters/1989.html

10. Warren Buffett, The Commercial and Financial Chronicle, Dec. 6, 1961
11. 同前
12. Warren Buffett, Berkshire Hathaway shareholder letter, 1992, http://www.berkshirehathaway.com/letters/1992.html
13. Warren Buffett, Berkshire Hathaway shareholder letter, 2010, http://www.berkshirehathaway.com/letters/2010ltr.pdf
14. Warren Buffett, Berkshire Hathaway shareholder letter, 1993, http://www.berkshirehathaway.com/letters/1993.html
15. Warren Buffett, Berkshire Hathaway shareholder letter, 2006, http://www.berkshirehathaway.com/letters/2006ltr.pdf
16. ジョン・ケネス・ガルブレイス著『バブルの物語』（ダイヤモンド社）
17. Warren Buffett, Berkshire Hathaway shareholder letter, 1998, http://www.berkshirehathaway.com/letters/1998.html
18. Warren Buffett, Berkshire Hathaway shareholder letter, 2014, http://www.berkshirehathaway.com/letters/2014ltr.pdf
19. Warren Buffett, Berkshire Hathaway shareholder letter, 2012, http://www.berkshirehathaway.com/letters/2012ltr.pdf
20. Warren Buffett, "The Superinvestors of Graham-and-Doddsville," 1984, http://www8.gsb.columbia.edu/alumni/news/superinvestors
21. ピーター・リンチ著『ピーター・リンチの株で勝つ』（ダイヤモンド社）
22. Morgan Housel, "The Peculiar Habits of Successful People," USA Today, August 24, 2014, http://www.usatoday.com/story/money/personalfinance/2014/08/24/peculiar-habits-of-successful-people/14447531/
23. Steve Jordon, "Investors Earn Handsome Paychecks by Handling Buffett's Business," Omaha World-Herald, April 28, 2013, http://www.omaha.com/money/investors-earn-handsome-paychecks-by-handling-buffett-s-business/article_bb1fc40f-e6f9-549d-be2f-be1ef4c0da03.html
24. Charlie Munger, USC Law Commencement Speech, https://www.youtube.com/watch?v=u8ll7rM2yl8

第2章

1. http://www.raiseyourmind.com/motivational/dont-let-the-tall-weeds-cast-a-shadow-on-the-beautiful-flowers-in-your-garden/
2. ベンジャミン・グレアム著『賢明なる投資家——割安株の見つけ方とバリュー投資を成功させる方法』（パンローリング）
3. Warren Buffett, Berkshire Hathaway shareholder letter, 1993, http://www.berkshirehathaway.com/letters/1993.html
4. 同前
5. ベンジャミン・グレアム著『賢明なる投資家——割安株の見つけ方とバリュー投資を成功させる方法』（パンローリング）

6. http://www.gurufocus.com/screener/
7. http://www.gurufocus.com/grahamncav.php
8. ベンジャミン・グレアム著『賢明なる投資家――割安株の見つけ方とバリュー投資を成功させる方法』（パンローリング）
9. ジョン・ケネス・ガルブレイス著『バブルの物語』（ダイヤモンド社）
10. Warren Buffett, Berkshire Hathaway shareholder letter, 1989, http://www.berkshirehathaway.com/letters/1989.html
11. Warren Buffett, Berkshire Hathaway shareholder letter, 1992, http://www.berkshirehathaway.com/letters/1992.html
12. 同前
13. Charlie Munger, USC Law Commencement Speech, https://www.youtube.com/watch?v=u81l7rM2yl8
14. Warren Buffett, Berkshire Hathaway shareholder letter, 1985, http://www.berkshirehathaway.com/letters/1985.html
15. Fairholme Fund Annual Shareholder Letter, 2013, https://static1.squarespace.com/static/53962eb7e4b053c664d74f3d/t/5429b689e4b06a1d711a373a/1412019849559/FAIRX_11.30.13%2Bv2.1WEB_0.pdf
16. Fairholme Fund Semiannual Shareholder Letter, 2016, http://www.fairholmefundsinc.com/Letters/Funds2016SemiAnnualLetter.pdf
17. Warren Buffett, Berkshire Hathaway shareholder letter, 1989, http://www.berkshirehathaway.com/letters/1989.html

第3章

1. ピーター・リンチ著『ピーター・リンチの株式投資の法則』（ダイヤモンド社）
2. Warren Buffett, Berkshire Hathaway shareholder letter, 1987, http://www.berkshirehathaway.com/letters/1987.html
3. Warren Buffett, Berkshire Hathaway shareholder letter, 1987, http://www.berkshirehathaway.com/letters/1987.html
4. 同前
5. 同前
6. USA Today, "Track Companies, Not Markets [Final Edition]," p. 04.B, March 7, 1989, McLean, Virginia
7. Warren Buffett, Berkshire Hathaway shareholder letter, 1985, http://www.berkshirehathaway.com/letters/1985.html
8. Charlie Munger, USC Law Commencement Speech, https://www.youtube.com/watch?v=u81l7rM2yl8

第4章

1. Charlie Munger : Poor Charlie's Almanack : The Wit and Wisdom of Charles T. Munger, Donning Company, 2005
2. ピーター・リンチ著『ピーター・リンチの株で勝つ』(ダイヤモンド社)
3. Fairholme Fund Semiannual Shareholder Letter, 2016, http://www.fairholmefundsinc.com/Letters/Funds2016SemiAnnual-Letter.pdf
4. ピーター・リンチ著『ピーター・リンチの株で勝つ』(ダイヤモンド社)
5. Warren Buffett, Berkshire Hathaway shareholder letter, 1979, http://www.berkshirehathaway.com/letters/1979.html
6. Warren Buffett, Berkshire Hathaway shareholder letter, 1980, http://www.berkshirehathaway.com/letters/1980.html
7. Warren Buffett, Berkshire Hathaway shareholder letter, 1980, http://www.berkshirehathaway.com/letters/1980.html
8. ハワード・マークス著『投資で一番大切な20の教え――賢い投資家になるための隠れた常識』(日本経済新聞出版社)
9. Warren Buffett, Berkshire Hathaway shareholder letter, 1990, http://www.berkshirehathaway.com/letters/1990.html
10. Warren Buffett, Berkshire Hathaway shareholder letter, 1990, http://www.berkshirehathaway.com/letters/1990.html
11. http://www.gurufocus.com/news/394902/seeking-wisdom-from-charlie-munger
12. Warren Buffett, Berkshire Hathaway shareholder letter, 1995, http://www.berkshirehathaway.com/letters/1995.html
13. Warren Buffett, Berkshire Hathaway shareholder letter, 1992, http://www.berkshirehathaway.com/letters/1992.html

第5章

1. Warren Buffett, Berkshire Hathaway shareholder letter, 2004, http://www.berkshirehathaway.com/letters/2004ltr.pdf
2. ジョン・バー・ウィリアムズ著『投資価値理論』(パンローリング)
3. Berkshire Hathaway shareholder letters, 1972-1999, http://www.berkshirehathaway.com/letters/
4. Warren Buffett, Berkshire Hathaway shareholder letter, 2014, http://www.berkshirehathaway.com/letters/2014ltr.pdf
5. ピーター・リンチ著『ピーター・リンチの株で勝つ』(ダイヤモンド社)
6. Howard Marks, "Economy Reality," 2016, https://www.oaktreecapital.com/docs/default-source/memos/economic-reality.pdf
7. 同前
8. Charlie Munger, Poor Charlie's Almanack : The Wit and Wisdom of Charles T. Munger, Donning Company, 2005

9. GuruFocus, "Lauren Templeton : Methods Sir John Templeton Used to Take Advantage of Crisis Events," http://www.gurufocus.com/news/174804/lauren-templeton-methods-sir-john-templeton-used-to-take-advantage-of-crisis-events
10. Warren Buffett, Berkshire Hathaway shareholder letter, 1998, http://www.berkshirehathaway.com/letters/1998.html

第6章

1. アトゥール ガワンデ著『アナタはなぜチェックリストを使わないのか？』（晋遊舎）
2. C・サレンバーガー著『機長、究極の決断』（静山社）
3. Walter Schloss : 16 Golden Rules for Investing ; http://www.gurufocus.com/news/72536/walter-schloss-16-golden-rules-for-investing
4. フィリップ・A・フィッシャー著『株式投資で普通でない利益を得る』（パンローリング）
5. ピーター・リンチ著『ピーター・リンチの株で勝つ』（ダイヤモンド社）
6. James Montier, Mind Matters : Joining the Dark Side : Pirates, Spies and Short Sellers, http://www.designs.valueinvestorinsight.com/bonus/bonuscontent/docs/Montier-Shorting.pdf
7. Warren Buffett, Berkshire Hathaway shareholder letter, 1986, http://www.berkshirehathaway.com/letters/1986.html
8. E. Altman, "Financial Ratios, Discriminant Analysis and the Prediction of Corporate Bankruptcy," Journal of Finance, September 1968
9. Joseph D. Piotroski, "Value Investing : The Use of Historical Financial Statement Information to Separate Winners from Losers"（PDF）, The University of Chicago Graduate School of Business, January 2002
10. Messod D. Beneish, "The Detection of Earnings Manipulation," http://citeseerx.ist.psu.edu/viewdoc/download?doi=10.1.1.195.3676&rep=rep1&type=pdf
11. Richard G. Sloan, "Do Stock Prices Fully Reflect Information in Accruals and Cash Flows about Future Earnings?" Accounting Review, Vol. 71, No. 3（July 1996）, pp. 289-315
12. Owen A. Lamont, Jeremy C. Stein, "Aggregate Short Interest and Market Valuations," American Economic Review, May 2004
13. H. Nejat Seyhun et al., "Overreaction or Fundamentals : Some Lessons from Insiders' Response to the Market Crash of 1987," Journal of Finance, Vol. 45, No. 5（February 1990）, pp. 1363-1388

14. Charlie Munger, USC Law Commencement Speech, https://www.youtube.com/watch?v=u81l7rM2yl8

第7章

1. John Huber, "A 1977 Warren Buffett Interview from the WSJ Archives," http://www.gurufocus.com/news/438345
2. Warren Buffett, Berkshire Hathaway shareholder letter, 2004, http://www.berkshirehathaway.com/letters/2004ltr.pdf
3. Scott Fearon, Dead Companies Walking, Macmillan, 2015
4. ピーター・リンチ著『ピーター・リンチの株で勝つ』(ダイヤモンド社)
5. Warren Buffett, Berkshire Hathaway shareholder letter, 2014, http://www.berkshirehathaway.com/letters/2014ltr.pdf
6. Prem Watsa, Fairfax Financial Holdings shareholder letter, 2012, http://s1.q4cdn.com/579586326/files/Letter%20to%20Shareholders%20from%20Annual%20Report%202012%20FINAL_v001_o7033s.pdf
7. https://en.wikipedia.org/wiki/John_S._Chen
8. BlackBerry Financial Data, http://www.gurufocus.com/financials/BBRY
9. Adam Lashinsky, "Amazon's Jeff Bezos : The Ultimate Disrupter," http://fortune.com/2012/11/16/amazons-jeff-bezos-the-ultimate-disrupter/

第8章

1. Bob Isbitts, "Index Funds Beat Active 90% of the Time, Really?" http://www.marketwatch.com/story/index-funds-beat-active-90-of-the-time-really-2014-08-01
2. Warren Buffett, Berkshire Hathaway shareholder letter, 1993, http://www.berkshirehathaway.com/letters/1993.html
3. ジョエル・グリーンブラット著『株デビューする前に知っておくべき「魔法の公式」』(パンローリング)
4. Berkshire Hathaway shareholder letters, 1972-1999, http://www.berkshirehathaway.com/letters/
5. Warren Buffett, Berkshire Hathaway shareholder letter, 1988, http://www.berkshirehathaway.com/letters/1988.html
6. バージニア・レイノルズ・パーカー著『実践ヘッジファンド投資――成功するリスク管理』(日本経済出版社)
7. 同前

第9章

1. ピーター・リンチ著『ピーター・リンチの株で勝つ』（ダイヤモンド社）
2. 同前
3. 同前
4. 同前
5. Jack Hough, "U.S. Steel Could Rise 50% in a Year," Barron's, October 17, 2016
6. Robert Shiller, http://www.econ.yale.edu/~shiller/data.htm
7. Warren Buffett, Berkshire Hathaway shareholder letter, 2008, http://www.berkshirehathaway.com/letters/2008ltr.pdf
8. ベンジャミン・グレアム著『賢明なる投資家――割安株の見つけ方とバリュー投資を成功させる方法』（パンローリング）
9. ブルース・グリーンウォルド著『バリュー投資入門――バフェットを超える割安株選びの極意』（日本経済新聞社）
10. GuruFocus, "Investing Great : Donald Yacktman Answers GuruFocus Readers' Questions," http://www.gurufocus.com/news/171597

第10章

1. ハワード・マークス著『投資で一番大切な20の教え――賢い投資家になるための隠れた常識』（日本経済新聞出版社）
2. Warren Buffett and Carol Loomis, "Warren Buffett on the Stock Market," Fortune, 2001. http://archive.fortune.com/magazines/fortune/fortune_archive/2001/12/10/314691/index.htm
3. GuruFocus, "Where Are We with Market Valuations?" http://www.gurufocus.com/stock-market-valuations.php
4. H. Nejat Seyhun et al., "Overreaction or Fundamentals : Some Lessons from Insiders' Response to the Market Crash of 1987," Journal of Finance, Vol. 45, No. 5（February 1990）, pp. 1363-1388
5. ハワード・マークス著『投資で一番大切な20の教え――賢い投資家になるための隠れた常識』（日本経済新聞出版社）

■著者紹介

チャーリー・ティエン（Charlie Tian）

チャーリー・ティエン博士はバリュー投資のウェブサイトである https://www.gurufocus.com/ の創設者であり、CEOである。彼はウェブサイト上で公開されているバリュー銘柄のスクリーニングや戦略、リサーチ用のツールの考案者。それらは1カ月で50万人以上の投資家に利用されている。また、世界中の100以上の大学の教授や学生も利用している。ティエン博士はフォーチュン、フォーブス、バロンズなどで取り上げられ、グルフォーカスを立ち上げる前は物理学者であり、アメリカで30以上の特許を取得している。

■監修者紹介

長尾慎太郎（ながお・しんたろう）

東京大学工学部原子力工学科卒。北陸先端科学技術大学院大学・修士（知識科学）。日米の銀行、投資顧問会社、ヘッジファンドなどを経て、現在は大手運用会社勤務。訳書に『魔術師リンダ・ラリーの短期売買入門』『新マーケットの魔術師』など（いずれもパンローリング、共訳）、監修に『高勝率トレード学のススメ』『ラリー・ウィリアムズの短期売買法【第２版】』『コナーズの短期売買戦略』『続マーケットの魔術師』『ウォール街のモメンタムウォーカー』『システマティックトレード』『株式投資で普通でない利益を得る』『ブラックスワン回避法』『市場ベースの経営』『金融版 悪魔の辞典』『世界一簡単なアルゴリズムトレードの構築方法』『ハーバード流ケースメソッドで学ぶバリュー投資』『システムトレード 検証と実践』『バフェットの重要投資案件20 1957-2014』『堕天使バンカー』『ゾーン【最終章】』『ウォール街のモメンタムウォーカー【個別銘柄編】』『マーケットのテクニカル分析』『ブラックエッジ』など、多数。

■訳者紹介

山口雅裕（やまぐち・まさひろ）

早稲田大学政治経済学部卒業。外資系企業などを経て、現在は翻訳業。訳書に『フィボナッチトレーディング』『規律とトレンドフォロー売買法』『逆張りトレーダー』『システムトレード　基本と原則』『一芸を極めた裁量トレーダーの売買譜』『裁量トレーダーの心得　初心者編』『裁量トレーダーの心得　スイングトレード編』『コナーズの短期売買戦略』『続マーケットの魔術師』『アノマリー投資』『シュワッガーのマーケット教室』『ミネルヴィニの成長株投資法』『高勝率システムの考え方と作り方と検証』『コナーズRSI入門』『３％シグナル投資法』『成長株投資の神』『ゾーン　最終章』（パンローリング）など。

2018年3月3日　初版第1刷発行

ウィザードブックシリーズ260

とびきり良い会社をほどよい価格で買う方法

著　者　チャーリー・ティエン
監修者　長尾慎太郎
訳　者　山口雅裕
発行者　後藤康徳
発行所　パンローリング株式会社
〒160-0023　東京都新宿区西新宿7-9-18　6階
TEL 03-5386-7391　FAX 03-5386-7393
http://www.panrolling.com/
E-mail　info@panrolling.com
編　集　エフ・ジー・アイ（Factory of Gnomic Three Monkeys Investment）合資会社
装　丁　パンローリング装丁室
組　版　パンローリング制作室
印刷·製本　株式会社シナノ

ISBN978-4-7759-7230-4